동 아 시 아
유교문화의
재 발 견

동아시아 유교문화의 재발견

1판 1쇄 인쇄 2013년 5월 24일 | 1판 1쇄 발행 2013년 5월 31일

책임편집 보데인 왈라반 · 박소현 | **편집인** 신승운, 성균관대학교 동아시아학술원 02)760-0781~4
펴낸이 김준영 | **펴낸곳** 성균관대학교 출판부 02)760-1252~4 | **등록** 1975년 5월 21일 제1975-9호
주소 110-745 서울특별시 종로구 성균관로 25-2

값 20,000원
ISBN 978-89-7986-621-6 94150 978-89-7986-832-6 (세트)

본 출판물은 2007년 정부(교육과학기술부)의 재원으로 한국연구재단(구 학술진흥재단)의 지원을 받아 수행된 연구임(NRF-2007-361-AL0014).

동아시아
문명총서
10

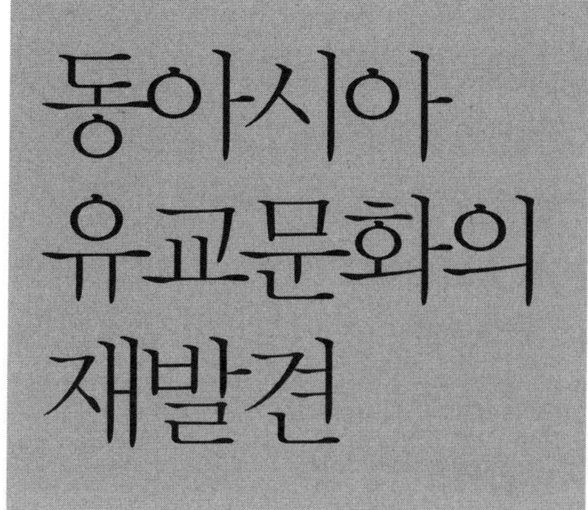

보데인 왈라반 · 박소현 책임편집

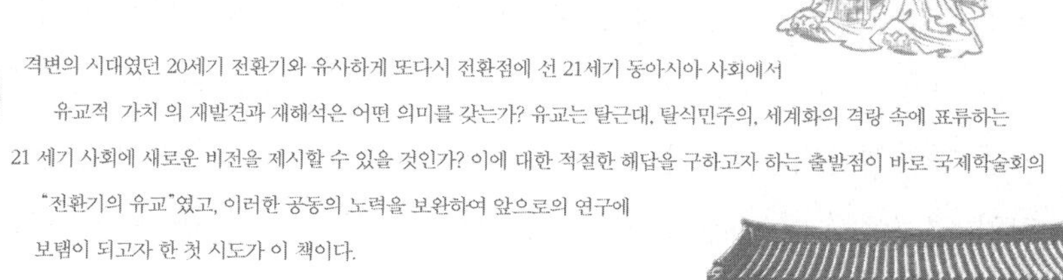

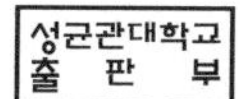

◉ 책머리에

이 책을 완성하는 데에는 성균관대학교 동아시아학술원 인문한국연구소 산하 연구조직인 "동아시아학의 재구성: 유교문화의 해석을 중심으로"가 주도적 역할을 했다. 2011년 인문한국(HK)연구소 교수 다수가 참여하는 공동연구를 모색하는 과정에서 새로운 연구조직을 구성하게 되었는데, 그 조직이 바로 "동아시아학의 재구성: 유교문화의 해석을 중심으로"였다. 이 연구조직의 목표는 이미 그 명칭에서도 짐작할 수 있듯이, 유교문화를 공통 키워드로 하면서 동아시아학을 새로이 정립하는 데 있었다. 이를 위해 정치, 경제, 법률, 철학, 문학, 역사, 미학, 대중문화 등 다양한 분야에서 활동하는 연구자들이 소통하면서 동아시아 유교문화의 유형을 분석하고 이를 바탕으로 새로운 동아시아학을 모색했다. 사실 동아시아의 정치, 경제, 제도, 역사, 문화 등 동아시아 사회 전반에 걸친 연구에서 유교에 대한 이해는 필수불가결한 요소이다. 따라서 유교문화에 대한 다양한 접근과 통합적 방법론의 모색은 동아시아학에서 가장 핵심적인 연구 주제라고 할 수 있다.

이러한 공동연구의 첫 시도는 2012년 7월 개최한 국제학술회의 "전환기의 유교"였다. 이 학술회의는 공동연구의 성과를 선보이는 자리였다기보다는 앞으로 장기간 진행될 공동연구의 실마리를 제공하는 자리였다고 볼 수 있다. 이 학술회의를 개최한 취지는 21세기 전환기의 동아시아에서 유교는 어떻게 진화하고 변용되어 왔으며, 그리고 앞으로 유교가 나아갈 길은 어디에 있는지를 다양한 각도에서 궁구해보자는 것이었다.

사실 서구 제국주의의 침략과 함께 기존의 가치체계와 사회질서가 완전히 붕괴되는 고통스러운 상황에 직면한 20세기 전환기 동아시아에서 수천 년 동안 사회 전반을 지배하던 유교 이데올로기는 무기력하기만 했고, 결국 종말을 고한 것처럼 보였다. 그러나 21세기에 들어서서 유교는 오히려 화려하게 부활했다. 20세기 전환기와 달리 21세기 전환기의 유교는 전통과 근대의 곤혹스러운 단절을 극복할 유일한 가교로 간주되기 시작한 것이다. '유교민주주의'니 '유교자본주의', '유교인문주의' 등등의 신조어들을 거북하게 여기는 사람들이 적지 않지만, 이런 용어들이 현대 동아시아의 사회현상을 설명하기 위해 사용되었다는 사실은 유교가 20세기 근대화 과정에서 소멸한 '죽은' 전통이기는커녕 근대성과 유기적 관계를 맺고 나름대로의 전화 과정을 거치며 지속적으로 진화해 왔음을 보여준다. 현대 유교의 놀라운 환골탈태는 공자(孔子)의 유가 사상이 당시 사회변화의 중심에서 개혁을 주도했던 역사적 사실을 새삼 우리에게 상기시킨다. 그러나 그럼에도 불구하고 '유교 국가'로도 불리는 현대 동아시아 사회의 눈부신 경제발전과 정치적 민주화에 유교가 실제로 어떤 역할을 했는지는 여전히 논란거리로 남아 있으며, 이에 대한 충분한 학문적 논의가 아직 부족한 상태이다.

격변의 시대였던 20세기 전환기와 유사하게 또다시 전환점에 선 21세기 동아시아 사회에서 유교적 가치의 재발견과 재해석은 어떤 의미를 갖는가? 유교는 탈근대, 탈식민주의, 세계화의 격랑 속에 표류하는 21세기 사회에 새로운 비전을 제시할 수 있을 것인가? 이에 대한 적절한 해답을 구하고자 하는 출발점이 바로 국제학술회의 "전환기의 유교"였고, 이러한 공동의 노력을 보완하여 앞으로의 연구에 보탬이 되고자 한 첫 시도가 이 책이다. 이 책에서는 공자의 시대로부터 현재에 이르기까지 시대적 전환기에 처할 때마다 유교는 그 위기상황을 어떻게 극복하고 의미 있는 '진보'를 이루어냈는지 그 과정을 다양한 관점에서 재조명하고 유교 담론의 근대적, 혹은 '탈근대적' 재구성을 시도하고자 했다. 또한, 이데올로기로서의 유교에 대한 추상적 접근을 탈피하여 사회변화의 실천적 토대를 제공한 유교의 사회적 역할을 정치, 제도, 역사, 문화 등 다양한 각도에서 조명함으로써 유교의 현대적 의미를 고찰하고 앞으로 유교가 나아갈 방향을 제시하고자 했다.

이 책은 전체적으로 3부, 9편의 논문으로 구성되었다. 1부 "전환기 동아시아의 신(新)유교문화"에서는 현대 동아시아 문화에 미친 유교의 영향을 해부함으로써 21세기 전환기의 동아시아에서 유교문화의 다변적 가능성을 탐색하고자 했다. 2부 "유학의 변용과 현실 대응"에서는 유학에 대한 기존의 시각과 연구방법론에서 벗어나 그동안 간과되었던 유교 담론을 재구성하고 새로운 관점을 제시하고자 했다. 3부 "동아시아 예술 속의 유교문화"에서는 동아시아 미학에 깊숙이 침투한 유교 이데올로기가 동아시아 예술에서 어떻게 형상화되고 승화 혹은 왜곡, 변용되는지를 분석했다.

이 책을 완성하는 데에는 물론 유교문화의 해석을 통한 동아시아학의 확립이라는 연구 목표를 서로 공유하면서 참신한 연구방향을 제시한 저자 9인의 공동 노력이 단연 돋보인다. 그러나 바쁜 일정에도 불구하고 다니엘 스베켄디크 교수의 논문 번역을 맡아준 김정은 씨, 성균관대학교 동아시아학과 대학원에 재학 중이면서 번역을 맡은 이지현 씨와 박지은 씨, 그리고 교정을 맡은 장병극 씨의 꼼꼼하고 신속한 일처리가 없었다면 이 책의 완성은 아직도 요원할 것이다. 이분들의 숨은 노력과 함께 성균관대학교 출판부의 노고에도 이 책의 저자들을 대표해 깊은 감사를 드리는 바이다.

박소현

차례

2부

유학의 변용과 현실 대응

3부

동아시아 예술 속의 유교문화

보데인 왈라반(Boudewijn Walraven) _ 유교의 다변적 가능성

다니엘 스베켄디크(Daniel Schwekendiek) _ 한국인의 몸의 재구성—이상적 몸에 대한 유교적 관념의 변화

크리스토퍼 닐 페인(Christopher N. Payne) _ 공자(孔子)의 대폭발: 성인(聖人)의 포스트모던(postmodern)적 모험

1부

전환기 동아시아의 신(新)유교문화

유교의 다변적 가능성

보데인 왈라반(Boudewijn Walraven) (번역: 이지현)

한국사에서 유교화의 과정은 비교적 일찍 시작되었음에도 조선 시대에 들어서야 본격화되었고, 유교화는 크게 진척되어 중국과 비견될 수 없는 정도에 이르렀는데, 19세기 중반에는 점차 쇠약하여 침체기에 접어들었다고 볼 수 있다. 유교적 가치가 사회 전반에 지나치게 영향을 끼친 나머지, 그런 가치들이 유교적 특수성을 잃었을 뿐 아니라, 순수하게 유교적이라고 할 수 없게 되었을 정도였기 때문이다.[1] 이 시기에는 불교 신자들뿐만 아니라 다른 종교의 신봉자들도 유교적 가치라고 할 수 있는 효(孝)와 충(忠)을 최고의 덕목으로 수용하였고, 또 이를 그들의 신앙에도 접목시켰다.[2] 이미 18세기에 불교에서는 이러한 덕목을 표출하

1) Walraven 2012.

2) 한글로 '효'와 '충'을 각각 입력하고 한자 변환 키를 눌렀을 때, 가장 먼저 제시되는 한자가 '孝'와 '忠'인 것도 우연은 아니다.

기만 한다면, 불교적 수행이 없어도 아미타불의 정토에서 왕생할 수 있다는 주장도 제기되었다.[3] 효와 충의 미덕에 관한 독점적인 권위를 잃은 것은 유교의 영향력에 있어서 한계라고 해석될 수 있기는 하나, 동시에 유교(Confucianism)가 한국 사회에 공고히 자리 잡았던 불교와 같은 다른 전통에 변화를 줄 수 있을 만큼 한국 문화 전반에 막대한 영향을 끼쳤다고 볼 수도 있다.[4] 기독교 역시 한국 사회에 유입되었을 때 유교의 영향을 받지 않을 수 없었는데, 이는 한국적 신학 체계와 호교학(護教學)을 발전시키려는 노력과[5] 조상에 대한 제사를 대체할 기독교적 의례를 만들어낸 것[6] 등에서 나타난다.

무속과 민속 신앙에 관한 연구이든, 신흥 종교의 등장과 정치적 변화에 관한 연구이든, 사회적 조건과 변혁에 관한 연구이든지를 막론하고, 유교의 역할을 고려하는 것은 항상 많은 도움이 된다. 비록 유교가 각 시대와 사회적 계층에 따라 각기 다른 형태를 보일지라도, 한반도에 유입된 이후로 한국 문화를 구성하는 데에 상당한 정도로 이바지해오고 있기 때문이다. 유교는 학문적 측면에서뿐만 아니라 다양한 각도에서 연구되어야 하며, 한국의 과거와 현재, 미래를 이해하고자 한다면 반드시 다루어야 할 부분이다.

분명하게 짚고 넘어가지 않는다면 끊임없는 혼란을 야기할 수 있는 한 가지 중요한 문제는, 유교(Confucianism)와 유교화(confucianization)

3) Younghee Lee 2007b; Walraven 2007b.

4) Cf. Buswell 1999 and Muller 2007, 한 승려에 관한 예는 이영희2007a 논문 참조.

5) 가톨릭에 대해서는 이성배, 『유교와 그리스도교: 이벽의 한국적 신학 원리』, 분도출판사, 1979와 김옥희, 『한국천주교사상사 1-광암 이벽의 서학사상 연구』, 순교의 맥, 1990 참조. 신교도에 관해서는 백종구, 『한국 초기 개신교 선교운동과 선교신학』, 한국교회사학연구원, 2002 참조.

6) Grayson 2009; 박충찬 2010; Rausch and Baker 2007.

라는 용어가 각각 무엇을 의미하는가 하는 것이다. 유교는 철학, 종교, 정치적 이념, 사회 윤리, 혹은 사회 관습의 산만한 축적 등 여러모로 해석 될 수 있다.[7] 유교의 역할과 가치에 대한 각기 다른 견해들은, 조명하고자 하는 용어의 다양한 의미 그리고 강조하고자 하는 역사적 시기와 측면에 따라 달라진다. 유교는 대한민국의 경제적 발전을 가능하게 한 숨겨진 원동력이라고 불리거나, 또는 발전에 저해가 되는 요소로 매도된 적도 있다. 19세기 후반의 사회 개혁가들은 유학자들을 밤낮 맹꽁맹꽁(孟孔孟孔) 우는 개구리에 비유하여 조롱하였다. 가장 최근에는 김경일의 책 『공자가 죽어야 나라가 산다』에서 유학은 정치적으로 악용될 윤리 규범을 제공하였다는 이유로 가혹한 비난을 받기도 하였다.[8] 비교적 긍정적인 견해는 미야지마 히로시 교수에 의해 제기되었다. 미야지마 교수는 동아시아의 근대성에 관한 특징적인 형태를 파악하기 위해 지속적인 연구를 하고 있는데, 이 연구에서 그는 유교가 조선시대의 사회 발전에 장애물이 아니었고, 비록 몇몇 부정적인 측면이 있었지만 조선을 발전시킨 중요한 요인으로 지목하고 있다. 또한 유교에 관한 현재의 논의가 어떻든 간에, 유교는 오늘날에도 일상생활에서 결정적 역할을 하는 과거의 일부라고 보는 것이다.[9] 이 외에도 많은 연구자들이 20세기의 여러 동아시아 국가들의 급진적 경제 발전이 그들이 공통적으로 가지고 있는 유교적 유산 덕분이라고 주장한다.

『한국 사회의 유교적 변화』[10]라는 저서를 통해 '유교화'의 개념을 도

7) Walraven 2007a.

8) 김경일, 『공자가 죽어야 나라가 산다』, 개정판, 바다출판사, 2005 참조.

9) 미야지마 히로시, 『미야지마 히로시, 나의 한국사 공부』, 너머북스, 2013 참조.

10) Deuchler 1992.

입하는 데 지대한 영향을 끼친 스위스 학자 마르티나 도이힐러(Martina Deuchler)는 지난 10년간 한국이 완전히 유교화되었다는 주장으로부터 다소 거리를 두었는데, 이는 유교의 근거지로 여겨졌던 안동 지역에서 조선 말기에 대부분의 양반들이 내면적으로는 불교 신자였다는 사실을 깨달았기 때문이다. 그녀는 안동 지역 양반들이 따랐던 유교란 것은 진정한 유교가 아니었고, 단지 속화된 표면적인 것에 불과하다고 느꼈다. 이러한 판단의 이면에는 유교와 불교를 독립적 단일체로 개념화하고, 이들 유교와 불교 각각의 실체가 상호배타적이라는 것을 전제로 한다. 유교와 불교가 상호배타적이라는 그녀의 가정에 동의할 수는 없으나, 이념보다 "실천의 논리"는 연구의 대상이 되어야 하며, "조선의 지식인들이 무슨 목적으로, 어떻게 유교를 이용하고자 했는지", 그리고 "조선인들이 유교의 가르침을 실천양식으로 삼으려고 했던 이유는 무엇인가?"[11]에 초점을 맞추어야 한다는 그녀의 결론에는 전적으로 동의하는 바이다. 이런 접근에서, 형식적인 이념이나 문화적 이상만 고려하기보다는 실제로 사람들이 전략적으로 무슨 선택을 하는지에 주목해야 한다는 피에르 부르디외(Pierre Bourdieu)의 영향을 파악할 수 있다.

혹자는 여기서 한 발짝 더 나아가, 유교(혹은 불교나 기독교)와 같이 광범위한 개념의 한계를 강조할 수 있다. 왜냐하면 이러한 범주화는 미셸 드 세르토(Michel de Certeau)가 말한 일상생활의 "브리콜라쥬"(bricolage)와 "브라코나쥬"(braconnage)[12]에서 실질적으로 일어나는 것을 모호하게 하기 때문이다. 이러한 접근법을 제안한 논의를 이미 다른

11) Deuchler 2007.

12) 브라코나쥬(braconnage)는 '밀렵'이라는 뜻인데, 드 세르토는 이 단어를 피지배계층이 그들 자신을 위해 종종 체제전복적으로 지배층의 이념을 이용하는 의미로 사용하였다.

곳에서 하였기 때문에,[13] 이 글에서 자세히 언급하지는 않겠지만, 유교적 전통이라고 할 수 있는 것의 선별적이고 전략적인 혹은 전술적인 이용은 예나 지금이나 흔히 볼 수 있는 현상이다. 단순하게 "유교적 전통"(Confucian tradition)이라고 표현하였으나, 이는 필자가 앞서 설명한 모든 다양한 의미로 이루어진 것을 말한다. 이렇게 포괄적인 의미에서의 유교적 전통이라는 개념은 드 세르토가 설명하는 실천(practices)들과, 그 전통을 토대로 새로운 것들을 만들어내려는 시도들을 포함해야 한다. 유교의 전통을 이렇게 포괄적으로 보면 유교의 중요성을 현재 남한과 북한의 정신적 성향, 사회적 습속, 그리고 정치적 체계를 파악하는데 지나치게 강조할 수는 없다. 그러나 이러한 유교적 전통의 영향은 고정적이지 않으며, 어떤 방향으로 흐를지 예측할 수 없다. 유교적 전통은 그 전통에서 선별된 것 또는 그것과 융합된 것에 따라 각기 다른 결과를 초래할 수 있다. 이러한 측면에서 명백한 차이점에도 불구하고 유교적 전통이 해방 후 38도선의 남과 북에 상당한 영향을 끼쳤다고 주장할 수 있다.

현재에 와서 스스로를 유교인이라고 지칭하는 한국인이 매우 적어도 유교의 중요성을 간과할 수는 없다. 형식적인 유교 단체에 대다수의 한국인들이 공식적으로 가입되어 있어야만 유교적 전통이 인스피레이션이나 사회적 영향력의 원천으로 작용될 수 있는 것은 아니다. 또한 이러한 유교적 전통이 철학이나 사회적 윤리 체계로서만 잔존할 수 있는 것도 아니다. 유교적 전통은 너무나 많은 분야에 걸쳐 있어서, 거의 모든 일상의 영역에 영향력을 행사할 가능성을 내포하고 있다. 미학(美學)과 같이 대개 유학과 쉽게 연상되지 않는 분야도 그렇다. 예를 들자면,

13) Walraven 2011.

조선 왕가의 사당인 종묘의 소박한 단순성은 현대인에게도 미학적으로 감동받게 하는 힘이 있으며, 이는 저명한 인류학자 클로드 레비-스트로스(Claude Lévi-Strauss, 1908-2009)가 서울을 방문했을 때 가장 인상적이었다고 말했던 성균관의 옛날 건물들도 마찬가지이다.

유교적 전통, 특히 신유학에서 가장 재조명되지 않을 법한 부분은 우주 현상을 오로지 리(理)와 기(氣)로 설명하려는 시도일 것이다. 물리학자들이 히그스 보손(Higgs Boson)이나 마요라나 페르미온(Majorana Fermion)과 같은 입자들을 발견하고 생산하는 훌륭한 진보를 이루어내는 시기에, 물리학에 대한 신유학의 견해는 심도 있게 다루어질 기회조차 얻지 못할 것이다. 그러나 정치학과 같이 인간과 사회에 관한 분야에 있어서는 이야기가 달라진다. 이 분야에서 유교적 전통은 구시대적인 것이 아니며, 여전히 유용한 것으로 보인다. 이를 설명하기 위해 한 가지 인용문을 들어보겠다: "하나의 목소리는 방 한 칸을 변화시킬 수 있고, 하나의 목소리가 방 한 칸을 변화시킬 수 있다면, 이것은 한 도시를 변화시킬 수 있고, 한 도시를 변화시킬 수 있다면, 한 주(州)를 변화시킬 수 있고, 한 주를 변화시킬 수 있다면 한 국가(nation)를 변화시킬 수 있으며, 한 국가를 변화시킬 수 있다면 세상을 변화시킬 수 있습니다. 당신의 목소리는 곧 세계를 변화시킬 수 있습니다." 다수의 독자들은 이 인용문을 유교경전에서의 인용문이 아니라, 버락 오바마(Barack Obama)의 연설 인용문으로 알고 있을 것이다. 그러나 또 다수는 이 인용문에 내포되어 있는 사고 방식이 『대학(大學)』「장구(章句)」에서 여러 형태로 표현된 것들과 상당 부분 비슷하다는 점을 알게 될 것이다. 한 예로, "마음이 바루어진 뒤에 몸이 닦이고, 몸이 닦인 뒤에 집안이 가지런해지고, 집안이 가지런해진 뒤에 나라가 다스려지고, 나라가 다스려진 뒤에 천하가 평(平)해진다."[14]는 구절은 오바마의 인용문과 비교해

보면 수양이 누락된 것을 제외하고는 매우 유사하다. 오바마가 『대학』에서 영향을 받았다고 혹은 전혀 받지 않았다고도 하지 않겠지만, 이는 우선적으로 2천 년 이상 전에 나온, 동심원을 그리며 확장되어 가는 사고방식을 오늘날 최고의 연설가로 꼽히는 정치가도 여전히 효과적으로 이용할 수 있다는 증거가 된다.

더 중요한 것은 『대학』에서는 개인적 책임감, 노력, 그리고 수양부터 시작하여, 이를 가문과 같이 현실적으로 개인과 가장 가까운 곳까지 이르게 한 다음에, 결정적으로는 전 세계를 망라하는 인간사회에 대한 배려를 하도록 격려한다는 것이다. 다수의 국가들이 신자유주의에서 파생한 개인주의와 사회적 파편화, 그리고 사회민주주의적 복지국가들에서 파생한 형식적이고 하향적 메카니즘 사이에서 균형을 잡으려고 하는 현 시점에, 『대학』에서 제시하는 시각이 문제 해결의 실마리를 제공할 수도 있지 않을까 한다. 중요한 점은 이러한 유교적 전통의 영감을 받기 위해 굳이 유림이 될 필요는 없다는 것이다. 유교의 모든 사상 체계를 완전히 받아들이지 않더라도 유교적 전통은 답을 제시해줄 수 있다. 사실 유교적 전통이 절대적 진리로 받아들여지도록 하기 위해 몇몇 한국의 유학자들은 유교를 종교로 정의할 것을 주장하는데, 이는 도리어 어떠한 형태이든 종교적 교조주의를 쉽게 받아들이지 않으며, 다양성으로 특징지어지는 현대 사회에 유교적 전통이 공헌하는 것을 더 어렵게 할 수도 있다. 삼국시대와 고려시대에 유교는 조화로운 공존이라는 시대정신 속에서 헤게모니를 목표로 하지 않고 국가와 사회에 기여했음을 상기해보아야 한다. 주지하다시피, 신라의 원광(圓光)은 세속오

14) "心正而后身修 身修而后家齊 家齊而后國治 國治而后天下平", 『大學.中庸集註』, 개정증보판, 成百曉 註釋, 傳統文化硏究會, 2012, 34쪽 참조.

계(世俗五戒)를 설파했는데, 승려가 만든 율법임에도 세속오계의 대부분이 유교적이다. 게다가 유교가 조선 시대에 독점적 권력을 장악하고 타 종교를 배제하려 했을 때에도, 다수의 유학자들은 유교의 배타주의를 묵살하고, 개인적으로는 불교적 수양도 하고 불교경전도 애독했던 점도 잊어서는 안 된다.[15]

가장 명시적으로 현대 정치인들에게 영감을 줄 수 있는 유교적 전통의 또 다른 요소는, 현실과 동떨어진 낙원을 좇거나 평범한 인간 삶의 경계를 벗어나는 상상을 하기보다, 진정한 태도로 국가를 관리하고 공정한 사회를 확립하는 일을 인간사에 있어 최상의 가치로 간주하는 것이다. 개인적 수양과 같은 인간의 노력은 모든 문제의 해결책으로 제시되는데, 인간의 노력이 인간으로서 유일하게 스스로 통제할 수 있는 수단임을 고려한다면 이는 가장 현실적인 접근법이다. 물론 행동양식이 유교적 이상에 이르지 못한 벼슬아치도 많이 있었음을 인정해야 한다. 그러나 사회를 개선하기 위해 노력하는 진정한 태도를 강조한 이들도 있었는데, 그 중 훌륭한 예는 정약용의 『목민심서(牧民心書)』에서 찾아볼 수 있다.[16] 이 책을 읽다 보면, 일상적으로 국가를 관리하는 데 가장 사소한 부분에까지 이르는 다산의 깊은 우려와, 사람을 다스리는 의무를 갖는 자들이 마땅히 갖추어야 할 사고방식에 대한 다산의 유의(留意)로 인해 깊은 감명을 받을 수밖에 없다. 『목민심서』의 장점 중 하나는, 단지 유교를 국가의 형식적 이념으로 삼는 것이 사회 문제를 해결하는 데 충분하지 않다는 것을 뚜렷하게 보여주는 예시를 다수 제공한다는

15) 유호선, 『조선 후기 경화사족의 불교인식과 불교문학』, 태학사, 2006.

16) 최근에 다산학술문화재단에서 정약용의 여유당전서(與猶堂全書)를 다수의 저술을 비교·대조하고 교정하여 정본화 작업을 거친 후 출간하였다. 정약용 저, 다산학술문화재단 편, 『정본 여유당전서』, 사암, 2012, 27-29권 참조.

점이다. 나라를 다스리는 자들에게 올바른 정신이 없는 한, 모든 것은 무익할 뿐이다. 제도 속에서 이상 사회를 구현하고자 하며, 직분을 다할 수 있는 더 나은 개인이 되고자 하는 열망이 『목민심서』의 특징인데, 이러한 태도는 유교적 전통의 다른 분야에서도 찾을 수 있다. 만약 지금 우리 시대에 이런 유교적 이상주의를 적용하고자 한다면, 유교가 더 이상 권력을 장악하는 위치를 차지하고 있지 않다는 것이 유리하게 작용할 것이다. 왜냐하면 이로써 권위주의적이거나 비민주주의적인 수단을 적용하려는 유혹을 떨칠 수 있기 때문이다.

다른 사상체계들처럼 강조하고자 하는 경전의 구절이나 유교의 실질적 효과의 예시들에 따라, 유교적 전통으로부터 아주 다양하고 혹은 심지어 아예 반대되는 교훈을 도출해낼 수도 있다. 과연 유교가 민주주의와 양립할 수 있는지에 대한 의문이 바로 이런 경우이다. 그런데 유교적 전통에서의 민본주의는 맹자로까지 거슬러 올라가며, 이러한 유교적 전통은 민권을 위한 요구를 정당화하는 데 쓰일 수 있다. 또 한편으로는 사대부들에 의한 일반인들의 착취는 수세기 동안 이어져왔고, 이러한 사대부들은 자기 수양의 덕목을 자신들의 사회적 지위를 정당화 하는 데 이용하면서, 매번 양반의 이상에 부합하는 행세를 하지는 못했다. 이것이 연암 박지원에 의해 『양반전(兩班傳)』에서 영구화된 이상과 현실의 대비이다. 박지원과 같은 비판 역시도 광범위한 유교적 전통의 일부라는 점을 인지해야 한다. 유교적 전통에 대한 이러한 비판적 반성은 『목민심서』에서도 찾아볼 수 있다. 다시 말해 전통은 그 자신에 대해 비평하고, 그 과정 속에서 질적으로 풍부해진다. 사실 전통의 내부에서건 외부에서건 전통에 대해 비판하는 자들을 공헌자라고도 볼 수 있는데, 그것은 전통에 대한 도전이 그 전통을 살아 있는 것으로 만들기 때문이다. 그래서 유교는 모든 논의의 맥락을 고려하면서 연구해야 하며, 이때 유교에 저항하고 부정하는 견해들 역시 참작하는 것이 중요하다고 생각한다. 『논어(論語)』나 『맹자(孟子)』와 같은 유교 경전들은 의심할 여지없이 21세기 사람들의 관심을 끌고 영감을 제공하는 힘을 여전히 가지고 있다. 그러나 마치 조선 시대에 유교를 이해할 때 주희(朱熹)의 해석만을 정본으로 규정했던 것처럼, 단 하나의 정통적인 해석에만 집착해서는 안 될 것이다. 이는 주희의 해석이 현재에 기여한 바가 전혀 없었기 때문이라는 뜻이 아니라, 유교적 전통을 원천으로 현재의 상황과 완전히 다른 시대에 적용될 수 있는 개념들을 창조할 충분한 여지가 필요하기 때문이다.

비록 유림이라고 자처하는 이들은 전체 한국인 중 소수에 불과하지만, 다양한 형태로 현현하는 유교적 전통은 상당한 잠재적 가능성을 보유하고 있으며, 수많은 사회, 정치, 문화적 현상들을 적절하게 이해하는 데에 여전히 유용하다고 결론 내릴 수 있다. 이러한 연유로 유교적 전통은 다양한 시각에서, 그 긍정적인 측면과 부정적인 측면 모두를 인정할 수 있는 유연한 사고방식을 가지고 연구되어야 한다. 이 책도 각기 다른 시대의 유교적 유산에 대한 다양한 측면을 살펴봄으로써 이러한 측면에 기여하고자 하였다.

참고문헌

국내 문헌

김경일, 『공자가 죽어야 나라가 산다』, 개정판, 바다출판사, 2005.

김옥희, 『한국천주교사상사 1–광암 이벽의 서학사상 연구』, 순교의 맥, 1990.

미야지마 히로시, 『미야지마 히로시, 나의 한국사 공부』, 너머북스, 2013.

박종찬, 「상 · 제례의 한국적 전개와 유교의례의 문화적 영향」, 『국학연구』 제17집, 한국국학진흥원, 2010.

백종구,『한국 초기 개신교 선교운동과 선교신학』, 한국교회사학연구원, 2002.

成百曉 註釋,『大學.中庸集註』, 개정증보판, 傳統文化硏究會, 2012.

유호선,『조선 후기 경화사족의 불교인식과 불교문학』, 태학사, 2006.

이성배,『유교와 그리스도교: 이벽의 한국적 신학 원리』, 분도출판사, 1979(불어판: Ri 1979).

정약용 저, 다산학술문화재단 편,『정본 여유당전서』 전 37권, 다산학술문화재단, 2012.

외국 문헌

Buswell, Robert E. Jr. 1999. "Buddhism under Confucian Domination" in Haboush and Deuchler(eds.) 1999.

______(ed.). 2007, *Religions of Korea in Practice*. Princeton: Princeton University Press).

Chŏng, Yagyong. 2010. *Admonitions on Governing the People: Manual for All Administrators*, transl. of *Mongmin simsŏ* by Choi Byonghyon. Berkeley: University of California Press.

Deuchler, Martina. 1992. *The Confucian Transformation of Korea*. Cambridge MA: Council on East Asian Studies, Harvard University.

______. 2007. "Is 'Confucianization of Korea' a valid concept of analysis?," special issue "Beyond Confucianization" of *Sungkyun Journal of East Asian Studies*, vol. 7, no. 2: 3-6. (available online: http://sjeas.skku.edu)

Grayson, James H. 2009. "Ch'udo yebae: A Case Study in the Early Emplantation of Protestant Christianity in Korea," *Journal of Asian Studies*, v. 68, no. 2: 413-434.

______. 2010. "Grieving Rites and Capping Ceremonies: Successful and Unsuccessful Attempts at Christian Accommodation to Korean Religious Culture," in Prost 2010: 183-196.

Haboush, JaHyun Kim and Martina Deuchler (eds.) 1999. *Culture and the State in Late Chosŏn Korea*. Cambridge MA: Harvard University East Asia Center.

Lee, Younghee. 2007a. "Ch'imgoeng's Poetry and the Nature of Late Chosŏn Buddhism," *Sungkyun Journal of East Asian Studies*, vol. 7, no. 1: 100–111. (available online: http://sjeas.skku.edu)

______. 2007b. "Hell and Other Karmic Consequences: A Buddhist Vernacular Song," in Buswell 2007: 100–111.

Muller, Charles. 2007. "The Great Confucian–Buddhist Debate," in Buswell 2007: 177–204.

Prost, Martine (ed.). 2010. Cahiers d'Études Coréennes 8 (Mélanges offerts à Marc Orange et Alexandre Guillemoz). Paris: Institut d' d'Études Coréennes.

Rausch, Franklin & Don Baker, "Catholic Rites and Liturgy," in Buswell 2007: 383–391.

Ri, Jean Sangbae. 1979. *Confucius et Jésus Christ: la première théologie chrétienne en Corée d'après l'œuvre de Yi–Piek, lettré confucéen 1754–1786*. Paris: Beauchesne.

Walraven, Boudewijn. 1999. "Popular Religion in a Confucianized Society," in Haboush and Deuchler 1999: 160–198.

______. 2000. Religion and the City: Seoul in the Nineteenth Century," *Review of Korean Studies* vol. 3, no. 1: 178–206.

______. 2007a. "Introduction" to the special issue "Beyond Confucianization" of *Sungkyun Journal of East Asian Studies*, vol. 7, no. 2: 1–3. (available online: http://sjeas.skku.edu)

______. 2007b. "A Re–examination of the Social Basis of Buddhism in Late Chosŏn Society," *Seoul Journal of Korean Studies* vol. 20, no. 1: 1–20.

______. 2011. "Religion as a Moving Target," *Journal of Korean Religions* vol. 2, no. 2: 9–23.

한국인의 몸의 재구성-
이상적 몸에 대한
유교적 관념의 변화

다니엘 스베켄디크(Daniel Schwekendiek) (번역: 김정은)

1. 개요

이 논문은 남한 사람들의 과거에서 현대로의 이상적인 신체에 대한 변화를 살펴봄으로써 현대사회의 유교사상의 재활성화에 대해 고찰하고자 한다. 전근대시대에서 키가 크다는 것은 군사적인 이유를 제외하고는 별로 이상적인 외모가 아니었다. 또한 몸에 변형을 가한다는 것은 조상을 거스르는 죄로 취급될 정도로 유교의 가르침에 어긋나는 금기시되는 행위였다. 일제강점기 시기에는 일본인들이 한국인보다 더 작다는 것이 가시적으로 나타나며 한국인의 몸은 정치적인 논쟁거리가 되기도 했고, 군부독재 시기에는 산업발전에 필요한 육체노동을 위한 몸으로 가장 중요시되기도 했다. 하지만 인체측정학의 발전에도 불구하고 몸에 대한 변형은 군사독재 정부에 의해 미풍양속을 해친다는 이유로 금기시되었다. 1990년대의 자유민주화 운동에 의해 미디어와 광고산업은 급속도로 성장했으며 이는 새로운 몸의 이상을 만들었는데, 하나는 넓은 의미에서의 몸의 변형과 다른 하나는 서구적인 기준의 대두를 들 수 있다. 성형수술이 처음 몸의 변형의 트렌드를 이끌었고, 최근에는 큰 키 열풍이 여기에 합세했다. 향상된 영양섭취와 경제발달 덕분에 한국인의 키가 전근대 시대에 비하여 크게 성장한 것은 사실이지만, 이상적인 키, 즉 남자의 경우 180cm에서 185cm, 여자의 경우 167cm의 키는 한국인 평균 신장의 상위 1%에서 10%에 불과한 수치이다. 현재 실제 한국인 평균 신장은 남자의 경우 172cm, 여자의 경우 159cm이며 이는 매우 적은 수의 한국인만이 이상적인 키에 부합한다는 것을 뜻한다. 키가 커 보이게 하기 위해 많은 한국인 남자는 신발에 깔창을 넣기도 하고, 여자들은 하이힐을 신는다. 하지만 더 중요한 것은 한국인 부모가 자녀의 키 성장을 위해 자녀를 성장 클리닉에 보내며 성장 호르몬 주사를 맞힌다는 것이다.

이 글은 한국은 지금 이상적인 몸에 대한 방향 전환을 해야 한다고 말하고자 한다. 지난 천 년에 걸쳐 한국에는 몽고 인종의 유전적인 형질이 존재해왔으며 이것이 한국의 자연적인 기준이다. 왜 한국인은 자신의 키를 전체 인구의 1%에서 10%에 불과한 이상에 맞추어 변형시키려고 하는가? 왜 한국인은 한국의 미디어 스타들보다도 작은 미국 백인의 평균 신장에 맞추기 위해 분투하고 있는 것인가?

2. 서론

"외모가 중요해진 오늘날, 키는 경쟁력!
키 작은 남자는… loser!"

(「미녀들의 수다」에 출연한 한 여대생의 발언, 2009, KBS2)

2012년 나는 성균관대학교 동아시아학술원의 '동아시아학의 재구성' RC에 합류하였다. 프레젠테이션을 하는 자리에서 나는 '동아시아인의 재구성'에 대한 연구가 '동아시아학의 재구성' 연구의 좋은 시작이 될 수 있을 것이라고 설명했다. 특히 한국은 동아시아 국가들 중에서도 몸의 변형에 대한 주된 예시가 될 수 있다. 2010년도에 이르러 한국은 1,000명당 성형수술을 받은 국민수로는 세계적인 선두주자라 할 수 있다(2012년 『이코노미스트』). 즉 서울의 여자들 중 5명 중 한 명꼴로 성형수술을 받은 경험이 있다는 것이다. 특히 이 성형수술은 수술이나 사고 뒤의 재건수술이 아닌 미용을 목적으로 한 수술이다. 이러한 성형수술은 남한 사람들을 보다 서구적으로 보이게 해준다. 흥미로운 것은 한국이 인구 1,000명당 성형수술을 받는 국민 수가 가장 많은 나라일 뿐만 아니라 중국과 일본에 비해 훨씬 많은 성형수술을 받는다는 것이다. 아름다움이 목적인 성형문화에서는 한국이 동아시아는 물론 전세계적으로도 매우 예외적인 모습을 보이는 것이 분명하다.

지금까지의 여러 연구에 의하면 한국인의 몸의 가치는 미국 신식민지주의와 연관되어 있다. 후기 산업화된 한국에서 자유화운동 이후 미디어와 광고산업의 발전이 의사들의 의료마케팅 활동과 이성관계 및 구직시장에서의 이러한 수요를 증가시켰다. 하지만 성형수술 외에도 한국에서 일어나는 몸의 변형은 여러 가지가 있다. 몸의 체형을 유지하기 위해 유럽에서는 마약류에 속해 금지된 다이어트 약의 소비 역시 한국에서는 만연하고 있다(Schwekendiek 외, 2013년). 최근에 나타난 성장호르몬 약의 소비와 성장클리닉의 증가는 마른 몸매와 성형 열풍에 이어 큰 키가 이상적인 몸의 모습으로 새롭게 등장했다.

남한에서 나타나는 성형열풍에 대한 지금까지의 여러 연구와 같이, 이 연구의 목적은 큰 키 열풍을 역사적인 관점에서 더욱 면밀히 살펴보고자 한다. 전근대에서 근대까지의 한국인 신장을 비교함으로써 왜 이 시대의 한국인들이 큰 키에 집착하는지 설명할 수 있을 것이다. 최근 조선 시대의 신장 수준에 대한 조사가 이루어졌기 때문에 이는 더욱 흥미롭다. 예를 들어 루이스(Lewis) 외 연구진과 조(Cho)는 전근대 시대의 한국인 신장을 조사하기 위해 군인들의 이력서를 조사했다. 하지만 두 논문 모두 척(尺)으로 측정된 군인들의 신장을 센티미터로 변환하는 과정에서 척은 그 시대에 다양한 지역과 시대를 걸쳐 사용되었기 때문에 정확하게 변환하는 것이 불가능했다. 또한 같은 시대에 사망한 사람들의 자료를 이용한 한국인 신장에 관한 연구가 있는데, 박(Park)과 신(Shin)은 조선 시대의 분묘에서 발굴된 다리뼈를 분석하여 최종 신장을 복원함으로써 조선 시대 사람들의 신장을 추산하였다. 이 뼈들은 센티미터를 이용해 측정할 수 있기 때문에 단위 변환의 어려움은 없었으나, 측정된 뼈의 나이나 연도를 추산할 수 없었기 때문에 1392년에서 1910년에 걸친 조선 시대 전 기간의 자료로만 활용할 수 있다는 단점이 있다. 다행히 1980년경, 조선 후기에 태어난 한국인 신장은 일본 식민지 시대(1910-1945)에 측정되어 최근 조와 스베켄디크(Schwekendiek, 2009), 김(Kim)과 박(2011)에 의해 분석되었다. 조와 스베켄디크는 서대문 형무소에 수감되었던 모든 사회계층 구성원들의 신장을 추산했고 김과 박은 행려병사자의 자료를 이용하여 하층민의 신장을 추산하였다. 이러한 연구들이 일제 식민지 시대 하층민과 중산층의 한국인 신장을 제공해주었다.

이 글은 앞으로 두 가지에 대해 논의하고자 한다. 첫째는 전근대 시대, 즉 14세기에서 20세기에 이르는 조선 시대와 식민지 시기의 한국인의 몸에 대하여, 또한 그 이후 군사독재 시기의 산업화된 한국인의 몸에 대하여 논의할 것이다. 그 후 현재 한국에 불고 있는 큰 키 열풍에 대하여 다룰 것이다.

3. 전근대 시기 한국인의 몸

조선 시대에 부모님이 물려주신 몸을 훼손하는 행위는 금기시되었다. 조선 시대 내내 국가이념이었던 유교는 가족관계와 더불어 만물의 자연적인 체계를 중시하여 신체의 어떤 부분이든 변형을 가한다는 것은 윤리적인 위반으로 간주되었다. 예를 들어 머리를 자르거나 수염을 자르는 것은 불효의 행위였다. 유교에서는 성별에 따른 역할을 매우 강조했는데, 특히 몸은 성적인 부분에서 엄격히 통제되었다. 여성들은 장옷이나 부채로 얼굴을 가려 다른 사람들이 조금이라도 그들의 신체를 볼 수 없도록 해야 했다.

조선 시대 몸의 이상은 중매에서도 드러나는데, 물론 외모의 아름다움이 어느 정도 성혼에 도움은 되었지만 더욱 중요한 것은 사회적인 배경이었다. 그 중 가장 중요한 것은 아이를 낳는 능력, 특히 아들을 낳는 능력이었으며 이는 외적인 매력보다 훨씬 중요시되었다. 남자들에게는 대를 잇거나 조상을 모시는 것이 가장 중요했으며, 신체적인 매력은 이에 비하여 그다지 중요하지 않았다.

키에 대해 살펴보면 전근대 시기 한국 남성의 평균 신장은 약 165cm 정도였다. 아쉽게도 한국 여성의 신장에 대한 자료는 불충분하거나 신뢰도가 떨어진다. 물론 전근대 시기에도 키가 매우 큰 사람들이 있긴 했지만, 큰 키는 현재까지 전해오는 한국의 오랜 속담 중 “작은 고추가 맵

〈표 1〉 남한의 신장 동향(1392~2003)

기간	신장(cm)		비고	
	남자	여자		
현대 성인 한국인 (2003)	172	159		
전근대 시기 성인 한국인 (1392–1910)	165	n/a	Trotter–and–Gleser의 남성 키 추정식 적용 (2011년 박순영)	몽골로이드
전근대 시기 성인 한국인 (1392–1910)	172	n/a	Trotter–and–Gleser의 남성 키 추정식 적용 (2012년 신)	몽골로이드

• 출처: Shin et al. (2012), Pak (2011), KATS (2004).

다", "키 큰 사람은 싱겁다"에서 볼 수 있듯 별로 매력적인 것이 아니었다. 키가 큰 것이 별로 높게 평가되지 않은 이유는 사회적 존재의 중요성을 강조하는 유교의 가르침 때문이었다. 다른 사람들보다 키가 큰 사람들은 시각적으로 두드러지기 때문에 보다 쉽게 눈에 띄어 무리와의 조화를 중요시하는 유교에서 좋게 여겨지지 않았다. 조선 시대의 부고에 고인의 키를 명시해놓은 경우는 보통 8척(약 165cm, 〈표1〉)인 경우가 많았으며 9척인 경우는 거의 명시하지 않은 것으로 보아 8척의 키가 가장 표준적이고 조화로웠으며 이상적이었음을 보여준다.

사실 큰 키는 주로 전쟁터에서 중요하여 16세기에서 19세기까지 조선 시대 통치자들은 왜적의 침입을 막기 위해 민병과 군대의 신장 데이터를 수집했다. 이와 같이 전근대 시기에 큰 키는 오늘날과 같이 일종의 사회적인 상징과 같은 의미를 갖지 못했다. 즉 큰 키는 단지 군대에서 전투 시 유리한 신체적인 조건으로만 가치가 있었던 것이다. 하단의 임진왜란(1592–1598) 당시의 상황을 설명해놓은 글을 보자.

> 인근에 한 무리의 일본군이 2미터가 넘는 한국 검객과 마주쳤다. …경멸과 조소가 담긴 일본인의 공격에 그 거인은 조각조각 잘려버렸다.
> Nearby a bizarre encounter took place between a group of Japanese and a giant Korean swordsman two metres of height. …With contempt and ridicule from his attackers the helpless giant was cut to pieces(Turnbull, 2008: 80–81).

너무 큰 키도 행동이 굼뜨거나 전쟁터에서 표적이 되기 쉬우므로 불리한 것이 분명하다. 조선왕조는 당시 탈영하는 병사가 많아 골치를 앓았는데(Park, 2013) 이는 많은 조선인들이 군대를 위해 복무하는 것을 원하지 않았다는 것을 보여준다. 키가 큰 것은 결과적으로 군대에 끌려갈 가능성이 커지며 전투에서 쉽게 사망할 수 있다는 뜻이었다.

일제 식민지 시기 중산층 한국인 남성의 신장은 약 166cm로 약간 상승했다(Choi and Schwekendiek, 2009). 산업화가 시작되고 새로운 농경기술의 발달로 농업생산량이 개선되었음에도 불구하고 조선총독부가 쌀을 본국으로 수출하여 조선인의 영양 상태는 더욱 나빠졌기 때문이다. 당시 조선인의 키가 약 166cm일 때 일본인의 키는 156cm에 지나지 않았다. 이는 식민지 시기의 유명한 외국인 방문자였던 헤르만 라우텐자흐(Herman Lautensach)에 의해 관찰되었다.

> 한국인들은 평균적으로 일본인들보다 두드러지게 컸다. …대량으로 소비되는 음식에도 불구하고 한국인들은 대부분 과체중이 아니었다.
> The average Korean is strikingly taller than the Japanese … Despite massive consumption of food, the average Korean is not overweight(Lautensach, 1945: 142).

식민통치를 받았던 중국과 한국은 일본인들을 '섬나라 난쟁이'라고 부르며 비아냥거렸다(Lee, 2012:30). 큰 키는 한국을 나타내는 정치적인 상징이 되어 일본 통치에 대항하는 시위운동을 위한 이상적인 모습이 되었다. 하지만 일본인들은 이에 대해 한국인들은 게으르고, 자신들의 신체적인 강점에도 불구하고 이를 열심히 일하는 데 사용하지 않는다고 오명을 씌웠다.

> 한국인 노동자들은 신체적인 면으로 우리보다 뛰어나지만 너무나 게으르다. 한국인은 자신들이 배고플 때에만 일어나 일하고, 그럼에도 허기를 채우고 나면 집으로 돌아가거나 낮잠을 잘 생각을 한다.
>
> Korean laborers excel our [Japanese] countrymen in stature as well as in physical strength. However, they are extremely lazy. They get up and go out for work only when the feel hungry, but even then, as soon as they quench their hunger, for the day, they begin to think about going home and having a nap(Caprio, 2009: 88).

일본인은 한국인이 신체적으로 더 크다는 것을 인정했지만 이를 그들의 동화정책과 식민통치를 정당화하기 위해 이용했다. 여기에는 두 가지의 키의 상징이 담겨 있다. 하나는 난쟁이 일본인에 대항하는 한국인들의 민족적인 우수성이며, 다른 하나는 일본인이 주장한 한국의 게으름이라는 오명이다. 아마도 이 두 가지 효과가 상쇄되어 큰 키는 오늘날과 같이 이상적인 모습이 되지는 못했을 것이다. 여기서 중요한 것은 몸에 대한 인식 그 자체가 전근대 시기에 비하여 다소 증가했다는 점이다. 조선 시대의 큰 키는 주로 군사적인 이유로만 중요시된 반면 이제 큰 키는 정치적인 이슈가 된 것이다.

4. 산업화 시대의 한국인 신체

남한의 경제성장은 〈표 2〉에 묘사되어 있다. 생활경제 수준은 1500년대 1인당 소득이 410달러, 1700년대 417달러에서 1900년대 820달러로, 2000년대에는 15,000달러로 급등했다. 1700년대 세계 평균소득이 615달러로 한국은 가장 가난한 나라 중 하나였음에도 불구하고 2000년대에는 세계 평균소득이 6,000달러에 그쳐 한국은 가장 부유한 나라 중 하나가 되었다. 1970년대에서 1980년대로 넘어가며 한국인의 평균 수입은 두 배가 되었고, 1980년대에서 2000년대로 와서는 심지어 세 배로 뛰어올랐다. 특히 1980년대 후반부터 한국의 생활수준은 눈에 띄게 향상되었고, 이러한 경제도약은 사람들의 생물학적인 발육에도 반영되었다.

사회경제적인 발전은 더 높은 영양 섭취로 이어져 사람들의 생물학적인 생활수준 향상도 이끌어낸다고 연구에서 밝혀졌다(Baten, 2006; Komlos, 1994; Komlos and Baten, 1998; Steckel, 1995). 신장은 영양 상태를 측정하는 지표이며 이는 경제발전과 함께 상승하게 된다. 1996년 허스피(Hauspie) 외 연구진은 모든 선진국에서 지난 몇 세기 동안 걸쳐 일어난 신장의 동향을 밝혀냈다. 일본인이 가장 큰 성장을 해 제2차 세계대전 이후 10년 동안 2.67cm에 이르는 성장을 보여주었다. 한국인의 신장은 식민지 시대인 1910년부터 1945년까지 크게 정체되었었지만(Choi and Schwekendiek, 2009) 일본과 비슷하게 한국전쟁 이후 10년 동안 약 2cm의 성장을 했다(Schwekendiek and Jun, 2010). 홍미로

〈표 2〉 1인당 국민소득 동향(1500~2000)

년도	한국	서유럽	미국	아시아	아시아 (일본제외)	세계
1500	410	771	400	572	500	566
1520						
1570						
1600		890	400	575	520	595
1620						
1670						
1700	417	998	527	571	570	615
1720						
1770						
1800						
1820	600	1,204	1,527	577	669	667
1870	604	1,960	2,445	550	737	874
1900	820	3,458	5,301	658	1,387	1,525
1920	1,009					
1970	2,841	11,416	16,689	1,226	11,434	4,091
2000	14,673	19,256	27,984	3,256	20,683	6,049

• 비고: '1900' pertains to 1913; '1970' to 1973; '2000' to 2001.

• 출처: Maddison(2003): 180–184, 262; Maddison(2001): 238; Maddison Project under: www.ggdc.net(accessed 22 December 2011).

운 것은 사회경제적인 이유로 남한보다 가난한 사회주의에서 살고 있는 북한 사람들에게는 이러한 경향이 보이지 않는다는 것이다(Pak et al., 2009; Schwekendiek et al., 2009). 현재 남한 남성의 신장은 약 172cm, 남한 여성의 신장은 약 159cm으로 전근대 시대의 조선 시대 남성 키인 165cm보다 상당히 크다(〈표 1〉). 〈그림 1〉과 〈그림 2〉는 각각 8세 남녀 초등학생들과 17세 고등학생들의 키의 동향을 보여준다. 두 그림 모두 남한 사람들의 신장 변화를 보여주는데, 8세 초등학생들의 경우 1965년 117–119cm에서 40년 후인 2005년에는 129–131cm로 성장

〈그림 1〉 8세 한국인 남녀 어린이의 신장 동향(1965~2005)

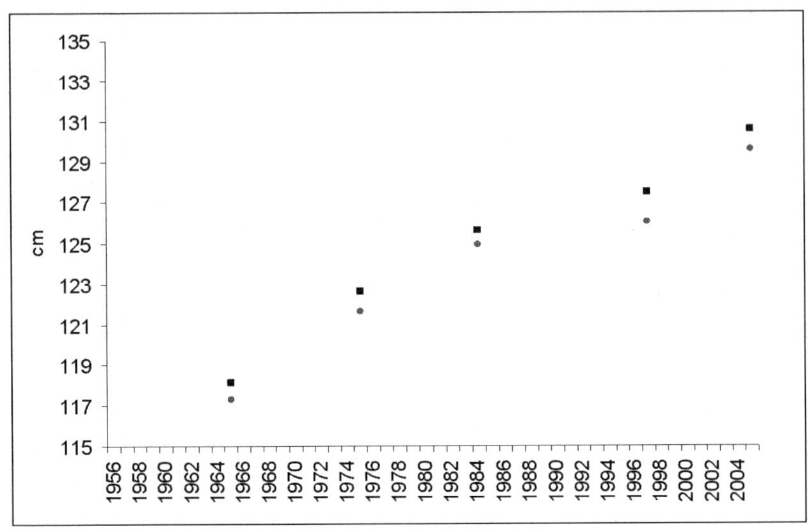

• 비고: Square = males, Circle = females. Measurement year reported.

• 출처: Kim et al.(2008).

〈그림 2〉 17세 한국인 남녀 청소년의 신장 동향(1965-2005)

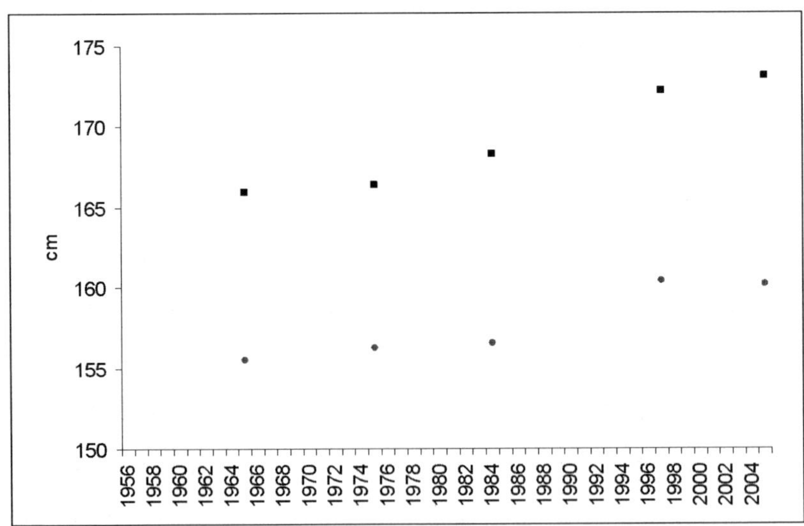

• 비고: Square = males, Circle = females. Measurement year reported.

• 출처: Kim et al.(2008).

했다. 이와 유사하게 지난 40년 동안 17세 여자 청소년의 경우 155cm에서 160cm로, 남자 청소년의 경우 160cm에서 172cm로 성장했다.

하지만 전근대 시기에 비하여 현저하게 신장이 상승했음에도 불구하고 큰 키는 이상적인 모습은 아니었다. 산업화시대 한국은 군사독재 통치 하에 있었으며 유교사상이 지배했던 조선 시대와 비슷하게 군부독재는 국민들의 수동적인 노동력 착취를 위해 몸의 변형을 금지했다. 장발을 한 남자는 정부에 대한 시위로 여겨져 학교에서는 머리 길이를 규제했으며, 머리 염색이나 귀를 뚫는 행위 역시 반항적인 것으로 취급되었다. 미디어와 마케팅 산업 역시 독재정부에 의해 통제되었다. 하지만 영화와 광고와 같은 서양문물이 소개되면서 남한 사회에 퍼짐에 따라 할리우드 영화 같은 서구적인 이상향이 생기기 시작했다. 그럼에도 불구하고 큰 키는 아직 이상향은 되지 못하였는데 소개팅과 같은 자리에서 사귀고 싶은 사람의 조건은 몸보다는 주로 얼굴에 집중되었다 (Schwekendiek 외, 2013).

이 시대에 큰 키가 이상적인 모습이 되지 못한 다른 이유는 아마도 남한의 군부독재자였던 박정희(1961-1979)의 키가 가난으로 인해 매우 작았기 때문으로 추측된다.

> 오랜 통학거리와 배고픔, 소화불량이 그의 성장을 가로막았다. 그는 2학년때 119.8cm에 불과했고 6학년 때 겨우 135.8cm에 달했다. 그는 그가 다닌 모든 학교의 학생들 사이에서 가장 작았다.
>
> The long commutes [to school], hunger, and indigestion stunted his growth. He was 119.8 centimetres during the second grade; he reached only 135.8 centimetres in the sixth grade. He was one of the shortest students at every school he attended(Lee,

2012: 38-39).

박정희는 그가 작다는 것을 잘 알고 있었으며, 그의 작은 키에 매우 민감했다.

> 그의 급우는 그가 작은 키에 매우 민감하다는 것을 재빨리 발견하여 그것을 언급하는 것을 피하는 방법을 터득했다.
> His classmates quickly discovered his sensitivity to his short stature and learned to avoid mentioning it(Lee, 2012: 39).

그럼에도 박정희는 그의 목표를 달성하기 위해 자신의 작은 키를 절대로 약점으로 생각하지 않았다.

> …박정희는 나폴레옹 보나파르트의 책을 3권 읽었다. 그는 특히 나폴레옹의 작은 키가 그의 위대함을 막지 않았다는 것에 감명받았다. 그는 나폴레옹을 매우 존경했으며 나중에 선생이 되었을 때 그 왜소한 배불뚝이 프랑스 장군의 사진을 큰 액자에 넣어 자신의 책상 위에 올려놓았다.
> …Park read three books on Napoleon Bonaparte. He was particularly impressed that Napoleon's short stature did not prevent him from greatness. He adored Napoleon so much that he later, when he was a teacher himself, set a large framed picture of the diminutive, potbellied French general on his desk at his boarding house(Lee, 2012: 44).

비슷한 이유로 큰 키가 이상적인 모습이 되지 못했던 다른 이유는

〈표 3〉 한국 성인의 실제 신장과 이상적인 신장의 비교(2000년대)

인체측정학	평균키(cm)	
	남자	여자
미국 성인의 평균 신장		
미국 (20세-29세), 전체 인종	177.6	163.2
미국 (30세-39세), 전체 인종	176.4	163.2
미국 (Age 20세-39세), 전체 인종*	177	163
미국 (Age 20세-39세), 백인	179	165
한국 성인의 평균 신장		
한국 (20세-24세)	173.8	160.1
한국 (25세-29세)	172.5	159.3
한국 (30세-34세)	171.3	159.1
한국 (35세-39세)	170.7	157.2
한국 (20세-39세)	172	159
한국 성인의 이상적인 신장		
한국의 유명 연예인 평균 신장	180	167
광고에 나타나는 이상적인 신장	185	n/a
자녀에게 바라는 신장	181	167
미래 배우자에게 바라는 신장	175-180	n/a

• 출처: 그림5, Schwekendiek et al.(2013), KATS(2004), Mc Dowell et al.(2008).

남한의 통치자인 박정희보다 훨씬 키가 컸던 북한의 통치자, 김일성(1948-1994) 때문이었다. 김일성은 180cm가 넘을 정도로 키가 컸다. 박정희 시대에 사회발전의 지표로 키에 대해 언급하는 것은 김일성의 큰 키를 고려했을 때 말 그대로 북한 통치자가 남한의 통치자보다 더 훌륭하다는 것을 의미할 정도로 부끄러운 일이었을 것이다.

요약하자면 〈그림 2〉와 〈그림 3〉에서 볼 수 있듯, 한국인의 신장이 몇

〈그림 3〉 시기별 몸을 대상으로 한 광고의 수(「여성동아」, 1967-2001)

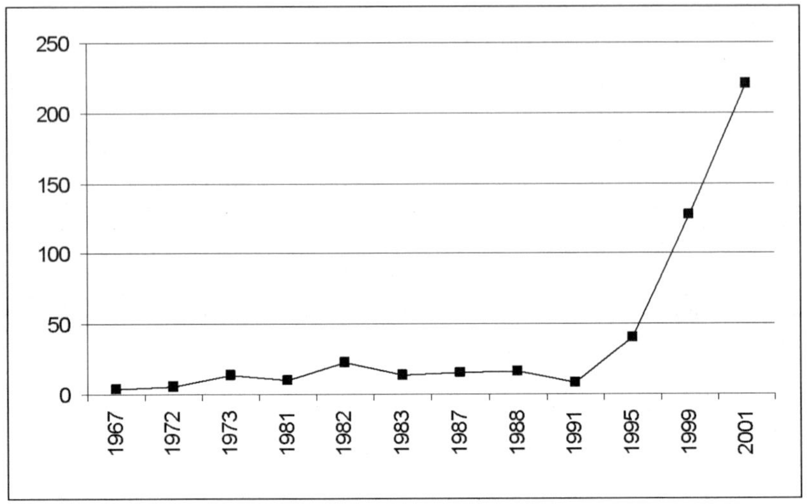

• 비고: 각 년도 분기별(3월, 5월, 8월, 12월)로 수집된 자료 수치.
• 출처: 함인희(2006): 49-52.

십 년에 걸쳐 눈에 띄게 성장했음에도 큰 키는 아직 대중적으로 이상적인 몸이 아니었다.

5. 고도산업 시대의 한국인의 몸

1990년대 일어난 주요 변화는 군사독재가 끝나고 경제정치적으로 자유화가 진행되었다는 것이다. 미디어 산업 역시 자유화되어 단일국가인 한국에 서구적인 가치관이 나타나기 시작했다. 갑자기 서양 모델들이 한국 잡지에 등장하기 시작했고 한국인의 몸은 서양인의 몸에 비해 하등하고 구식인 것으로 폄하되었다. 경제자유화로 인해 의사들은 서로 경쟁하기 시작했고 이윤을 위한 활동을 시작했다. 〈그림 3〉에서 보듯 몸과 관련된 산업은 1990년대에 급속도로 팽창했고 영화와 음반 같은 미디어 산업 역시 한국 정부에 의해 경제성장을 위한 새로운 동력으로 선정되어 민주화와 함께 크게 성장했다. 1980년대 독재정부의 기술발전 정책으로 남한의 학생들 중 23%가 과학자가 되고 싶다고 한 반면, 현재의 어린이들은 불과 1%만이 과학자가 되고 싶다고 한다. 정부가 대중문화 발전에 힘을 기울인 결과 지금의 어린이 중 51%가 가수나 연기자와 같은 연예인이 되고 싶어한다. 미디어 산업의 발전은 두 가지의 결과를 가져오는데 첫째, 경쟁이 치열해짐에 따라 연예지망생들이 성형수술이나 다른 몸의 변형을 통해 외모를 바꾸기 시작했다는 것이며 둘째, 신체 변형은 더 이상 금기되는 일이 아니며 이로 인해 연예인들이 새로운 몸의 이상을 만들어내었다. 한국에서 성장 클리닉을 운영하는 박기원 씨는 아래와 같이 말했다.

> TV에서 모든 어린 아이돌 가수들은 키가 큽니다. 우리 사회가 그룹 안에 동화가 되어야 하고 트렌드를 따라야 하는 경향을 고려하면 키가 작은 것은 문제가 됩니다. 키가 작은 아이들은 왕따를 당하죠.
> On TV, all young pop idols are tall. Given our society's strong tendency to fit into the group and follow the trend, being short is a problem. Short kids are ostracized.[1)]

이와 같이 미디어에서 노출되는 이상적인 신장이 '완벽한' 신체를 추구하는 열망에 한몫했다고 볼 수 있다. 작은 키는 이제 문제가 된다. 최근의 한 연구는 남한의 청소년들이 OECD 국가에서 가장 불행하다는

---

1) New York Times. South Korea Stretches Standards for Success.

것을 밝혀냈는데[2)] 그 이유는 사회적인 스트레스 때문이었다. 학교 공부가 그 첫 번째였으며 신체적인 외모가 그 두 번째이다. 9세 이상의 한국인 남자아이들은 키에 신경을 쓴다고 말한다. 이것이 걱정스러운 이유는 한국인들은 중학생의 나이에 벌써 그들의 키에 집착한다는 것이다. 큰 키에 대한 열망은 한국의 영화와 음악산업에만 나타나는 독특한 현상이다. 스베켄디크 외의 연구진이 밝혀낸 바와 같이 미국인들은 자연스러운 진짜 외모를 좋아하며 카메라 앵글에 잘 잡히는 키가 작은 연예인을 선호하기 때문에 키가 크거나 성형수술을 받은 사람들은 할리우드에서 오히려 불이익을 당한다(2013). 즉, 1990년대 한국은 미디어 산업으로 인해 큰 키 열풍이 발생했다고 볼 수 있다.

중요한 것은, 미디어에서 나타나는 큰 키의 연예인들은 실제와는 매우 다르다는 것이다. 〈표 2〉와 〈표 3〉에서 나타나듯 한국인들의 평균 신장이 수십 년에 걸쳐 현저하게 상승한 것은 사실이지만 연예인들의 평균 신장은 한국인 전체의 평균 신장보다 훨씬 크다. 〈표 3〉에 보면 한국인 남자 연예인의 평균 신장은 180cm, 여자 연예인의 평균 신장은 167cm로 나타난다. 하지만 한국인 전체 남성의 평균 신장은 172cm이며 미국(백인) 남성의 평균 신장 역시 이에 미치지 못하는 179cm에 지나지 않는다. 이와 유사하게 한국인 전체 여성의 평균 신장은 159cm이며, 미국(백인) 여성의 평균 신장은 165cm이다. 〈표 3〉은 한국인 부모들이 자녀들의 키가 얼마만큼 되기를 원하는지를 보여주는 도표이다. 한국인 부모는 아들의 경우 181cm, 딸의 경우 167cm가 되기를 원한다. 이는 평균적인 미국인의 키와 비슷하며 한국 연예인의 평균 신장과 더욱 흡사하다. 성형산업이 이상적인 미의 기준을 바꾼 것처럼, 의사들

2) 조선일보, 6 May 2010, "Korean Kids Unhappiest in OECD".

〈그림 4〉 서울의 버스에서 노출되는 광고의 모습

• 출처: Daniel Schwekendiek 촬영(2012).

도 성장클리닉 광고를 통해 돈을 벌기 시작했다. 〈그림 4〉에서 2012년도 서울의 지하철과 버스를 통해 노출된 이 광고는 185cm의 키를 홍보하고 있다.

유전적으로 180cm, 185cm의 키는 서양인은 물론이고 한국인에게 매우 드물게 나타난다. 〈표 4〉와 〈표 5〉는 한국인 남녀의 키를 보여주는데 한국 남자 연예인의 키인 180cm는 한국 인구 전체에서 90에서 95번째에 해당하는 백분위수에 들어간다. 즉 5%에서 10%에 불과한 한국 남성만이 이 키에 부합한다는 것이다. 이와 유사하게 5%에 불과한 한국 여성만이 167cm의 키에 부합한다. 즉 미디어와 광고산업에 의해 부풀려진 이상적인 신장은 현실과는 큰 괴리가 있다. 하지만 큰 키가 미디어에서 이상적인 모습으로 노출되기 때문에 이 부자연스러운 기준이 일반 한국인들이 원하는 기준으로 되어버린 것이다.

〈표 4〉 한국 남성의 평균 신장 분포(2000년대)

	한국 남성의 신장 백분위수(cm)								
측정된 신장	1번째	5번째	10번째	25번째	50번째	75번째	90번째	95번째	99번째
20-24세	159	164	167	170	174	178	181	184	187
25-29세	161	164	166	169	173	177	180	181	185
30-34세	161	163	164	168	171	175	179	180	185
35-39세	157	161	164	167	171	175	178	180	184
전체	159	163	165	168	172	176	179	181	185

이상적인 신장									
한국 유명 연예인 평균 신장							180		
광고에 나타나는 이상적인 신장									185
자녀에게 바라는 신장								181	
미래 배우자에게 바라는 신장						175-180			

• 출처: KATS(2004), Schwekendiek et al.(2013).

〈표 5〉 한국 여성의 평균 신장 분포(2000년대)

	한국 여성의 신장 백분위수(cm)								
측정된 신장	1번째	5번째	10번째	25번째	50번째	75번째	90번째	95번째	99번째
20-24세	151	153	154	158	160	164	167	169	173
25-29세	149	151	153	156	159	163	166	168	172
30-34세	147	150	152	155	158	162	165	167	170
35-39세	147	150	151	154	157	160	164	166	169
전체	148	151	153	156	159	162	165	167	171

이상적인 신장									
한국 유명 연예인 평균 신장								167	
자녀에게 바라는 신장								167	

• 출처: KATS(2004), Schwekendiek et al.(2013).

한국인들은 키가 더 크게 보이기 위하여 두 가지 방법을 사용한다. 하나는 신발을 이용하는 것이고 다른 하나는 의학적인 시술이다. 〈그림

〈그림 5〉 서울의 노점상에서 팔리고 있는 깔창

• 출처: Daniel Schwekendiek 촬영(2012).

5〉는 키가 작은 남자들이 몇 센티미터라도 크게 보이게 하기 위해 종종 이용하는 깔창 사진이다. 이를 신발 밑에 깔면 약 5cm에서 8cm까지 키가 크게 보이게 할 수 있다. 한국인 여자는 하이힐을 신는 것으로 늘씬한 키를 가질 수 있는데 10cm가 넘는 하이힐을 신기도 한다. 남한의 가장 큰 백화점 중에 하나인 신세계백화점의 마케팅 팀장의 말을 들어 보자.

> 한국 여자들은 서양권에 비해 키가 작기 때문에 미니스커트를 입을 때 하이힐을 신어 자신의 다리를 더 길게 보이도록 하죠. 그래서 요새 10cm가 넘는 킬힐이 이번 겨울에 인기가 좋아요.[3]

---

3) 조선일보, 7 January 2009, "Fashionistas Brave Cold to Keep Up with Mini Trend".

하이힐이나 깔창을 신은 한국인의 모습이 일상적인 기준이 되었다. 이는 한국을 찾은 외국인들에게 이상한 모습으로 비추어지기도 한다.

> 27퍼센트의 여행자는 화장실에 비치된 휴지통이, 16퍼센트의 여행자는 하이힐과 깔창이 한국의 이해하기 힘든 문화라고 꼽았다.[4)]

두 번째 의학적인 시술은 부작용이 잘 알려져 있지 않아 훨씬 더 위험하다. 1990년대 성형외과가 한국 전역에 걸쳐 우후죽순처럼 늘어난 것과 마찬가지로 성장클리닉 역시 한국 전체에 걸쳐 나타나고 있다. 코리아타임즈의 한 기사를 살펴보자.

> 많은 젊은 부모들이 자녀의 키가 조금이라도 더 클 수 있다고 하면 어떤 일이든 마다하지 않아 비타민이나 성장환과 같은 성장과 관련된 사업이 큰 물살을 타며 성공하고 있다.
> Many young parents have gone to great lengths to get their children to grow taller, triggering a sudden spurt of successful growth-related businesses that offer vitamins and concoctions that stimulate growth hormones.[5)]

한국 중상층의 많은 부모들이 자녀의 키 때문에 걱정하고 있다. 딸을 성장클리닉에 보내고 있는 한 엄마의 말을 들어보자.

---

4) 조선일보, 15 March 2013, "Koreans' Plastic-Surgery Obsession Baffles Tourists".

5) Korea Times, 30 November 2009, "'Tall Man' Industry Thriving".

이게 너를 예쁘고 키가 크게 만들어줄 거야. 신데렐라처럼 말이야.

It will help make you pretty and tall. It will make you Cinderella.[6)]

요약하자면 1990년대 남한에서 큰 키는 빠른 속도로 이상화되었다. 미디어와 광고산업, 서양 이상주의는 새로운 미의 기준을 탄생시켰으며 큰 키는 새롭고 최신식인 가치가 되었다. 하지만 연예인이나 광고에 의해 노출되는 이 키의 수준은 한국 사회에서 아주 키가 큰 사람들로 속한다. 90–99%의 한국인 남녀는 통계적으로 이 이상적인 가치에 미치지 못하며, 많은 평범한 한국인들이 하이힐이나 깔창을 이용하거나 성장클리닉에 다님으로써 이 가치에 부합하고자 애쓴다는 것이다.

6. 결론

이 글은 남한에서 일어나고 있는 새로운 몸의 이상에 대해 초점을 맞추었다. 미디어와 광고산업의 급격한 발전으로 사람들은 새로운 몸의 이상으로 서구적이고 아름다운 외모뿐만 아니라 날씬한 몸매, 훤칠한 키를 갈망하게 되었다. 몸의 변형을 절대적으로 금기시했던 유교문화에서 이상적인 몸의 기준에 맞추기 위해 자유로이 몸을 변형하고자 하는 현대로의 사고 전환은 매우 흥미로운 변화라고 볼 수 있다. 하지만 미디어를 통해 무분별하게 노출되는 이상적인 몸에 대한 인식과 전체 인구의 고작 1%에서 10%만을 차지하는 이 모습을 위해 수단과 방법을 가

6) New York Times, 23 December 2009, "South Korea Stretches Standards for Success".

리지 않는 이 행태는 이 시점에서 다시 한번 재고해보아야 할 때라고 생각한다.

참고문헌

국내 문헌

박순영, '대한체질인류학회지' 제24권 제4호(2011): 185~193, 분묘에서 발굴된 사람뼈로 추정한 조선 시대 성인 남성의 키에 대한 연구.

산업자원부 기술표준원, 2004, 제5차 한국인 인체치수조사사업 보고서, 과천: KATS.

조영준, 「조선 시대 문헌의 身長 정보와 尺度 문제: 軍籍과 檢案을 중심으로」, Komunsŏ yŏn'gu(古文書硏究) 41(2012.8): 125~159.

함인희, 2006, 『한국의 일상문화와 몸』, 서울: 이화여자대학교 출판부.

외국 문헌

Baten J. 2006. *Global Height Trends in Industrial and Developing Countries, 1810–1984: An Overview.* Paper presented at the 3rd International Conference on Economics and Human Biology, Strasbourg 22–24 June 2006.

Caprio M. 2009.*Japanese Assimilation Policies in Colonial Korea, 1910–1945.* Seattle and London: University of Washington Press.

Choi S-J, Schwekendiek D. 2009. "*The biological standard of living in Colonial Korea, 1910–1945.*" *Economics and Human Biology* 7: 259–264.

Cumings B. 2004. *North Korea: Another Country.* New York: New York Press.

Deuchler M. 1992. *The Confucian Transformation: A Study of Society and Ideology.* Cambridge: Harvard University Asia Center.

Hart D. 2001. *From Tradition to Consumption: Construction of a Capitalist Culture in South Korea.* Paju: Jimoondang.

Hauspie RC, Vercauteren M, Susanne C. 1996. *Secular changes in growth.* Hormone Research 45: 8–17.

Holliday R, Elfving-Hwang J. 2012. *"Gender, Globalization and Aesthetic Surgery in South Korea." Body & Society* 18: 58–81.

Kim D, Park H. 2011. *"Measuring living standards from the lowest: height of the male Hangryu deceased in colonial Korea." Explorations in Economic History* 48: 590–599.

Kim E-S. 2009. "The Politics of the Body in Contemporary Korea." *Korea Journal* Autumn: 5–14.

Kim J-Y, Oh I-H, Lee E-Y, Choi K-S, Choe B-K, Yoon T-Y, Lee C-G, Moon J-S, Shin S-H, Choi J-M. 2008. "Anthropometric Changes in Children and Adolescents From 1965 to 2005 in Korea." *American Journal of Physical Anthropology 136*: 230 – 236.

Kim M, Lennon SJ. 2006. "Content Analysis of Diet Advertisements: A Cross-National Comparison of Korean and U.S. Women's Magazines." *Clothing and Textiles Research Journal* 24: 345–362.

Kim N. 2008. *Imperial Citizens: Koreans and Race from Seoul to LA.* Stanford: Stanford University Press.

Kim T. 2003. "Neo-Confucian Body Techniques: Women's Bodies in Korea's Consumer Society." *Body & Society* 9: 97 – 113.

Komlos J, editor. 1994. *Stature, living standards, and economic development.* Chicago: University of Chicago Press.

Komlos J, Baten J, editors. 1998. *The biological standard of living in comparative perspective.* Stuttgart: Steiner.

Lautensach H. 1945. *Korea.* Leipzig: K.F.Koehler.

Lee C-S. 2012. *Park Chung-Hee: From Poverty to Power.* Seoul: Kyung Hee University Press.

Lewis JB, Jun SH, Schwekendiek D. 2012. *Quality of Life in Late Chosŏn Korea: A View from Anthropometric Data.* In: Presented Papers of the 6th World Congress of Korean Studies on CD-ROM. Seongnam: Academy of Korean Studies.

Maddison A. 2001. *The World Economy. A Millennial Perspective.* Washington, DC: OECD.

Maddison A. 2003. *The World Economy: Historical Statistics.* Paris: Organisation for Economic Co-Operation and Development.

McDowell MA, Fryar CD, Ogden CL, Flegal KM. 2008. *Anthropometric Reference Data for Children and Adults: United States, 2003-2006.* National Health Statistics Report Number 10.

Pak S. 2004. "The biological standard of living in the two Koreas." *Economics and Human Biology* 2: 511-521.

Pak S, Schwekendiek D, Kim HK. 2009. "Height and living standards in North Korea, 1930s-1980s." *Economic History Review* (forthcoming).

Park E. 2007. *Between Dreams and Reality: The Military Examination in Late Choson Korea 1600-1894.* Cambridge and London: Harvard University Press.

Schwekendiek D, Jun S-H. 2010. "From the poorest to the tallest in East-Asia: The secular trend in height of South Koreans." *Korea Journal* 50: 151-175.

Schwekendiek D, Pak S, Kim HK. 2009. "Variations in the birth-season effects on height attainment in the two Koreas" *Annals of Human Biology* 36: 421-430.

Schwekendiek D, Yeo M, Ulijaszek S. 2013. "On Slimming Pills, Growth Hormones and Plastic Surgery: The Socioeconomic Value of the Body in South Korea." In: Banwell C, Ulijaszek S, Dixon J, editors. *When Culture Impacts Health.* Amsterdam and New York: Elsevier. p 141-153.

Shay T. 1994. "The level of living in Japan, 1885 – 1938: New evidence." In: Komlos J, editor. *Stature, Living Standards, and Economic Development: Essays in Anthropometric History.* Chicago The University of Chicago Press. p 173 – 201.

Shin DH, Oh CS, Kim Y-S, Hwang Y-i. 2012. "Ancient-to-Modern Secular Changes in Korean Stature." *American Journal of Physical Anthropology*

147: 433－442.

Steckel R. 1995. "Stature and the standard of living." *Journal of Economic Literature* 33: 1903–1940.

The Economist. 2012. "A cut above: Who has the most plastic surgery?" *Economist Online*.

Turnbull. 2008. *The Samurai Invasion of Korea, 1592–98*. Oxford: Osprey Publishing.

공자(孔子)의 대폭발: 성인(聖人)의 포스트모던적 모험

크리스토퍼 닐 페인(Christopher N. Payne) (번역: 박지은)

1. 서론

공자가 영면한 지 2,489년 만인 2010년, 그는 거액의 제작비가 든 영화를 통해 부활하였다. 그러나 영화는 제작사, 감독과 주연 배우 모두의 예상을 뒤엎고, 중국 국내 박스 오피스에서 참패하고 말았다. 중국 문화의 원천으로 대표되는 성현의 말씀을 그린 영화는 제임스 카메론(James Cameron)의 푸른 외계인들과 대적할 수 없었다. 해외에서는 그나마 미미하게 나은 수준이었는데, 그 중 한국에서는 상대적으로 나은 편이었다. 이는 '가장 유교적인 나라'라고 주장해온 결과일까, 혹은 관객들이 이미 이 푸른 외계인들을 충분히 보아서일까?

포스트모던 시대의 태블릿 PC, 스마트폰, 끊임없는 시각적 자극의 물결 속에서 후메이(胡玫)의 영화는 역사적으로 불확실하고, 칭송 일변도의 위대한 성인(大聖)®™[1], 공자에 대한 또 다른 예를 보여준다. 영화는 선정(善政, good governance)이라는 적절한 수단을 통해 춘추시대(春秋時代) 제후들을 교육하고자 하는 공자의 삶과 그 영웅적 투쟁을 매우 낭만적으로 묘사하고 있다. 영화는 공자의 철학적 저서들의 사료에 대해 환상적인 추측을 보여준다. 일례로, 영화 중반부의 한 장면에서 매료된 듯한 표정으로 벼랑 끝에 앉아 있는 공자가 노자와 함께 지식인의 '의무'에 대해 논의하는 장면을 볼 수 있다. 노자는 그에게 속세의 일에 대한 근심을 줄이라고 조언한다.

공자는 근심하는 것이 곧 그의 운명이라고 응답한다. 여기서 도교는 유교의 전신(前身)으로서 연결되며, 이와 동시에 도교는 현세의 인간과 국가에 대한 관심 부족의 이유로 유교로 대체된다.[2] 도교와 유교 간의 실재하는 철학적 차이와 각자의 문화적 영향들은 편리하게도 적당히 얼버무려지게 된다. 마지막으로 언급해야 할 것은 영화에서 이른바 공자와 그 수제자들이 사람 사이의 교류나, 현대 학자들이 언급한 '차별적 사랑(graded love)'의 방면에서 지나치게 '더 높은' 도덕성을 보여주는 데 집착하고 있는 점이다(Bell 2010: 91-102).[3]

---

1) 대량 생산된 상품처럼 브랜드화된 명칭을 의미한다. 이하 동일(역자 주).

2) 여기서는 중국의 근대성과 소위 중국의 '집착(obsession)'이라는 이슈에 대한 지난 150여 년 동안 지식인의 투쟁으로 한정하여 생각하고자 한다. 이는 우환(憂患)이라는 용어로 대표되는데, 여기에는 절망감, 고통, 어려움이 강렬히 녹아 있다. 이 현상에 대한 초기 연구로는 CT Hsia(1961) 참조. 우환의식이 동시대 중국에서 어떻게 작용하는지에 관한 비교적 최근 연구로는 Davies(2007) 참조.

3) 다니엘 벨(Daniel A Bell)은 서구 미디어에서 유교적 가치를 가장 적극적으로 옹호하는 학자이다. 나는 그의 '좌파적 유교(left-Confucianism)'라는 개념이 잠재성을 가진다고 보지만, 유교적 가치에 대한 몇몇 옹호적 주장에 대해서는 의문의 여지가 있다. 예를 들어 그는 중국에서 매춘이 계속 불법적 행위로 남아 있는 것을 만약 법제화했을 경우, 중국 사회, 그리고 필연적으로 유교적 동아시아의 소위 '유교적' 가족 구조를 실제로 위험에 빠트릴 수 있다는 주장으로 합리화하려는 시도를 하였다. 벨은 이 지역이 상대적으로 낮은 이혼율(그가 말하지는 않지만, 그가 소위 '서양'이라는 다른 지역들과 비교한다는 것을 추측할 수 있다), 그리고 안정적인 가족

영화는 오늘날 짧은 집중력을 가진 포스트모던적 관객에게 공자가 사랑한 천하(天下)라는 하늘과 땅의 복잡한 문제를 서사적 여정과 용맹스러운 노력, 국가의 정신(그리고 정부?)을 위해 싸우는 한 인간을 125분의 러닝타임 속에 응축해내고 있다. 박스오피스 성적이 참혹했다는 것이 도리어 이상할 정도이다. 그러나 영화는 아마 포스트-소비지상주의 무관심의 극심한 고통에 이미 싫증난 관객이나, 적어도 아바타처럼 더욱 통찰력 있는 취향을 가진 관객들과 같은 성인 관객에 겨냥했다. 그러나 공자®™가 현재 정부당국이 가지고 있는 듯한 국가의 정신을 상징한다면, 다행히 차이즈종(蔡志忠)이 저술한 동화책들과 어린이 교육(세뇌?)을 위한 만화영화 시리즈가 있다. 만약 동화책이 좀 평범하다는 생각이 든다면, 104개의 에피소드로 이뤄진 만화영화는 젊은 관객의 시선을 잘 묶어둘 수 있을 만큼 마력이 있고, 환상적인 사람을 담고 있다. 오늘의 중국에서 공자의 위치는 그 어떤 조치에도 불구하고 명예 회복된 것으로 보인다. 이를 마오가 알았다면 얼마나 좋을까.

앞서 말한 영화 공자에 대한 조롱 섞인 묘사는 비록 풍자적 유머를 피할 수 없을지라도, 결코 동시대 중국에서 발생하고 있는 공자의 부활을 축소하려는 의미가 아니다. 그보다 본고에서는 그 분류들에 대해 숙

구조를 가지고 있다고 덧붙인다(2008: 61). 그러나 이 같은 주장은 명백히 틀린 것인데, 일례로 한국은 세계에서 가장 높은 이혼율을 보이고 있다. 중국, 타이완, 싱가포르, 홍콩 그리고 일본에서도 지난 몇 십 년간 모두 이혼율이 증가하고 있음을 알 수 있다. 혹자는 이를 '서구화'의 심화로 볼 수 있겠지만, 이러한 주장은 공허하게 들린다. 결국 '서구화'를 한탄하는 사회 비평가들은 타고르(Rabindranath Tagore)의 정신에 입각하여, '정신적인(spiritual)' 유산을 가진 아시아인들은 '서구'의 맹습에 저항하여 그들의 문화를 지키기 위해 모든 곤란을 헤쳐나간다'(Dirlik 1999: 181). 만약 그렇다면 유교적 설득으로 대입되는 아시아적 문화적 가치에 대한 언급도 없이 증가하는 이혼율을 어떻게 설명할 수 있겠는가? 아리프 딜릭(Arif Dirlik)이 언급한 대로 '더욱 더 오리엔탈리스트적으로 볼 수 있는, 아시아의 역사를 부정하는 이 같은 자세'는 따라서 진지하게 성찰될 필요가 있다(1999: 181). 역사에서 좋은 점만 취할 수 없는 것은 두말할 나위가 없다.

고해보고자 한다. 나는 중국에서 믿기 힘들고, 우스꽝스럽기까지 한, 그리고 명백히 가장 포스트모던한 위대한 성인®™의 모험을 탐색하고자 한다. 본고는 신중국®™시기 공산주의 이데올로기화의 전성기 동안 펼쳐진 산만한 아이콘에 대한 검토를 시작으로, 공자와 그의 철학에 대한 그 동안 상상도 할 수 없던 부활이 처음 발생한 1980년대 중후반의 과정을 살펴본다. 그리고 새천년을 맞은 후 13년이 지난 현재에 있어서 공자와 유교가 어떻게 만연하게 되었는지에 대한 설명으로 마무리하고자 한다. 우리는 중국에서 위대한 성인®™을 17세기 중국에서 예수회의 공부자(孔夫子)의 도용(발명?)의 무의식적(혹은 아마 의식적?) 재현에 대비해볼 수 있다.[4] 앞서 언급한 영화, 동화책과 만화영화 시리즈에서부터 해외 공자학원의 급격한 증가, 공자평화상과 스타교수 위단(于丹)이 쓴(굉장한) 영문 제목 『마음속으로부터의 공자(Confucius from the Heart)』와 같은 『(유교적) 영혼을 위한 닭고기 수프』류의 책까지, 양가적 공자-유교®™는 대유행하고 있다. 그렇다면 문자 그대로 혹은 비유적 의미에서 무엇이 팔리고 있는가? 우리는 무슨 문화적, 역사적, 사회적 발전을 만들고 있는 것인가? 내가 여기서 하고자 하는 질문은 다음과 같다. 새천년의 공자-유교®™는 많은 중국인의 영혼을 괴롭히고 있는 정신적 공백을 채우고 있는가? 아니면 이는 한때 존경받던 학자이자 현자를 상업화하려는 흐름인가? 우리는 지금 사상의 (종교적) 체계로서의 공자-유교®™를 목도하고 있는가, 아니면 우상에 대한 뻔뻔스러운 포스트모던적 난도질을 목도하고 있는 것인가? 다음에서는 이러한 문제들을 짚어보고자 한다.

4) 중국을 공자/유교와 더욱 더 (의도적으로?) 동일시하는 것에 대해 Jensen(1997) 참조.

2. 시작으로: '실패한' 공산주의 중국에서 공자와 유교

이 섹션의 제목은 의도적인데, 나는 우리가 주지하듯이 중국을 인민공화국 '공산주의'로 더 이상 (아마 우리가 결코) 부를 수 없다고 믿는다. 또한 '새로운' 신중국에서 사회적 평등이 거의 없다는 사실에서 '중국 특색의 사회주의'는 사실이 아니거나 부적절한 (혹은 부정직한) 것으로 보인다. 사실 나는 중국의 공산주의는 1949년 혁명에 이미 죽었다고 주장하는데, 반제국주의와 독립 투쟁의 측면에서 붙여진 '중국 공산주의'는 '새로운' 국가 형성에서 중국 공산당이 대중의 입을 막은 시점에서 탈제국적 평등주의 사회의 약속은 이내 죽어버렸다고 생각한다. 아이러니하게도 인민들의 '힘'에 의해 역사적으로 세워진 정당은 대중들이 그들을 위해 말하는 것을 꺼려왔다. 정당의 '역사'는 실제로 '역사'로 되어 휴지통에 넣어버려야 할 것만 같다.

이는 포스트식민 시기의 학자 라디크리슈난(R Radhakrishnan)의 질문을 떠올리게 한다. '역사는 어느 순간 삶의 적이 되고, 현재의 삶을 방해하거나 활력을 잃게 하는가?'(2008: 15) 이 질문에 답하기 위해서 나는 역사 스스로가 죽을 때, '역사'는 삶의 '적'이 되고, '현실의 삶'을 '방해'하고, '활력'을 잃게 한다고 말하고 싶다. 즉 역사가 돌이킬 수 없을 만큼 박물관화[5)]되고, 즉각적 소비를 위해 전시될 때, 우리가 '진실이란 '유동적인 한 무리의 은유, 환유, 의인들', 권력 의지는 진실 의지를 구성하는 요소'라는 것을 잃을 때이다. 문화적 지적 환경에서 역사의 죽음은 우리 삶의 부분이다. 아니라면 현재를 잡아먹으려는 적이 된다.

5) 박물관화(musealisation)의 개념에 대해서, 특히 역사와 기억의 정치와의 상관관계에 대해서 Huyssen(2003) 참조.

우리의 과소비를 통해 우리를 소비하게 된다. 우리가 역사를 실컷 먹게 됨과 동시에, 우리는 과거의 공식적, 코드적, '박물관적 가치'의 수집물들의 박물관화된 조각에게 먹히게 된다. 그렇다면 우리는 어떻게 1949년 이후 공자가 놓인 상황에 도달하게 되었는가? 이 문제를 고려하기 위해, 우리는 청말 시기로 돌아가, 당시 공자-유학의 역할을 고려해봐야 한다.

근대 중국에서 유교의 중요성은 길고 복잡한 역사를 가지고 있다. 피터 자로우(2005)가 언급한 '유교 급진주의'의 청말 시기 유교와 연계된 사상 (통제) 체계는 거리낌 없는 찬양과 요란한 비난의 끊임없는 타깃이 되었다. 반면 19세기 후반 캉유웨이(康有爲)는 유교를 국교(孔教)로 인지해야 한다고 주장하고, 도덕 지침으로 작용하여 국가를 근대화시키고, 고대 영광을 부활해야 한다고 주장했다. 다른 예로 20세기 초반 무정부주의자들은 중국인에게 "모든 낡은 [유교] 경전을 30년에 걸쳐 일소해야 한다"(우즈후이(吳稚暉), Hay(1970: 218)에서 인용)고 주장했다. 신문화와 5·4 시기(약 1917-1921)의 급진적 인습타파주의자들은 공자-유교가 중국이란 국가를 과거에 얽매이게 하고, 군사적, 정치적, 정신적으로 약하게 만들어 노예화 이데올로기로 기능한다고 보았다. 중국 젊은이들은 "공자점을 타도하라(打倒孔家店)", "무관의 왕(素王)을 끌어내라", "네 가지 오래된 것(四舊: 습관, 생각, 문화, 관습)을 제거하라"라는 슬로건을 외쳤다.

말할 필요도 없이 인습타파주의는 성공적이지 못했다. 역사가 구제강(顧頡剛)은 공자와 유교의 역사를 포함하여 중국 고대 역사에 대한 찬양을 부활시키는 데 일조했다. 그의 연구는 후에 21세기 중국에서 커다란 추종자를 얻게 되는 신유교라는 학파의 형성에 도움을 주었다. 그러나 공화국 시기 공자의 굴곡진 모험에 대한 이야기는 이미 수많은 학자들에 의해서 문서화되었기 때문에[6] 여기서는 자세한 설명을 생략하고자 한다. 중국 근대 초기 유교에 대해 선행 연구자들의 연구를 통해 우리가 이해한 것을 되풀이하기보다는, 신중국®™ 시기, 프롤레타리아 문화대혁명(1966-1076) 시기로 넘어가서 공라오얼(孔老二) 혹은 공자 '놈(dickhead)'의 형상으로 넘어가보겠다.

3. 이런 미친 놈!

중국공산당이 정권을 장악하고, 문화대혁명이 있기 전(약 1949년에서 1966년 사이) 17년간 공자와 유교는 어떤 범위 내에서는 용인되었다. 정권의 초기 기간에서는 공자의 이상은 초기 토지 개혁 정책을 정당화하는 노력을 통해 크게 칭송받기도 했다. 장(Zhang)과 슈워츠(Schwartz)의 언급처럼, 중국공산당의 경제 분권화 기획은 농업 정책의 중심축으로서 가족 단위에 기반하였기 때문에, 당은 가족적 권위의 상징인 공자에 의지하여 [토지 개혁의] 노력을 정당화하였다. 후에 1960년대 초반 대기근 당시, '공자의 유산인 금욕주의'가 정부 당국, 곧 중국공산당에 대한 '충성심'을 권장하기 위해 활용되었다(1997: 194). 공자점의 경우는 이상하게도 공산주의 혁명의 화염 속에서도 철저히 파괴되지 않고 오히려 용인되었으며, 적어도 어떤 측면에서는 당의 이익에 기여하기도 했다. 그러나 이런 상황은 문화대혁명에 이르러 변하게 된다.

프롤레타리아 문화대혁명은 사실상 마오가 그의 정치 권력과 명예를 지키기 위한 필사적 노력의 결과였다. 그러나 아이러니하게도 문혁은

6) Chow(1964), Lin(1979), Chang(1987), Jensen(1997), Zarrow(2005) 참조.

장제스의 국민당으로부터 국공내전(1946-1949)에서 승리를 이끌었고, 또 그가 설립에도 몸담았던 당을 걸어야 하는 결과를 가져왔다. 혁명적 젊은이(미성숙한? 순진한?)들의 지지를 집결시키기 위해 마오는 '계속 혁명'이라는 문구를 만들어 표면적으로 전통 타파를 위한 마지막 캠페인을 시작했다. 폭력적인 폭동의 화염 속에서 마오는 혁명 청년으로 알려진 홍위병(紅衛兵)들에게 구사회를 파괴하라고 촉구했다. 베이징에 있는 공자에 대한 제례를 올리기 위한 (황실의) 사원과 특히 고향 산동성 취푸의 공자-유교의 상징물들은 통제되지 않은 젊은이들에게 파괴 행위의 타킷이 되었다. 앞서 장과 슈워츠의 언급대로 중국공산당의 문화대혁명이 과거와 단절될 때, 공자는 전적으로 거부되었다(1997: 197).

문화대혁명은 극단적 희열의 물결로 시작되었지만, 그 승리감은 오래 가지 못했다. 곧 홍위병은 통제력을 잃었고, 서로에 대항해 싸우기 시작했다. 운동은 통제되지 않은 소용돌이처럼 보였다. 외관상으로나마 정치적 안정을 되찾기 위해서 마오는 이제 젊은이들에게 제왕적 명예와 영향력으로써 통제하여, 완곡하게 '상산하향(rustification)'이라는, 즉 수천의 혁명 젊은이들이 '인민에게 배우기' 위해 시골로 내려가는 운동을 시작하였다. 문화대혁명의 후반부는, 그리고 실로 마오쩌둥의 마지막 삶은 독단적인 방식으로 정상 상태, 일상생활, 생활로 돌아가고자 하는 허식을 엿볼 수 있다.[7]

공자-유교가 이 기간 동안 어떻게 공격받았는지에 대해서는 많은 분석이 가능하지만, 여기에서는 문혁이 마지막으로 숨을 내쉴 무렵인 1973년에서 1976년 사이 벌어진 '비림비공(린뱌오를 비판하고, 공자를 비

7) 문화대혁명의 정치에 대한 세밀한 분석은 Mac Farquhar와 Schoenhals(2006) 참조. 문화대혁명의 문화적 역사에 대해서는 Clark(2008) 참조.

판하자)' 캠페인[8] 동안 연속 만화책 '연환화(連環畫)'에 나타난 위대한 성인®™에 대한 공격의 예들로 초점을 두고자 한다. 이 캠페인은 한때 마오의 후계자였으나, 이제는 당내에서 파괴를 목적으로 교활하게 환심을 사 혁명의 선봉자가 된 악당 린뱌오를 비난하기 위해 합심하는 것이 목적이었다. 공자의 상징과 짝이 되어, 신중국 건립의 사명에 절대악이며 체제전복적인 자들로 간주됐다. 문혁의 마지막 캠페인인 이 시기에 20세기 중국의 저명한 작가, 바진(巴金)이 『공자 '놈'의 부도덕한 삶(孔老二罪惡的一生)』이라는 제목의 연속 만화책을 출간하였다.[9]

20세기 중반 중국 연환화에서 이러한 (최소한 구시대적 정치 클리셰에 관해서) 유희적이며 중요한 예는 인간 공자와 그의 사유 체계에 반대하는 한층 더 통렬한 비판이다. 그의 삶을 개작하면서 연속 만화는 반복적으로 농민 대중의 봉기와 마침내 공자 사상의 복종이라는 멍에를 벗어 던지기 전의 중국 고대 노예제도로 복귀하고자 하는 공자의 열망에 초점을 두었다. 당연히 이야기 속에서 공자에 대한 긍정적인 이미지를 찾아볼 수 없다. 5·4 운동의 우상 타파가 절정기였을 때처럼, 그는 최고의 적이었다. 공자의 삶은 이러한 연환화와 당시 유사한 문화 상품을 통해서만 알 수 있었다. 〈그림 1〉의 10번 컷을 보면 그 당시 사용한 언어에 대해서 알 수 있다.

적막해 보이기까지 한 꽤 검소한 배경으로 공자는 높은 단에 앉은 전형적인 자세로 천도에 대해서 설명하며 침통해 보이는 학생을 꾸짖고

8) 이 캠페인에 대해서는 Gregor와 Chang(1979) 참조.

9) 여기서는 제목을 단순한 중국 병음 번역 대신 영어로 번역했다. 연속 만화책은 공자를 문자 그대로 '놈(dickhead)'으로 부르지는 않지만, 앞서 '공라오얼'이라는 명칭이 공자가 그 가계의 둘째아들이라는 사실에서 온 점, 당시 다른 저속한 책들에서도 라오얼은 인간으로서의 공자의 사적인 부분을 경멸하는 용어로 부르고 있다.

〈그림 1〉 바진, 『공자놈의 부도덕한 삶』, 10번 컷(1974).

있다. 그들 사이 바닥에 휘갈겨진 글씨에서 『논어(論語)』 17장에 쓰인 "오직 가장 지혜로운 자와 가장 어리석은 자만이 변하지 않는다[唯上智與下愚不移]" (Legge 1971: 318)는 천하에 대한 설명을 볼 수 있다. 바진이 쓴 삽화에 대한 설명문에서는 논어의 구절을 인용하여 해석하고 있다. 즉 가장 높은 지적 단계에는 노예 소유자, 귀족, 사회 엘리트가 있다면, 그 반대 끝에는 노예가 있다. 이는 변할 수 없는 자연의 순리이다. 그리고 다음 문장은 공자의 사회에 대한 설명을 현대적으로 독해하여 이러한 '사악한 메시지'가 공자와 그 제자들에게 노예제의 회복을 자발적으로 지지하게 되는 '지적 자극'으로 작동한다고 주장한다. 바진의 해석은 실력 위주의 국정 운영 체계를 장려한다는 공자의 주장을 명백하게 비난하고 있다. 공자를 척박하고 운명론적 사유의 화신으로 덧씌우기 위해 논어 인용구를 채택하고, 후에 연환화의 만화로 다시 강조하면서, 바진은 공자의 사유 체계에서 '악한 본성'을 구성해냈다. 노예근성을 강조하면서, 연환화는 공자의 추종자인 린뱌오 및 그의 지지자들이 인민들에게 끊임없이 패배주의적, 운명론적 인생관으로 위협하는 노력을 통해 철저히 반동주의적이고, 체제 전복적이라는 것을 선전하고 있다.

같은 시기 다른 연환화 중 1974년 출간된 『린뱌오와 공자놈(林彪與孔

老二)』에서 우리는 산만한 미학 효과를 가진 유사한 그림을 찾을 수 있다. 아마도 집단적으로 작성된 앞과 유사한 만화에서, 공자와 그의 현재 제자 린뱌오는 다시 한번 혁명을 방해하고 노예제도를 복귀시키려는 자로 묘사된다. 공자가 주장한 정명(正名), 즉 이름을 바로잡는다는 '반동적'이 놓여 있고 〈그림 2〉, (공산주의) 국가의 꼭대기에 있는 한 개인은 없다는 언급을 하면서, 린뱌오는 공자 사상을 무기로 현재 체제를 버리고,

〈그림 2〉『린뱌오와 공자 놈』 5번 컷(1974)

〈그림 3〉『린뱌오와 공자 놈』 11번 컷(1974)

과거 귀족-노예제로 복귀하려는 자로 해석한다. 명백히 근거 없는 논리의 비약은 차치하더라도, 여기서 우리는 공자가 현 정부와 배치된다는 주장을 확인할 수 있다. 즉 공자는 혁명의 적이다. 그는 구제도와 이에 수반되는 모든 복귀를 지지한다. (혁명적) 역사의 바퀴가 전진하여, 핍박받는 계층의 승리의 무게로 공자와 린뱌오를 짓누를 때도(〈그림 3〉 참조), 이 두 악한들은 '승리자'들이 무지하여 (유교의) 천의를 타도하는 바보들이라며 반항하며 소리치는 것을 볼 수 있다.

'비림비공' 캠페인 동안 많은 출판물 속에서 이러한 연환화는 유사한

테마를 묘사하고 있다. 어떤 것들은 비판의 역사적 범위를 더욱 넓혀, 중국 고대에 유교 문화와 정치 헤게모니에 대해 반기를 든 하층 계급들을 중국공산당의 선도자 격으로 확대시키기도 한다.[10] 여기서 알 수 있는 것은 문혁의 격분이 고조에 달했을 때, 공자와 그 사유 체계는 궁극적인 악의 화신으로 간주됐다. 그래서 변화된 현재의 상황은 그야말로 격세지감이라 할 수 있다.

4. 1980년대 공자와 유교: 자본주의에 편승하다

1980년대 공자-유교의 평판이 반전하게 되는 것은 1985년에 시작되어 1980년대 말까지 지속된 일명 '문화대토론(文化大討論)'이라는 주요한 지적 사건이 발생한 시기와 긴밀한 연관을 맺고 있다. 지적 탐색이 활발한 시기에 발생한 이 '토론'은 때로는 격렬하기까지 했다. 이는 후에 '문화열'로 덧붙여진 당시의 풍조에 기여한 측면도 있지만, 토론 그 자체는 본질적으로 엘리트들의 문제였으며, 새시대의 중국인들의 실생활의 물질적 문제는 거의 다루지 않았다.

그럼에도 불구하고 문화 토론은 유교적 사유 체계를 실제 생활 실천과 궁극적으로 갈라놓으면서, '유교적 사유 방법' 그리고/또한 '유교 문화'라는 게으르고 진부한 설명만을 남겨두는 데 결정적인 역할을 했다는 점에서 매우 중요한 지적 사건으로 간주된다. 다시 말해서 1980년

10) 『历史上劳动人民反孔斗争的故事』(1974), 『孔老二小传』(1974), 『孔老二列国碰壁记』(1974), 『韩非批儒寓言选』(1974), 『剥开孔圣人的画皮』(1974), 『韩非批儒故事』(1974), 『儒法治军路线斗争故事选』(1975), 『历史上劳动人民反孔斗争的故事』(1975), 『柳下跖痛骂孔老二』(1974), 『秦始皇焚书坑儒的故事』(1974), 『林彪与孔孟之道』(1974) 참조.

대, 그리고 지금까지의 지적 풍경에서 부상한 소위 신유교를 정의 내리는 특징들은 극단적 학술 이론주의로 특징 지워지는 매우 엘리트적 시도였다.[11] 어떤 측면에서 이는 언제나 그랬던 것일 수 있다. 중화제국에서 유교의 역사를 되짚어보면, 이는 일반 사람들의 실생활과 분리된 지적 영역이었다는 점이 분명하다. 유교적 중국 사회의 설명과 일반 백성들이 어떻게 지루한 일상을 영위해 나갈 것인가에 대한 '유교적 가치'의 회합은 항상 하향식으로 전달되었다. 공자-유교는 사회 현상을 단순히 경시하는 태도로 서술하고는, 결국은 더욱 중요한 국사에 관한 문제로 넘어갔다. 여기에 어떻게 도달하였는가? 이 질문에 답하기 위해서 우리는 중국을 넘어 (동)아시아로, 유교적 사유가 문화적으로 스며든 이러한 공동체로 건너가 살펴볼 필요가 있다.

아리프 딜릭(Arif Dirlik)은 1980년대 위대한 성인과 그의 사유 체계의 부활에 대해 이렇게 말한 바 있다. "1980년대에 유교의 운명이 다시금 바뀐 것은 경제적, 사회적, 정치적 (여기에 공간적인 것도 덧붙여) 조건들의 변화와 함께 한다. 하룻밤 사이에 바뀐 것은 유교의 내용이 아니라 근대성에 대한 질문에 충족되는 유교에 대한 평가의 변화이다"(1995: 236). 여기서 딜릭이 말한 '공간적' 조건은 포스트-마오 시기 중국의 물질적

11) 도미니크 라카프라(Dominick LaCapra, 2009)는 이론주의를 "주로 추측에 근거한, 상당히 개념적인, 때때로 자기 지시적인 특징을 가진, 자기 충족적 [때로는 그 자체가 준-초월적 매듭(quasi-transcendental knots)으로 가고자 하는] 단계로 작동되는 매우 학술적인 사상이다. 그리고 역사를 신호나 묘사들의 원천, 비교 불가의 독특성과 특이성의 저장소, 역사를 초월한 추상으로 이해한다." 또한 그는 이러한 이론주의가 "역사와의 관계에 있어서 명쾌하고, 중요하며, 상호간 도전의식을 불러일으키는 것을 용납하지 않는 준-초월적 자기 이해를 통해 미심쩍은 생략을 가능하게 한다."(2009: 30-31) 다시 말해서 또한 위의 주제로 돌아가서, 우리는 이론주의가 박물관을 죽이는 것처럼 역사를 죽인다고 말할 수 있다. 곧 과거에 대한 박물관화가 현재로부터 역사를 유리시키고, 진열상자에 국한시키는 것처럼, 이론주의는 현재로부터 역사를 납치하여 학술계 안으로 가두는 것이다. 이 두 사례의 결과는 공통적으로 '역사의 죽음'이다.

현실을 말하는 것이 아니라, '유교적' 문화를 가졌다고 판단되는 아시아의 네 마리 용 남한, 타이완, 홍콩, 싱가포르의 경제적 부상을 의미한다. 중국 정부 당국에 있어서 이미 자리 잡은 일본의 경제적 영향력과 함께, 이들 국가들이 이전 저개발 경제에서 세계 주요 참여자로 변신에 성공한 것은 한때 만연한 주장이었던 막스 베버의 『중국의 종교: 유교와 도교』(1915)가 절망적일 만큼 오리엔탈리즘적 속성을 가지고 있다는 것을 확인한 것과 같았다.

당시 일반적 설명으로 베버는 유교, 도교와 같은 중국적 신념의 '종교적' 체계들이 자본주의적 경제 발전에 장애로 작용한다고 주장했다. 그러나 네 마리 용의 성과로 말미암아 이 주장은 가라앉게 된다. 중국공산당에 있어서 그들의 가까운 이웃이, 그리고 가까운 공유한 문화 영역에서 모방할 수 있는 자본주의적 경제 모델을 찾을 수 있다는 것은 더할 나위 없이 기쁜 일이었다. 왜 그토록 기쁜가? 왜냐하면 이들 작은 용들은 서구식 민주주의의 필요 없이 아시아(즉 유교) 문화에서 자본주의 경제 체계가 번성할 수 있음을 증명해보였기 때문이다.[12] 간단히 말해서 공산당은 이러한 예들을 활용하여 그들의 권력을 지속적으로 움켜쥐는 것을 정당화하고, 중국 경제가 국가 주도의 정실 자본주의로 이끄는 지도력을 아무 의심 없이 주장할 수 있었다. 공자-유교는 인민들을 통제하는 채찍으로 작용하였다.

어떻게 가능했을까? 어떻게 (신)공자-유교의 언어(들)를 적절하게 활용하여 인민들에게 겁을 줄 수 있었을까? 간단한 답은 1980년대 신유

12) 이는 오늘날의 상황과 맞지 않다. 현재 남한은 1987년 대통령 직선제와, 타이완은 1996년 총통 직선제를 시작하여, 모두 민주주의가 확실히 자리 잡았다. 그러나 이들 국가와 비교하여 홍콩과 싱가포르는 아직 민주주의 국가로 간주되기는 힘들다.

교 지식인들이 이에 대한 인식틀을 발전시켰지만, 이는 의도된 바가 아니었다. 이보다 더 근본적으로는 20세기 초중반에 이른바 탕쥔이(唐君毅), 머우쭝산(牟宗三), 쉬푸꽌(徐復觀), 장쥔마이(張君勱)로 대표되는 신유교 선봉자들로 거슬러 올라간다. 이들은 1958년 홍콩에서 다분히 정치적, 인종차별적 선언인 "중국 문화를 대신하여 세계인에게 정중히 알리는 선언(爲中國文化敬告世界人士宣言)"에서 '한(漢) 배타성' 인식틀을 발전시키고, 그 중 하나로 '서구'의 중국에 대한 인식은 근본적으로 잘못된 것(따라서 오직 중국인만이 중국 문화를 제대로 말할 수 있다)이라는 비판을 한다. 중국 문화가 세계 속에서 반드시 존경받아야 한다는 주장을 하지만, 왜, 어떻게, 어떤 방법으로 중국 문화가 존경받아야 하는지에 대한 물음은 전무하다. 그것보다 대체 '중국' 문화가 무엇인가? 한족인가? 소수민족 중 하나인가? 혹은 한족이 편리하게 우위를 차지한 다문화의 혼재인가? 그 문장에서는 답을 찾을 수 없다. 그보다 이 신유교 집단은 단순히 중국(즉 한족) 문화의 '위대성'을 선험적으로 가정하고 있고, 이 주장에 내재한 인종 차별적 측면에 대해서는 의식적으로나 무의식적으로 고려하고 있지 않다. 서리나 찬(N Serina Chan)의 설명대로 이 선언은 "유럽-미국 문화의 우세 가운데, 중국과 서구 사이의 문화적 동등성에 대해서 포스트-식민주의적 문화 민족주의자들의 담론을 지지하고 있으며, 이 문서는 한족 문화 민족주의자의 담론을 중국과 서구 문화 사이의 이데올로기적 경쟁에 대한 상상된 글로벌 영역에 밀어넣고 있다"(강조는 필자)고 설명한다(2011: 278). 간단히 말해서 이 문장은 '서구'와 '중국'의 문화 구조에 대한 임의적이고 본질적인 속성에 대한 고려 없이 '우리'와 '그들'의 이항대립을 세우고 있는 것이다. 선언문에 내재하는 피해자적 시각의 연속은 평화적 문화 상호작용과 교류의 증진에 기여하지 못한다고 주장할 수도 있다. 실제로 이 선언은 문화적으로 상대적인 원한의 담론으로 휘말려 들어가, 한족 정체성의 독특함과 특별성이 당연하다는 주장을 재확인하기 위해, 중국에 대한 서구의 '오해'의 상처를 재연하고 있다고 말할 수 있다. 글이 씌어진 1950년대 후반은 '자유' 중국과 '공산주의' 중국 사이의 이데올로기적 대립이 가장 격렬하여, 각 국가가 서로 중국 문화의 유일한 대표자의 위치를 두고 경쟁했던 것을 감안하더라도 양도할 수 없는 '중국성'이라는 선언문에 잠재된 주장은 매우 모호하다.

1980년대로 돌아와서 네 마리 작은 용의 중국 사회와 일본에서, 유럽-미국에서 중국적 담론의 부상 속에서 중국에서 신유교주의자들의 작업을 봤을 때 우리는 유사한 이론적 허점을 볼 수 있다. 아리프 딜릭은 "1980년대 논의에서 눈에 띄는 점은 사회적, 역사적 문제를 고려하지 않고 유교라는 단어를 무신경하게 언급하게 되면서 유교는 작가가 의미하고 싶은 무엇이든 의미하게 되었다는 절망적 표현이 등장하였다"고 언급했다(저자 강조)(1995: 265). 이러한 표현을 가장 강력하고, 그리고 1980년대 공자-유교에 대한 담론에 근접한 것을 묘사하기 위해서 우리는 가까운 예로 1989년 천안문 학살에 대한 중국공산당 관료의 대답에서 찾을 수 있다.

6월 4일 베이징에서 발생한 사건에 대한 공식 보고에서, 정부 당국자는 그들의 통제와 정당성을 재확인하려 하는 가운데, "천안문 시위는 반전통적 (민주주의) 조류에 의한 위협의 한 예"이며, 시위자들에 대해 "공자의 인용문을 방송하며" 비난하였다. 무슨 인용문인지 짐작이 가는가? 이는 곧 사회의 조화와 권위에 대한 존중이었다(Zhang과 Schwartz 1997: 204). 우리가 여기서 볼 수 있는 것은 중국공산당에서 유교 담론을 '공식화'하는 방식이 과거 많은 황제들의 방식과 유사하다는 점이다. 주된 목적은 그 영향력으로서 인민에게 겁을 주고, 문화적 '전통'의 존엄성으로서 사건에 대한 '표준적' 설명을 받아들이도록 강요하는 것이다. 동의하지 않는 사람들에게는 애국적이지 않다, 혹은 더 심하게 중국적이지 않다는 굴레를 덧씌운다. 모두 천명에 따라, 지배 권위가 공자-유교를 중국 문화 그리고 그들과 동일시하는 원점으로 돌아오게 되었다.

5. 결론을 대신하여: 유교의 말로 혹은 중국의 미래?

> 모든 사람에게 그 고양이가 '중국 특색의 사회주의'인지 '유교 색을 입힌 자본주의'인지 중요하지 않다. 중국의 발전에 역할을 하기만 한다면, 이는 '좋은 주의'로 간주된다. 자오빈(1997: 44).

나는 이 글의 마지막 장을 자오빈이 1997년 『뉴 레프트 리뷰(New Left Review)』에 기고한 「소비지상주의, 유교, 공산주의: 중국의 오늘을 이해하기」에서 인용하는 것으로 시작하고자 한다. 그의 글에서 1990년대 중국에서 공자의 상업화에 대한 흥미로운 점을 발견할 수 있는데, 이 경향은 새천년에도 지속되고 있다. 소위 유교가 더 많은 소비품을 파는 데 인용되는 방식으로, 가장 눈에 띄는 단어인 가족(家)이 모든 가정용 기기를 광고하는 테마가 된다는 점이다. 포스트-마오 중국에서 "상업주의는 그때까지 물질적으로 궁핍한 상태에서 보면 저항할 수 없는 것으로 보인다. 새로운 이데올로기 각성의 시기에서 공식적 마르크스-레닌-마오이즘이 붕괴된 빈 공간에 이 준-신념 체계는 단단히 자리 잡은 것으로 보인다"고 언급하고 있다(1997: 46). 그러나 좀 실망스럽기도 하지만, 내가 여기서 가장 흥미로운 점은, 자오빈의 분석에서 그가 저지른 비판적 교묘한 눈속임을 그가 모르는 것처럼 보인다는 것이다. 이는 알려 진대로라면 '가족'이라는 말과 불변의 유교적 가치를 동일시하는 가정에 대해 의문을 품지 않은 것이다. 사실 그는 당연하게도 '중국적 가족 가치'와 유교 사이의 인위적으로 세워진 관계에 대해 도전하지 않은 지식인의 무기력한 태도를 취하고 있다.

자오빈은 '유교 소비지상주의'라는 신조어를 만드는데, 그러나 그는 그러한 개념의 역사적 아이러니를 전혀 고려하지 않는다. 그보다 그는 '유교'라는 용어의 역사와 상업적 노력 측면에서의 유교와의 적대적 관계를 지워버리는 데 만족하고, 그의 '오늘날 중국을 이해하기'를 진행한다. 그러나 캄 루이(Kam Louie)의 지적대로 유교와 자본주의 사이의 서로 보완적 주장은 매우 문제가 많고, "유교는 오랜 기간 동안 상업과 화폐 방면에 있어서 적대적인 철학으로 받아들여져 왔다(정말 중국의 학자 계급은 이미 문서상 충분할 정도로 상업에 관한 무시를 보이고 있다)(2011: 90)." 루이는 또 "공자가 사람들에게 어떻게 돈을 버는지 가르치는 철학자로 묘사되는 것은 상상할 수도 없는 일 같다." 또한 소위 '유교 비즈니스' 관례들은 오늘날 엄청나게 유행하고 있다. 인터넷에서 피상적 음미로서 이렇게 포스트모던적 모순을 초연하게 까발리는 것에 'Leaders in Heels: Only Women's Business'라는 웹사이트 사례만한 것은 아마 없을 것이다. 2013년 1월 24일 작가 샬롯 카루소(Charlotte Caruso)는 "공자가 비즈니스에 대해 우리에게 가르칠 수 있는 다섯 가지"를 설명하고 있다. 이 글에 대한 나의 유일한 반응은, 특히 유교, 상업, 여성인권이 가진 갈등의 역사 측면에서 격세지감일 뿐이다.

그러나 이 문단의 처음 인용문으로 돌아가서, 이는 예상했던 것일 수도 있다. 어쨌든 자본주의적 위풍당당함의 다양한 형태가 세계적으로 연결되어 있는 네트워크에서 공자®™라고 자본주의의 상징이 되지 말라는 법이 있던가?

이는 다시 이 글의 제목인 공자®™의 '포스트모던적 어드벤처'로 돌아가게 한다. 문화 아이콘이 된 공자®™가 포스트모던적 난도질을 당했다는 표현 외에 지난 20년을 어떻게 부를 수 있을까? 그의 이미지와 유사성은 중국 문화 자체를 포함하여 상품들을 파는 모든 곳에서 쓰이고 있다. 해외 공자학원의 급증에 대해서만 생각해봐도 이는 유교 팔기를 하는 영리 기업과 비중국인에게 중국 (한족) 세계관을 전파하는 것이다. 영국에는 영국 문화원, 독일에는 괴테 인스티튜트가 있는 것처럼 잘못됐다는 것이 아니다. 우리는 중국 정부 당국이 소프트파워 확대 프로젝트로서 단순히 가장 쉽게 이용할 수 있는 상징을 가져온 것이라고 주장할 수도 있다. 다만 그 프로젝트가 보조금을 뿌려서 대부분의 공자학원이 있는 해외 대학들의 고용 관행에 영향을 주고자 시도하는 것과 같은 사례가 주는 의구심이다.[13] 그럼에도 불구하고 오늘날 중국에서 공자-유교를 파는 매우 자본주의적인 풍조를 발견할 수 있다.[14]

서론에서 나는 우리가 어떻게 서술된 문화적, 역사적, 사회적 발전을 읽고 접근해야 할 것인가를 물었다. 우리는 문혁 시기, 1980년대 문화대토론 시기, 지난 20년이 조금 넘는 자본주의적 경제 진보 시기에서 공자-유교가 활용된 방식을 어떻게 해석해야 할 것인가? 답을 구하는 과정에서 나는 역사를 생동한 현재와 능동적 관계를 맺는 위치로 소

13) 캐나다에서 이와 같은 문제에 대한 최근 토론은 Dehass(2011).

14) '포스트모던적 아이콘의 난도질'에 대해 설명해야 할 것 같은데, 나는 여기서 중국과 해외에서 학술의 상아탑에서 지속되고 있는 유교에 대한 학술적, 엘리트적 담론에 대해 언급하려는 것이 아니다. 위에 설명했듯이 공자-유교와 실생활의 실천 사이 괴리는 1980년대 문화대토론에서 발생하였고, 공자 철학은 과거의 위치와 미래의 안식 사이를 오가고 있다. 특권 엘리트의 지적 시야는 이론주의의 선천적 형태일 수 있다. 동시대의 학자들이 중국에서 그리고 어디에서든 집요하게 모든 의도와 목적 측면에서 '중국에 대한 우려'를 하고 있음에도 불구하고, 이러한 구분은 현재까지도 지속되고 있다.

생시켜야 할 필요가 있다고 말하고 싶다. 이는 비록 모순적으로 들리더라도 박물관으로부터 역사를 구할 필요가 있다는 의미이다. 중국에서 이는 공자-유교의 역사들과 혁명의 역사들 모두를 구한다는 의미이다. 그러나 어떻게 역사를 숨 쉬는 현재로 데려오는 일을 달성할 수 있을 것인가? 대답으로서, 「공자(孔子) 대폭발(the Great Exploding Sage)」이란 제목으로 다시 돌아갈 필요가 있다. 이 제목의 의미는 단순하다. 포스트모던에서, 포스트-사회주의자에서, 혹은 포스트-마오에서, 아니면 무슨 '포스트-'이건 간에 우리는 동시대의 중국, 생각, 이미지, 사유 체계들을 묘사하는 데 있어서 공자-유교®™가 '폭발적으로 증가'했다는 점과 결부시켜 말하고 싶다. 공자-유교®™의 부분과 조각들은 어디에나 산재해 있다. 폭발 지역에서 생겨난 파편과 잔해들처럼, 공자-유교는 온갖 종류의 상업 문화 생산에서 호객 행위에 불려 나오고 있다. 그러나 이러한 공자-유교가 무엇을 표상하는지에 대해서는 답을 구하지 않는다. 내 생각에는 공자-유교가 포스트모던적 지적 권태감이 서서히 진행되는 과정을 돕는 정도로 입에 오르내리는 것 같다. 그래서 이 용어를 다양한 문화 현상을 묘사하는 데 사용하고 있다. 왜냐하면 쉬운 설명이 최고 미덕인 포스트모던 환경에서 우리가 다른 것을 생각하기에 너무 게으르기 때문이다. 하지만 그러한 선택을 하는 데 있어서 중국 사회에서 유교란 정확히 무엇인가에 대한 중요한 질문은 생략하고 있다. 캄 루이 말처럼 "사실 유교 사상의 가장 근본적 교리는 보수적인 사람이 있는 어디에서나 찾을 수 있다. 유교 관념으로 중시되는 가족적 가치와 효도는 모든 문화에서 찾을 수 있다(2011: 99)." 정말로 유교적 문화가 다른 것보다 가족에 더 가치를 매긴다고 추정하는 것은 너무 거만한 것 아닌가? 내 문화가 너의 문화보다 더 영광스럽다는 것은 문화주의적 관점은 아닌가? 여기서는 변형된 위험한 인종차별주의를 목도하고 있는 것은 아닌가? 나에게 있어서 공자-유교를 박물관에서, 역사에서부터 구해내기 위해서 우리는 이를 먼저 중국으로부터 구해내야 할 것 같다. 그래야만 지적 진부, 쉽고 과잉 일반화된 정의들에 대한 의지 없이 오늘날의 중국이 어떻게 되어가는지를 제대로 볼 수 있을 것 같다. 그러므로 공자®™를 죽여야만 그 과정에서 우리가 그를 살리고, 나아가서 중국을 도울 수 있을지도 모른다.

▌참고문헌

巴金(蕭甘). 『孔老二罪惡的一生』, Shanghai: Shanghai Renmin Publishers, 1974(〈그림 1〉 출처).

Bell, Daniel A. "From Communism to Confucianism: China's Alternative to Liberal Democracy." *New Perspectives Quarterly*, Vol. 27, No. 2(Winter 2010): 19-27.

______. "Reconciling Socialism and Confucianism? Reviving Tradition in China." *Dissent*, Vol. 57, No. 1(Winter 2010): 91-99.

______. *China's New Confucianism: Politics and Everyday Life in a Changing Society.* Princeton, NJ: Princeton University Press, 2008.

Billioud, Sébastien. "Confucianism, 'Cultural Tradition,' and Official Discourse in China at the Start of the New Century." *China Perspectives*(Online), No. 3(2007): 50-65.

Brown, Wendy. *Politics Out of History.* Princeton, NJ: Princeton University Press, 2001.

______. *Regulating Aversion: Tolerance in the Age of Identity and Empire.* Princeton, NJ:Princeton University Press, 2006.

Chang, Hao. *Chinese Intellectuals in Crisis: Search for Order and Meaning, 1890-1911.* Berkeley, CA: University of California Press, 1987.

Chin, Annping. *Confucius: A Life of Thought and Politics.* New Haven, CT:

Yale University Press, 2008.

Chow, Kai-wing, On-cho Ng and John B Henderson, eds. *Imagining Boundaries: Changing Confucian Doctrines, Texts, and Hermeneutics.* Albany, NY: SUNY, 1999.

Chow, Tse-tung. *The May Fourth Movement: Intellectual Revolution in Modern China.* Cambridge, MA: Harvard University Press, 1964.

Clark, Paul. 2008. *The Chinese Cultural Revolution: A History.* New York: Cambridge University Press.

Confucius. *Confucian Analects, The Great Learning & The Doctrine of the Mean.* Translated by James Legge. New York: Dover Publications, Inc, 1971.

Confucius 孔子. Dir. Hu Mei 胡玫. Perf. Chow Yun-fat 周潤發. Dadi Century (Beijing)and China Film Group, 2010. Film.

Davies, Gloria. *Worrying About China: the Language of Chinese Critical Inquiry.* Cambridge, MA: Harvard University Press, 2007.

Dehass, Josh. 'Talks End between Confucius Institutes and U Manitoba.' *Maclean's* 21 June 2011: Online at: http://oncampus.macleans.ca/education/2011/06/21/talks-end-between-confucius-institutes-and-u-manitoba/

Dirlik, Arif. 'Confucius in the Borderlands: Global Capitalism and the Reinvention of Confucianism.' Boundary 2, Vol. 22, No. 3 (Autumn 1995): 229-273.

——. 'Culture Against History? The Politics of East Asian Identity.' Development and Society, Vol. 28, No. 2 (Dec 1999): 167-190.

郭齊勇著. 『儒學與儒學史新論』. Taipei: Taiwan Xuesheng Shuju, 2002.

——. 『郭齊勇自選集』. Guilin, Guangxi: Guangxi Normal University Press, 1999.

郭齊勇主編. 『儒家倫理爭鳴集: 以「親親互隱」爲中心』. Wuhan: Hubei Jiaoyu Chubanshe, 2004.

Gregor, James and Maria Hsia Chang. 'Anti-Confucianism: Mao's Last Campaign.' *AsianSurvey*, Vol. 19, No. 11(Nov 1979): 1073-1092).

Hsia, C. T. *A History of Modern Chinese Fiction*(3rdEdition).Bloomington: Indiana University Press, 1999.

Hu, Shaohua. 'Confucianism and Contemporary Chinese Politics.' *Politics & Policy*, Vol. 35, No. 1(2007): 136-153.

Huyssen, Andreas. *Present Pasts: Urban Palimpsests and the Politics of Memory.* Stanford, CA: Stanford University Press, 2003.

Jensen, Lionel M. *Manufacturing Confucianism: Chinese Traditions and Universal Civilization.* Durham, NC: Duke University Press, 1997.

LaCapra, Dominick. *History and Its Limits: Human, Animal, Violence.* Ithaca, NY: Cornel University Press, 2009.

Levenson, Joseph. 'The Place of Confucius in Communist China.' *The China Quarterly*, No. 12(Oct-Dec 1962): 1-18.

『林彪與孔老二』. Guangxi: Guangxi Renmin Publishers, 1974(〈그림 2〉, 〈그림 3〉 출처).

Lin, Yü-sheng. *The Crisis of Chinese Consciousness: Radical Anti-traditionalism in the May Fourth Era.* Madison, WI: The University of Wisconsin Press, 1979.

Louie, Kam. 'Confucius the Chameleon: Dubious Envoy for 'Brand China'.' *Boundary* 2, Vol. 38, No. 1(2011): 77-100.

Lu, Xing. 'An Interface Between Individualistic and Collectivistic Orientations in Chinese Cultural Values and Social Relations.' *Howard Journal of Communications*, Vol. 9, No. 2(2010): 91-107.

MacFarquhar, Roderick and Michael Schoenhals. *Mao's Last Revolution.* Cambridge, MA: Belknap Press of Harvard University Press, 2008.

Makeham, John. Lost Soul: *'Confucianism' in Contemporary Chinese Academic Discourse.* Cambridge, MA: Harvard University Press, 2008.

Mou Zongsan, Zhang Junmai, Tang Junyi and Xu Fuguan. 'A Manifesto for a Re-Appraisal of Sinology and Reconstruction of Chinese Culture.' in Carsun Chang, eds. *The Development of Neo-Confucian Thought*, vol. 2. New York: Bookman Associates, 1962. (This is a reprint of the original Chinese, available in Feng Zusheng 封祖盛, ed. 當代新儒家. Beijing: Sanlian Shudian, 1989: 1-52.)

Nivison, David S. "Communist Ethics and Chinese Tradition." *The Journal of Asian Studies*, Vol. 16, No. 1(Nov 1956): 51-74.

彭厚文著. "'批林批孔' 運動中的儒法鬥爭史研究. 『黨史博覽』, No. 12(2011): 15-19.

Radhakrishnan, R. *History, the Human, and the World Between.* Durham, NC: Duke University Press, 2008.

Rozman, Gilbert. "Can Confucianism Survive in an Age of Universalism and Globalization?" *Pacific Affairs*, Vol. 75, No. 1(Spring 2002): 11-37.

Smith, Richard. "The Chinese Road to Capitalism." *New Left Review*, 199(1993): 55-99.

宋志明, 劉成有. 『批林批孔: 儒學的現代走向』. Shanghai: Huadong Normal University Press, 2004.

T'sao, Ignatius J H. "Confucius in the Middle of the New Cultural Revolution Today." *Studies in Soviet Thought*, No. 15(1975): 1-33.

Wasserstrom, Jeffery. *China in the 21st Century: What Everyone Needs to Know.* London and New York: Oxford University Press, 2010.

Weber, Max. *The Religions of China: Confucianism and Taoism.* Translated and Edited by Hans H. Gerth. Glencoe, IL: Free Press, 1968.

Xu, Keqian. "Early Confucian Principles: the Potential Theoretic Foundation of Democracy in Modern China." *Asian Philosophy,* Vol. 16, No. 2(July 2006): 135-148.

Yao, Xinzhong. "Confucianism and its Modern Values: Confucian Moral, Educational and Spiritual Heritages Revisited." *Journal of Beliefs & Values: Studies in Religion & Education,* Vol. 20, No. 1(2006): 30-40.

Yu Dan. *Confucius From the Heart.* Translated by Esther Tyldesley. New York: Atria Books, 2006.

Yu, Tianlong. "The Revival of Confucianism in Chinese Schools: a historical-political review." *Asia Pacific Journal of Education,* Vol. 28, No. 2(June 2008): 113-129.

Yu, Ying-shih. "Confucianism and China's Encounter with the West in Historical Perspective." *Dao: A Journal of Comparative Philosophy,* Vol. 4, No. 2(2005): 203-216.

Zhang, Tong and Barry Schwartz. "Confucius and the Cultural Revolution: A Study in Collective Memory." *International Journal of Politics, Culture and Society,* Vol. 11, No. 2(1997): 189-212.

Zhao, Bin. "Consumerism, Confucianism, Communism: Making Sense of China Today." *New Left Review,* 222(1997): 3-41.

Zarrow, Peter. *China in War and Revolution, 1895-1949.* London: Routledge, 2005

이성시 · 윤용구 · 김경호 _ 평양 정백동 364호분 출토 죽간 『논어』에 대하여

백민정 _ 연암 박지원의 성리설(性理說)에 대한 입장: 주자학 및 양명학 논의와 관련하여

박소현 _ 다산 정약용의 『흠흠신서』를 통해 본 유교와 법률, 수사학의 관계

이영호 _ 일제하 유교지식인의 초상: 심산 김창숙의 삶과 사상

2부

유학의 변용과 현실 대응

평양 정백동 364호분 출토 죽간 『논어』에 대하여*

이성시 · 윤용구 · 김경호**

1. 머리말

본고에서 언급하고자 하는 평양 정백동(貞柏洞)364호분(號墳) 출토의 『논어(論語)』 죽간(竹簡)에 대한 여러 사실은, 1매의 흑백사진에 의거한 것이다(〈사진 1〉). 후술하였지만 이 사진을 통하여 분석한 결과,[1] 이 『논어』 죽간이 텍스트로서 지니는 학술적 의의는 한국만이 아니라 동아시

---

* 이 글은 『木簡과 文字』 제4호(한국목간학회, 2009. 12)에 게재한 논문의 일부 내용을 수정하였음.

** 李成市 早稻田大學 文學學術院 敎授; 尹龍九 仁川都市開發公社 文化財擔當; 金慶浩 成均館大學校 동아시아학술원 인문한국(HK)연구소 교수.

1) 정백동364호분 출토 죽간 『논어』는 성균관대학교 동아시아학술원 동아시아자료학연구회 주최로 李成市 · 尹龍九, 「平壤出土 竹簡 『論語』 殘簡에 대하여」라는 제목 아래 2009년 12월 3일부터 두 차례 진행되었다.

아 전체에 미친다. 이러한 사실은 모두 『목간(木簡)과 문자(文字)』 제3호(2009.6.30)에서 명백하게 규명되었지만, 정백동364호 나무곽무덤에서 나온 「낙랑군초원사년현별호구부(樂浪郡初元四年縣別戶口簿)」[이하, 호구부(戶口簿)로 약칭(略稱)함]와 동시에 『논어』 죽간이 발굴됐기 때문이다.[2] 그러나 유감스럽게도 현재까지 북한 학계에서는 호구부와 『논어』 죽간이 정백동364호분에서 함께 출토된 사실을 정식으로 보고하지 않고 있다.

그렇지만 죽간사진(竹簡寫眞) 이면에 기록된 출토고분의 소재에 관한 정보[3] 및 사진에 수록된 39매의 죽간을 통하여 알 수 있는 형태와 서식, 그리고 같은 고분에서 발견된 호구부의 연대 등을 종합적으로 판단해볼 때, 평양 정백동364호분에서 출토된 『논어』는 현재까지 알려진 『논어』 텍스트로서는 1973년 중국 하북성(河北省) 정주한묘(定州漢墓)로부터 발견된 『논어』 죽간과[4] 거의 동시대인 현존 최고(最古)의 자료일 가능성이 대단히 높다.

3,000여 기 이상 조사된 낙랑고분(樂浪古墳) 가운데 행정문서인 부책(簿冊)과 전적류(典籍類) 간독(簡牘)이 출토된 경우는 정백동364호분이 처음이다. 묘중문서(墓中文書)가 장강유역초계(長江流域 楚系)의 한묘(漢墓)가 아닌 변군(邊郡)의 무덤에서 발견된 드문 사례이기도 하다. 정백동364호분에서 출토된 간독들은 낙랑군의 군현지배가 내군(內郡)과 다

---

2) 尹龍九, 「平壤出土 '樂浪郡初元四年縣別戶口簿' 研究」, 『木簡과 文字』 제3호, 韓國木簡學會, 2009. pp. 264～297.

3) 사진 뒷장에는 연필로 "정백364호 나무곽무덤에서 나온 죽간의 일부"라 기록되어 있다. 그와 함께 다른 종이에 "貞栢364號 木槨墓出土の竹簡の一部. 『論語』の一部 2000年前の『論語』"라 쓰고 이를 잘라 附箋처럼 붙여두었다.

4) 河北省文物研究所定州竹簡整理小組, 『定州漢墓竹簡論語』 文物出版社, 1997. 10.

름없는 문서행정에 의하여 운영된 증거를 보여주는 사료이다.[5)]

이와 같은 자료적 가치를 생각할 때, 본고에서는 정백동 364호분 출토 『논어』 죽간의 자료로서의 성격을 가능한 한 분명히 하고, 학술적 정보를 공유하기 위해 먼저 의거한 사진전래 및 입수 경위에 대하여, 지금까지 알려진 정보를 신중하고 상세하게 제시하고자 한다.[6)] 이에 더하여 죽간의 형태와 판독의 결과를 소개하고, 이에 기초하여 정백동 364호분 출토 『논어』 죽간의 학술적 의의를 제시하고자 한다.

이하 본고는 쯔루마 가츠유키(鶴間和幸, 學習院大學教授) 씨가 보관해 오던 사진 1의 자료에 기초하여 검토한 내용을 나누어 서술하였다. 이에 따라 머리말과 제1장은 이성시, 제2장은 윤용구, 제3장과 맺음말은 김경호가 각각 작성하였다. 최종적으로 상호 내용을 비교 검토하였고, 서술 순서에 따라 3인 연명(連名)으로 발표한다.

2. 죽간 『논어』의 발견과 사진입수의 경위

원래 『논어』 죽간에 대해서는, 1992년 류병흥이 평양시 낙랑구역에서 발굴된 나무곽무덤의 유물을 소개하면서, 『논어』 제11, 12권의 전문이 씌어 있는 책서의 죽간이 출토되었다고 전한 바 있다.[7)] 그럼에도 이

5) 尹龍九, 앞의 논문(2009). 金秉駿, 「楽浪郡初期の編戸過程 - 楽浪郡初元四年戸口統計木簡を端緒として - 」, 『古代文化』 61-2, 古代學協會, 2009, pp. 59~73.

6) 사진의 입수와 공개에 관해서는, 鶴間和幸, 李相鎬, 伊藤利光氏로부터 많은 협력과 가르침을 받았는데, 이 자리를 빌려 깊은 감사를 드린다.

7) 류병흥, 「고고학 분야에서 이룩한 성과」, 『조선고고연구』 1992년 2기, 사회과학원 고고학연구소(1992. 5. 1), p. 2.

러한 사실은 오랫동안 학계에 널리 알려지지 못하였다. 이후 2002년에 들어서 조희승 씨(曺喜勝氏, 社會科學院 歷史硏究所長)가 일본 이즈모시(出雲市)에서 개최된 심포지엄 자리에서, 『논어』 죽간 출토에 대하여 언급한 바 있다.[8] 조희승 씨는 이 자리에 참석한 스즈키 야스타미(鈴木靖民, 國學院大學敎授)의 질문에 대답하면서, 죽간의 출토 상황에 대하여 설명했던 사실을 2003년 1월에 스즈키 씨로부터 직접 전해 듣고 나서 『논어』 죽간의 출토를 알게 되었다.[9]

이후 김해시 봉황대(鳳凰台, 2003년)와 인천시 계양산성(桂陽山城, 2005년)에서 연이어 『논어』 목간이 발견되었던 것을 계기로, 필자는 북한의 사회과학원 고고학연구소 방문을 신청, 2005년 12월 2일 사회과학원고고학연구소를 방문하여 『논어』 죽간을 실제로 보는 것은 아니더라도 사진자료의 열람을 의뢰하였다. 그날 공교롭게도 조희승 소장이 개성(開城) 출장을 위해 자리를 비워서 『논어』 죽간 소재 확인이 어려웠다. 사무국 담당자에게서 사진의 소재가 확인되면 후일 연락해줄 것을 약속받았다.[10]

---

8) 曺喜勝, 「絹と硯をはじめとした樂浪遺物を通じて觀た樂浪文化の性格と出雲地方への傳播」(シンポジウム 『樂浪文化と出雲』 資料集, 2002. 11. 20. 出雲市).

9) 이 이전에는 일본을 포함한 국외에서 『論語』 죽간에 관한 새로운 사실은 전해지지 않았다고 추측이 되지만, 뒤에서 지적한 바와 같이 2010년 1월 14일에 입수한 『高句麗會會報』(63號, 2001年 11月 10日, 東京 第4面)에는 『論語』 죽간의 사진이 게재되어 있고, 그 설명에는 「貞栢三六四號古墳より出土の竹簡, 二千年前の論語」라 쓰여 있다.

10) 이날 사회과학원고고학연구소에서 10명 가까운 연구원과 간담을 나눴다. 나는 한국에 있어서 목간의 출토상황을 보고하였고, 『韓國의 古代木簡』(국립창원문화재연구소, 2004. 7)을 증정하였다. 이 자리에서 孫守鎬氏(고고연구소장)에게서 낙랑구역에서 출토된 유물에 대한 자세한 설명을 들을 수 있었는데, 이 자리에서 孫永鍾 선생은 마치 어떤 사람이 책(『韓國의 古代木簡』)을 한 장씩 뜯어 먹는 것처럼, 수록된 木簡 한 점 한 점을 하염없이 보고 계셨다. 孫永鍾의 戶口簿 목간에 대한 논문이 『력사과학』(2006년 제2기, 2006. 6)에 게재된 것은 이로부터 반년 후의 일이었다.

〈사진 1〉 정백동364호분 출토 『논어』 죽간 39매(쯔루마 가츠유키 씨 보관 낙랑유물 사진 앨범 자료)

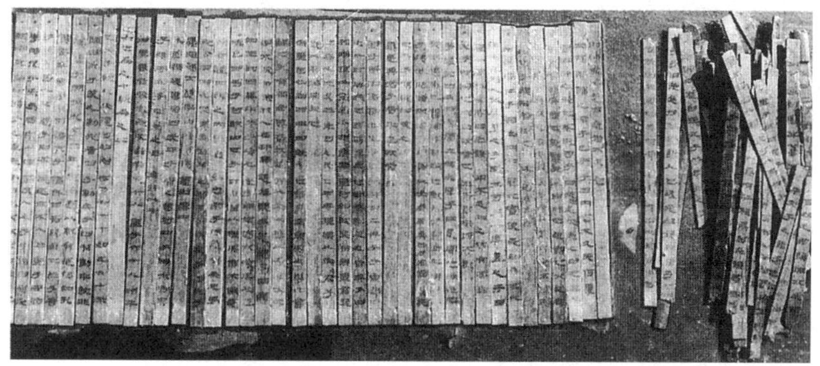
〈사진 2〉 정백동364호분 출토 『논어』 죽간 일괄(『고구려회회보』 제63호 4면, 2001. 11. 10)

그로부터 사회과학원에서 『논어』 죽간 소식은 듣지 못하였지만, 2008년 10월 6일에, 쯔루마 가츠유키 씨와 그의 연구실에서 호구부에 대한 이야기 도중, 연구실에 보관된 낙랑구역 출토유물사진 앨범 2책 속에 들어 있는 『논어』 죽간의 사진을 열람하게 되었다. 〈사진 1〉 사진의 복사를 의뢰하면서, 이 사진이 원래 일본에서 출판을 목적으로 북한 관계자에게서 위탁받은 것이므로 북한 관계자의 허가 없이 공표하지 않겠다고 약속하였다.

사진 공개를 위한 절차를 밟기 시작한 것은 초빙교수로서 성균관대학교 동아시아학술원을 방문하던 2009년 4월 초, 윤용구 씨가 낙랑 호구부의 사진을 입수하여 현재 검토 중이라는 연락을 받으면서부터였다. 이와 같은 경위로 하여 낙랑구역에서 출토된 자료를 학계에 널리 공개할 필요가 있다고 확신하고 『논어』 죽간 사진의 공개를 위한 준비에 들어갔다.

곧바로 2009년 5월 초에 북한 사회과학원에 대하여 한국 학계에 공개허가를 얻기 위하여, 오랜 친분이 있는 이상호 씨(李相鎬氏, 在日 言論人, 코리아미디어 사장)를 통하여 평양 방문 시 사회과학원에 『논어』 죽간 사진 공개의 허가를 바란다는 것을 의뢰하였다. 마침내 7월 13일, 평양 출장을 마친 이상호 씨로부터 사진 공개와 관련한 북한 사회과학원의 허가를 받았다는 내용의 전자 메일을 받았다.

이어서 『논어』 죽간에 관한 그간의 경위를 2009년 7월 24일, 한국고대사학회 제11회 하계 세미나의 종합토론 자리에서 구두로 간략하게 설명하였으나, 이때까지도 『논어』 죽간의 정확한 출토유구에 관한 내용은 알지 못하였다. 그 사이 쯔루마 가츠유키 씨에게 북한 사회과학원에서 사진 공개의 허가를 얻었다는 것을 보고하고, 한국에서 조사결과를 발표하게 될 것임을 전하였다.

이상과 같이 사진 공개를 위한 절차를 마치고, 2009년 11월 5일에 윤용구 · 김경호 선생과 함께 『논어』 죽간 사진의 검토를 위한 준비 과정에서 쯔루마 씨로부터 얻은 출토지에 관한 정보를 재확인하는 중에, 『논어』 죽간이 호구부가 나온 정백동364호 나무곽무덤에서 동시에 출토되었다는 사실을 처음으로 알게 되었다.

『논어』 죽간의 출토지 판명에 따라 호구부의 작성연대(初元 4년, B.C. 45년)로부터 같은 시기라 할 수 있는 중국 하북성 정주한묘 출토 『논어』 죽간(五鳳 3년, B.C. 55년)과 형태와 문자를 비교한 결과 거의 동일한 형태로 추정되었다.

이상과 같은 자료 발표를 위한 준비 모임을 거쳐, 2009년 12월 3일 성균관대학교 동아시아학술원 동아시아자료학연구회 주최로 「평양출토 죽간 『논어』 잔권(殘卷)에 대하여」라는 제목 아래 윤용구 씨와 공동으로 검토결과를 발표하고, 이 자리에서 사진입수 경로와 판독을 진행하였다.

제1차 판독회 후에, 『목간과 문자』에 자료 소개를 해달라는 학회이사 의견에 따라, 사진원판이 필요하여 쯔루마 씨에게 사진원판을 빌려줄 것을 의뢰하기 위하여 쯔루마 씨의 연구실을 방문하였다(12월 21일). 사진원판을 대여받은 후에, 앨범의 입수경로에 대하여 쯔루마 씨에게 상세히 물어보았는데 쯔루마 씨가 북한 방문(2006년 4월)을 계기로, NHK 관계자를 통하여 고구려회사무국장(高句麗會事務局長) 이토 토시미츠(伊藤利光) 씨에게서 위탁받아 앨범을 보관해왔던 것으로 판명되었다.

쯔루마 씨의 설명을 듣고 이제까지 사회과학원과의 중개 연락을 위해 수고를 해준 이상호 씨에게 한국에서의 『논어』 죽간의 연구 진전 상황과 사진입수 경위를 설명하던 중에, 이토 토시미츠 씨의 연락처를 얻게 되었다. 이상호 씨의 소개장과 함께 12월 말 이토 씨에게 서신을 보내면서 사진입수 경로에 대하여 자세히 묻게 되었고, 이에 대하여 이토 씨가 알려준 사진의 입수경로를 정리하면 다음과 같다.

이토 토시미츠 씨(80세, 현재 오이타켄 거주)는 NHK 문화센터의 자회사인 일본뉴미디어사장(1984~2003 역임) 재직 중에, NHK의 고구려벽화고분의 취재에 따라 에가미 나미오(江上波夫) 씨(동경대 명예교수, 작고),

히라야마 이쿠오(平山郁夫) 씨(전 東京學藝大學長, 작고)와 함께 1990년부터 2004년까지 빈번하게 북한을 방문하였고, 이토 씨는 TV 프로 작성을 위한 프로듀서로 참가하였다. 한편으로 일본에서 고구려문화전(高句麗文化展, 1985년 9월~1987년 5월)을 계기로 1988년 6월에 '고구려회(高句麗會)'를 설립하고(회장에는 에가미 나미오) 이토 씨가 사무국장을 맡았다.

'고구려회'의 설립 목적은 "고대일본과 고구려문화를 중심으로 일본과 북한 사이의 학술과 문화예술의 교류를 펼치고, 필요에 따라서는 위와 관련된 출판 및 전시회 등의 사업을 실시한다."는 것이었다. 이에 따라 1990년부터 매년 북한을 방문하고, 회보를 간행하면서 그 활동을 알려왔다. 덧붙여 말하면 제3회 북한방문(1992년 4월)에서는 '김일성주석생탄80주년축전(金日成主席生誕80周年祝典)'에 참석하였고, 이때 에가미 나미오 씨는 '김일성주석'과 직접 회담도 갖게 된다.

위와 같은 '고구려회'와의 신뢰관계를 바탕으로, 2003년경에 북한 사회과학원으로부터 낙랑구역 2,000기 이상의 고분에서 출토된 유물의 사진(흑백사진 3,400매, 원색사진 152매)이 일본에서의 출판을 검토하기 위하여 이토 토시미츠 씨에게 맡겨지게 된 것이라 한다.

사진은 현재 이토 토시미츠 씨에게는 원색사진이 있고, 흑백사진의 일부(앨범 2책)는 쯔루마 가츠유키 씨에게 맡겨져 있고, 그리고 나머지 흑백사진은 오사카 시에 거주하는 연구자가 보관하고 있다고 한다. 이처럼 2003년 사회과학원에서 이토 토시미츠 씨에게 위탁한 사진은 일본의 3개소에 분산 보관되어 있다.

이토 토시미츠 씨에 따르면, 낙랑구역 유물 사진은 대부분 발굴 현장에서 발굴 직후에 촬영한 사진이며, 『논어』 죽간의 사진은 수매가 있던 것으로 기억된다고 하였다. 따라서 쯔루마 가츠유키 씨가 보관 중인 앨범 속에 들어 있는 『논어』 죽간 사진이 1매뿐이라면, 오사카 시 거주 연구자에게 맡겨진 사진 속에는 『논어』 죽간 사진이 몇 장 더 있을 것이라고 한다.[11)]

이번 질문에 대하여 답하면서 이토 토시미츠 씨는 『고구려회회보』 합책본을 보내주었는데, 그 회보 제63호(2001.11.10; 제4면)에는 '낙랑고분(樂浪古墳)과 죽간(竹簡)'[자료 제공은 사회과학원)이란 제하(題下)]의 사진 중에, 「貞栢三六四號古墳より出土の竹簡, 二千年前の論語」라는 설명이 붙은 죽간 사진이 게재되어 있다(〈사진 2〉). 사진의 좌측 3/4을 차지하며 나열된 죽간은 〈사진 1〉과 동일한 내용이지만, 우측의 공간에는 자획이 노출된 13매를 비롯하여 40매 이상의 죽간이 수북하게 겹쳐 있다. 제2장에서 언급한 대로, 〈사진 1〉에 보이는 죽간 39매의 분량은 "『론어』의 제11권과 제12권 전문"이 발견되었다는 당초 류병흥의 보고로 미루면, 적어도 2배 이상의 죽간이 더 있을 것으로 추측되는데, 〈사진 2〉를 통하여 그 절반 이상의 수가 확인된 셈이다. 또한 〈사진 2〉에 햇빛이 드리워 그림자가 생긴 것을 보면 분명하게 옥외에서 촬영한 것이어서, 이토 씨가 죽간 사진을 발굴 직후 찍었다는 설명이 사실로 확인된다.

이번에 소개하는 죽간 『논어』는 쯔루마 가츠유키 씨가 위탁받아 보관해오던 〈사진 1〉에 수록된 자료에 한하지만, 『고구려회회보』에 게재된 〈사진 2〉와 오사카 거주 연구자에게 위탁한 사진 속에 들어 있을 나머지 죽간 사진과 함께 종합적인 검토가 뒤따라야 할 것이다.

11) 伊藤利光氏는 이번 『논어』 죽간에 관한 검토를 계기로, 앞으로 세 곳에 분산된 사진을 한 곳에 모아 사진의 보존 및 간행방침을 조속하게 마련할 생각이라고 말하였다.

3. 죽간 『논어』의 현상과 판독

1990년대 초, 평양시 낙랑구역의 한 나무곽무덤에서 『논어』 권11과 권12의 전문이 적힌 죽간이 출토되었다는 류병홍의 간략한 보고의[12] 실상을 알게 된 것은, 언급한 대로 이성시 선생의 오랜 노력의 결과이다. 2009년 11월 5일 이성시 선생으로부터 처음 〈사진 1〉의 복사본을 얻을 수 있었다. 이 사진에 수록된 죽간 39매의 대부분은 며칠 안 가 판독해낼 수 있었다. 2~3매의 내용은 동북아역사재단 고광의(高光儀) 선생의 도움을 받아 판독하였다. 39매의 죽간 가운데 31매는 선진편(先進篇), 나머지 8매는 안연편(顏淵篇)의 해당 장구(章句)로 밝혀져, 당초 알려진 대로 통행본 『논어』 권11과 권12에 한하였다.

대체적인 판독문을 작성한 후 이를 검증할 판독회를 두 차례 진행하였다.[13] 그리고 2차 판독회에 앞선 2009년 12월 28일에는 〈사진 1〉의 원판을 이성시 선생으로부터 전달받아 기왕의 판독문을 재검토하고 죽간 39매 전체를 살펴볼 수 있었다. 그런데 2차 판독회에서 필자는 〈사진 1〉의 죽간이 정백동364호분 출토 『논어』 죽간의 1/3 분량이므로, 2배 정도의 죽간이 더 있을 것으로 추정하였다. 이를 실증하듯 2010년

---

12) 류병홍의 보고 내용을 옮겨보면, 「또한 이웃나라들과의 경제문화교류의 일단을 보여주는 『론어』의 제11권과 제12권 전문이 씌어져 있는 참대묶음쪽과 같은 유물도 있다」라고 하였다(류병홍, 앞의 논문, p. 2).

13) 성균관대학교 동아시아학술원 동아시아자료학연구회 주최로 판독회가 개최되었다. 1차(2009. 12. 3, 성균관대학교 600주년기념관 6층 3세미나실)는 김경호의 사회로 이성시와 윤용구가 공동으로 발표하였다. 이 자리에는 이영호 · 이승률 · 박재복 · 한경호(이상 성균관대) · 윤선태(동국대) · 김태식(연합뉴스)이 참석하였다. 2차 판독회(2010.1.7, 성균관대학교 600주년기념관 3층 3세미나실)도 김경호의 사회로 이성시와 윤용구가 공동으로 발표하였다. 이 자리에는 宮嶋博史 · 권인한 · 이승률 · 한경호(이상 성균관대) · 윤재석(경북대) · 고광의 · 이성제(이상 동북아역사재단) · 김병준(한림대) · 안정준(연세대) · 이경희(인하대)가 참석하였다.

1월 15일 이성시 선생으로부터 추가 사진의 하나로 여겨지는 〈사진 2〉를 전달받았다. 이것은 〈사진 1〉과 같이 죽간 39매를 좌측에 늘어놓고, 그 우측에 정백동364호분에서 출토된 나머지 죽간을 수북하게 쌓아놓은 모습이다. 요컨대 〈사진 1〉은 〈사진 2〉의 좌측 부분을 별도로 촬영한 것이었다.

1) 『논어』 죽간의 현상

정백동364호분은 1990년대 초, 평양시 낙랑구역 통일거리 건설과정에서 발굴된 나무곽무덤이다. 내외 2중곽을 갖춘 단장묘(單葬墓)인데, 여기서 출토된 「낙랑군초원사년현별호구부(樂浪郡初元四年縣別戶口簿)」 목독에 따라 초원(初元) 4년(B.C. 45)에서 그리 멀지 않은 시기에 조성된 낙랑군부(樂浪郡府) 속리(屬吏)의 무덤으로 추정되고 있다.[14] 언급한 대로 〈사진 1〉의 이면에 쓰인 출토지 표시와, 〈사진 2〉의 설명에 따라 정백동364호분에서 호구부 목독과 더불어 『논어』 죽간이 출토된 것이 분명해졌다.

정백동364호분 출토 『논어』 죽간의 무덤 내 출토 위치나 출토 상태의 모습은 알 수 없다. 〈사진 1〉의 죽간이 흙바닥에 놓여 있고, 같은 모습을 보여주며 그 오른편에 상당수의 죽간을 모아 쌓은 〈사진 2〉는 무덤에서 죽간을 수습한 후, 무덤 주변에서 촬영한 것을 보여주고 있다. 뒤에서 언급하겠지만 정백동364호분에서 출토된 『논어』 죽간은 전체

---

14) 정백동364호분의 구조와 부장유물에 대한 개략적인 내용은 尹龍九, 앞의 논문(2009), pp. 265~268. 참조.

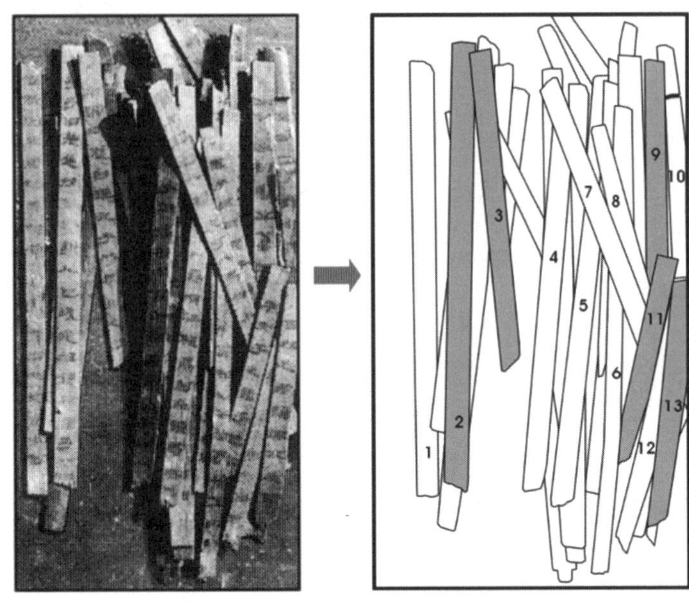

〈그림 1〉 정백동364호분 출토『論語』殘簡 더미

120매 내외로 추정되는데, 〈사진 2〉는 수습된 죽간 전체를 담은 것으로 여겨진다.

우선 〈사진 2〉의 좌측에 가지런히 늘어놓은 죽간의 수는 〈사진 1〉에서 보는 39매인데, 추정한 전체 죽간의 1/3 분량이다. 다음으로 사진 우측의 죽간더미는 무질서하게 쌓여 있어 정확한 수효를 알기는 어렵다. 그러나 죽간더미의 상부에 자획이 드러난 죽간은 아래 〈그림 1〉에서 보는 대로 13매이고, 그 아래 층층이 깔려 있는 죽간은 최소 28매가 확인된다. 그러므로 〈사진 2〉의 죽간 더미에는 41매 이상이 쌓여 있으며, 나머지 죽간도 이 더미 속에 들어 있다고 생각된다.[15]

15) 물론 사진의 우측 끝단이 잘려 있는 것으로 보아 일부는 곁에 놓여 있을 가능성도 있다.

〈그림 1〉을 통해 좀 더 자세히 보기로 한다.[16] 죽간더미는 좌측에 3~4매의 죽간이 겹쳐 있고, 그 오른편에 나머지 죽간을 두텁게 쌓아 올렸다. 오른편에 쌓여 있는 죽간이 몇 겹인지는 알 수 없다. 그러나 쌓여 있는 죽간에 햇빛으로 생긴 그림자의 폭으로 보면, 3~4매가 겹쳐 생긴 좌측에 비하여, 오른편의 그림자 폭은 2배 이상이 된다. 적어도 오른편의 죽간더미는 6~8겹 정도 쌓여 있다고 보인다. 따라서 사진에서 확인되지 않는 40매 가까운 죽간이 오른편 죽간더미 속에 들어 있을 가능성은 충분하다. 이것이 〈사진 2〉를 정백동364호분에서 출토된 『논어』 죽간의 전체 모습으로 추정한 근거이다.

그런데 〈사진 2〉의 오른편에 쌓아올린 죽간은 하나같이 온전한 모습이 아니다. 죽간더미의 사진과 이를 모사한 〈그림 1〉로 보면 죽간의 아래위 끝단이 부서지거나, 중간이 부러져 있다. 〈그림 1〉에 보이는 3번, 11번, 13번 죽간은 절반 정도만 남아 있다. 죽간더미의 좌측에 가지런하게 늘어놓은 죽간은 자획이 또렷함은 물론 죽간의 상하 끝단이 대부분 원래의 모습을 지니고 있다. 따라서 〈사진 2〉의 좌측, 그리고 이 부분만을 따로 촬영한 〈사진 1〉에 들어 있는 39매의 죽간은 정백동364호분에서 출토된 『논어』 죽간 가운데 잔존 상태가 온전한 것이며, 반면 〈사진 2〉의 오른편에 무질서하게 쌓아 올린 죽간더미는 부서지거나 부러진 잔간(殘簡)을 모아둔 것이라 여겨진다.

이처럼 〈사진 2〉의 오른편에 쌓여 있는 70여 매의 죽간은 정백동364호분에서 출토된 『논어』 죽간의 2/3에 해당하며 대부분 잔간이라고 하겠다. 〈사진 1〉에 들어 있는 39매의 죽간이 정백동364호분 출토

16) 〈그림 1〉은 한강문화재연구원 권도희 연구원의 도움으로 밑그림을 작성하였고, 인천도시개발공사 김영미 선생의 보정으로 만들어진 것이다. 두 분께 감사의 말씀을 드린다.

『논어』 죽간의 형태와 크기, 편련(編聯)방법, 서체(書體)와 자수(字數), 용자법(用字法) 등을 살펴보는 데 있어서 중요한 자료적 가치가 있음을 보여주는 것이다. 이에 따라 〈사진 1〉에 수록된 죽간의 현상과, 사진 상으로 파악되는 속성을 정리한 것이 다음의 〈표 1〉이다.

〈표 1〉 소재 죽간 39매의 속성

順序	篇章	字數(상/하)	竹簡狀態	編聯契口	備考
簡1	先進-15	11(10/01)	양호, 비틀림 없음. 章句 末字 이하 여백	契口가 다른 簡에 비해 큼	簡4의 뒷부분
簡2	顔淵-4	18(9/9)	양호, 비틀림 없음	상부 契口가 부서져 있음	〈사진 2〉 殘簡9의 뒷부분
簡3	先進-21	21(10/11)	양호, 비틀림 없음. 12번字 아래 缺字 追記	중 · 하부 契口가 희미함	追記는 字間 右側面에 1/2 크기로 補入
簡4	先進-15	21(11/10)	天頭에 圓點(•) 墨痕 4번字 아래 缺字 追記	하부 契口가 넓게 패임	簡1의 앞부분
簡5	先進-23	20(10/10)	상부 字劃이 매우 희미함. 하부 좌측단 떨어져 나감	모서리가 떨어져 나가 상 · 하 契口 흔적이 없어짐	簡17의 앞부분
簡6	先進-12	14(10/4)	좌우 모서리가 훼손. 章句 末字이하 여백	중간 契口가 끈의 張力으로 〈 모양으로 깊게 패임	簡16의 뒷부분
簡7	顔淵-2	18(9/9)	우측 모서리 떨어져 나감. 天頭에 圓點(•)	모서리가 떨어져 나가 상부 契口가 없어짐	簡23의 앞부분
簡8	先進-10	20(11/9)	양호, 비틀림 없음. 天頭에 圓點(•)	상부 契口는 불명이나, 하부 契口는 닳아 없어짐	-
簡9	顔淵-9	18(9/9)	양호, 비틀림 없음. 天頭에 圓點(•)	契口 모두 같은 크기 유지	-
簡10	先進-3	17(10/7)	양호, 天頭에 圓點(•) 章句 末字 이하 여백	契口 안쪽을 깊게 파, 끈을 고정하던 모습이 잘 남음	한 簡으로 先進 第3章 종결
簡11	顔淵-20	20(10/10)	양호, 비틀림 없음. 天頭에 圓點(•)	契口 모두 같은 크기 유지	첫자 위, 2번字 우측 아래 흠집이 墨痕처럼 보임
簡12	先進-17·18	20(10/10)	양호, 비틀림 없음. 하부 字劃이 희미함	契口 모두 같은 크기 유지	簡28의 앞부분
簡13	先進-22	22(10/12)	양호, 비틀림 없음. 天頭에 圓點(•)	契口 모두 같은 크기 유지	한 簡에 章句를 종결시키고자 下部에 12字 기입
簡14	先進-16	10(10/0)	양호, 9, 10번字 墨痕이 약함. 章句 末字이하 여백	중간 契口는 본래 모습, 하 부 契口는 닳아 넓어짐	-

簡15	先進-20	11(10/1)	양호, 비틀림 없음. 章句 末字이하 여백	契口가 끈의 장력으로 닳아 모양이 모두 다름	簡37의 뒷부분
簡16	先進-12	20(10/10)	양호, 天頭에 圓點(•) 중간, 하부 墨痕이 약함	契口 모두 같은 크기 유지	簡6의 앞부분
簡17	先進-23	20(10/10)	양호, 비틀림 없음. 字劃이 매우 선명함	契口 모두 같은 크기 유지	簡5와 簡20의 중간 부분
簡18	先進-25	20(10/10)	양호, 비틀림 없음. 字劃이 매우 선명함	상부 契口는 본래 모습, 중 간, 하부 契口 닳아 넓어짐	簡21과 簡24의 중간 부분
簡19	先進-25	19(10/9)	양호, 비틀림 없음. 字劃이 매우 선명함	契口 모두 같은 크기 유지	簡33과 簡21의 중간 부분
簡20	先進-25	7(7/0)	양호, 하부 약간 비틀림. 章句 末字이하 여백	契口 모두 같은 크기 유지	簡17의 뒷부분
簡21	先進-25	20(10/10)	양호, 비틀림 없음. 12, 13번字 墨痕이 매우 약함	상부 契口는 본래 모습, 중 간, 하부 契口 닳아 넓어짐	簡19과 簡18의 중간 부분
簡22	先進- 7	20(10/10)	양호, 비틀림 없음	契口 모두 같은 크기 유지	簡39의 뒷부분
簡23	顔淵- 2	19(10/9)	양호, 비틀림 없음	契口 모두 같은 크기 유지	簡7의 뒷부분
簡24	先進-25	21(10/11)	양호, 비틀림 없음. 17번 글자 아래 缺字 追記	契口 모두 같은 크기 유지	簡18과 簡31의 중간 부분
簡25	先進-25	20(10/10)	양호, 비틀림 없음. 중간 좌우측면이 떨어짐	契口 모두 크기 다름	簡29의 뒷부분
簡26	顔淵- 5	19(9/10)	비틀림 없음. 표면 흠집 으로 상부 字劃 흐림	상,중간 契口는 모서리가 닳아 명확치 않음	-
簡27	先進-14	20(10/10)	天頭에 圓點(•), 표면 흠집으로 상부 字劃 흐림	상부 契口는 본래 모습, 중 간, 하부 契口 닳아 넓어짐	-
簡28	先進-18	14(10/4)	위 우측, 중간 좌측 모서리 결손, 章句 末字 이하 여백	중간 契口는 본래 모습, 상 부 契口 흔적만 남음	簡12의 뒷부분
簡29	先進-25	20(10/10)	양호, 비틀림 없음	契口 모두 크기 다름	簡36과 簡25의 중간 부분
簡30	顔淵-14	13(9/4)	天頭에 圓點(•) 章句 末字이하 여백	契口 모두 같은 크기 유지	한 簡으로 顔淵 第14章 종결
簡31	先進-25	20(10/10)	양호, 비틀림 없음	契口 모두 같은 크기 유지	簡24과 簡36의 중간 부분
簡32	先進-25	9(9/0)	첫 자 위에 긴 흠집. 章句 末字이하 여백	契口 모두 같은 크기 유지	先進篇 마지막 章句
簡33	先進-25	20(10/10)	양호, 비틀림 없음	契口 모두 같은 크기 유지	簡19의 앞부분
簡34	先進- 9	20(10/10)	天頭에 圓點(•) 字劃이 매우 선명함	契口 모두 같은 크기 유지	-
簡35	顔淵-19	19(9/10)	天頭에 圓點(•) 상단부 字劃이 흐림	契口 모두 흔적만 남음	-

簡36	先進-25	20(10/10)	양호, 비틀림 없음	契口 모두 같은 크기 유지	簡31과 簡29의 중간 부분
簡37	先進-19 · 20	20(10/10)	天頭에 圓點(•) 상부 字劃이 흐림	본래 契口 형태 잘 남음	簡15의 앞부분
簡38	先進-24	20(10/10)	天頭에 圓點(•) 字劃이 매우 선명함	중간 契口는 본래 모습, 나머지 契口는 닳아 넓어짐	-
簡39	先進- 7	20(10/10)	天頭에 圓點(•) 字劃이 매우 선명함	契口 모두 같은 크기 유지	簡22의 앞부분
소계	-竹簡 39매 701字 -先進 31매, 17개 章句 557字, -顔淵 8매, 7개 章句 144字				

위 표를 살펴보면 먼저 〈사진 1〉에 수록된 정백동364호분 출토 죽간 39매는 편장이 뒤섞인 것이 눈에 띈다. 무덤에서 수습한 후 본래의 모양을 갖춘 것을 무작위로 배열한 까닭이다. 죽간의 형태는 〈사진 1〉과 〈사진 2〉에서 보는 바이지만, 구체적인 규모(길이 · 폭 그리고 두께)는 알기 어렵다. 〈사진 2〉의 잔간 더미에도 뒤집힌 죽간이 없어 배면의 상태 또한 불명이다. 〈사진 2〉의 오른편 죽간더미에 부러지거나, 부서진 잔간의 모습도 본래는 〈사진 1〉의 죽간과 같은 형태였음은 의심이 없다.[17)]

정백동364호분 출토 죽간은 하나의 죽간에 18~20자를 기본으로 기재하였다. 물론 장구가 종결된 경우는 남은 공간은 여백으로 남겨 두 었다. 간1 · 10 · 14 · 15 · 20 · 28 · 30 · 32의 마지막 글자 아래 여백은 이 때문이다. 반대로 장구(章句)가 시작되는 죽간은 첫 자 위 여백 곧 천두(天頭)에 흑원점(黑圓點, •)을 찍어 표시하였다(간4 · 7~

17) 다만 〈그림 1〉의 殘簡10은 다른 형태를 보이고 있다. 곧 사진의 윗부분이 죽간의 하부에 해당하는데, 글자 아래 여백 부분(地脚)을 다듬지 않고 ⌓ 모양의 대나무 曲面이 그대로 남아 있다. 殘簡2는 先進篇의 첫째 章句에 해당하고, 〈사진 1〉의 簡32는 마지막 章句이다. 또한 殘簡10의 위에서 세 번째는 '也' 字가 분명한데, 통행본 『論語』로 보면 안연편의 첫 장과 마지막 장구에는 '也' 字가 보이지 않는다. 이로 본다면 결국 어느 중간에 들어가는 경우라 하겠는데, 編聯을 한다면 두께가 달라 문제가 생긴다. 추가 자료를 기다려 추후 검토할 사항이다.

11 · 13 · 16 · 27 · 30 · 34 · 35 · 37~39, 잔간2 · 3). 자연 원점과 여백은 정백동 364호분 출토 죽간『논어』의 편장 구성을 알게 하는 표식이다.

그런데 39매 죽간 가운데 선진편 해당 장구는 중간 계구(契口)를 공격(空格) 삼아 위로 10자, 아래로 10자씩 20자를 기본으로 기재하였다. 간5 · 12 · 16 · 17 · 18 · 21 · 22 · 25 · 27 · 29 · 31 · 34 · 36 · 37 · 38 · 39, 잔간2가 이를 잘 보여주고 있다. 안연편의 경우는 위로 9자, 아래로 9자 18자를 써 넣었다. 간2 · 7 · 9 · 30 · 잔간13이 그러한 예이다. 선진편의 경우 상하 어느 한편에 11~12자(字)를 기재한 것이 있으나, 이는 결자를 자간에 가는 글자로 추기한 것이거나(간3 · 4 · 8 · 24), 1~2자구를 새로운 간으로 기재하지 않기 위하여 자간을 좁혀 쓴 것이다(간13). 심지어 간30의 경우는 4~5자를 생략하면서 하나의 간에서 문구가 종결되도록 기재하였음을 본다. 이는 안연편에 해당하는 죽간도 마찬가지다. 상하 1자씩을 더 적어넣거나(간11), 하단에 1자를 추가하여(간26) 하나의 간에 장구가 종결되도록 만들었다.

〈사진 1〉에 수록된 죽간 가운데 31매는 선진편 해당 장구이고, 나머지 8매는 안연편 부분이다. 이에 따라 기재된 글자 수는 선진편이 17개 장구에 557자이고, 안연편이 7개 장구에 144자로 나타난다. 여기에 〈사진 2〉의 죽간더미에서 선진편 제1장과 제5장에 해당하는 죽간 2매, 안연편 제9 · 11 · 13장에 해당하는 죽간 3매(枚)가 확인되었다. 안연편의 전체 장구 구성은 정확하지 않으나, 선진편은 거의 확인이 가능하다. 특히 통행본[주희(朱熹)『논어집주(論語集注)』선진편(先進篇)] 장구(章句)의 17장과 18장이 합쳐 있고, 19장과 20장도 하나의 장구를 이루고 있다.[18]

18) 이는 定州本『논어』선진편의 章句 구성과 같다.

이처럼 장구의 시작을 알리는 원점(•), 종결을 알려주는 여백, 상하 10자를 기본으로 하는(안연편은 상하 9자) 기재 방식, 1~2자의 자구는 자간을 좁혀 쓰거나, 의미 전달에 지장이 없는 범위에서 4~5자라도 생략하여 하나의 죽간에 문장이 종결되도록 한 용례가 확인된다. 이러한 기재 방식을 통하여 정백동364호분에서 출토된 『논어』 죽간의 전체 간수를 추정할 수 있다.

〈표 2〉 정백동364호분 출토 죽간(竹簡)의 자수(字數)와 간수(簡數)

先進篇			顔淵篇		
通行本 章次 / 字數	확인된 字數 / 簡數	남은 字數 / 簡數	通行本 章次 / 字數	확인된 字數 / 簡數	남은 字數 / 簡數
1 / 26*	19 / 1	7 / 1	1 / 69	-	69 / 4
2 / 43	-	43 / (2)**	2 / 46	37 / 2	9 / 1
3 / 16	17 / 1	-	3 / 34	-	34 / 2
4 / 18	-	18 / 1	4 / 37	24 / 2	13 / (0)
5 / 15	13 / 1	2 / (0)	5 / 57	19 / 1	38 / (2)
6 / 30	-	30 / 2	6 / 40	-	40 / (2)
7 / 52	40 / 2	12 / 1	7 / 60	-	60 / (3)
8 / 12	-	12 / 1	8 / 47	7 / (1)	40 / (2)
9 / 26	20 / 1	6 / 1	9 / 52	18 / 1	34 / (2)
10 / 42	20 / 1	22 / (1)	10 / 46	9 / (1)	37 / (2)
11 / 26	-	26 / 2	11 / 46	-	46 / (3)
12 / 32	34 / 2	-	12 / 18	-	18 / 1
13 / 29	-	29 / 2	13 / 14	-	14 / 1
14 / 29	20 / 1	9 / 1	14 / 14	13 / 1	-
15 / 30	32 / 2	-	15 / 17	-	17 / 1
16 / 32	10 / 1	22 / (1)	16 / 17	-	17 / 1
17 / 12	34 / 2	-	17 / 24	-	24 / (2)
18 / 21			18 / 23	-	23 / (2)
19 / 19	31 / 2	-	19 / 52	20 / 1	32 / 2
20 / 14			20 / 89	20 / 1	69 / (4)

21 / 83	21 / 1	62 / (3)	21 / 56	-	56 / (3)
22 / 22	22 / 1	-	22 / 99	-	99 / (6)
23 / 68	47 / 3	21 / (1)	23 / 20	-	20 / 1
24 / 42	20 / 1	22 / (1)	24 / 13	-	13 / 1
25 / 315	189 / 10	107 / 6	-	-	-
25章 / 1,052字	589字 / 33枚	(463字) / (27枚)	24章 / 990字	167字 / 11枚	823字 / (50枚)

* 주희(朱熹) 『논어집주(論語集注)』의 장차(章次)와 자수(字數)에 따름.
** ( )은 추정한 간수(簡數).

〈표 2〉에서 보는 대로 정백동364호분에서 출토된 『논어』 선진편의 죽간은 총 60매로 추정된다. 현재 확인된 33매 외에 27매가 〈사진 2〉의 죽간더미에 쌓여 있을 것이다. 같은 방법으로 추정하면 안연편은 확인된 11매 외에 50매 정도가 〈사진 2〉의 죽간더미에 더 있을 것으로 생각된다. 이로 보면 정백동 364호분에서는 『논어』 선진 · 안연편에 해당하는 장구가 적힌 죽간 120매 내외가 출토된 셈이다. 이는 통행본의 조본(祖本)이라 할 하안(何晏) 『논어집해(論語集解)』 자수(선진편 23장 1,050자; 안연편 24장, 999자)로 산정하여도 결과는 차이가 없다.

한편 정백동364호분 출토 죽간의 형태적인 면에서 주목되는 것이 계구이다. 잘 다듬은 죽간의 양단(兩端)에 일정한 여백[천두지각(天頭地脚)]을 두고, 죽간의 오른쪽 모서리(간측(簡側))에는 천두와 지각 그리고 그 중간 3곳에 편철의 끈을 걸기 쉽도록 계구를 따냈다. 계구의 수로 보아 이른바 '삼도편책(三道編冊)'한 것으로 보이며, 자연 선편후사(先編後寫)하였을[19] 것으로 추정된다.

〈사진 1〉을 통하여 죽간 계구의 위치를 편장별로 재정리한 것이 〈사

19) 진한대 서적이 대부분 先編後寫하였음은 張顯成, 「簡帛書籍標題研究」, 『簡帛研究』 2004, 廣州師範大學出版社, pp. 354~376 참조.

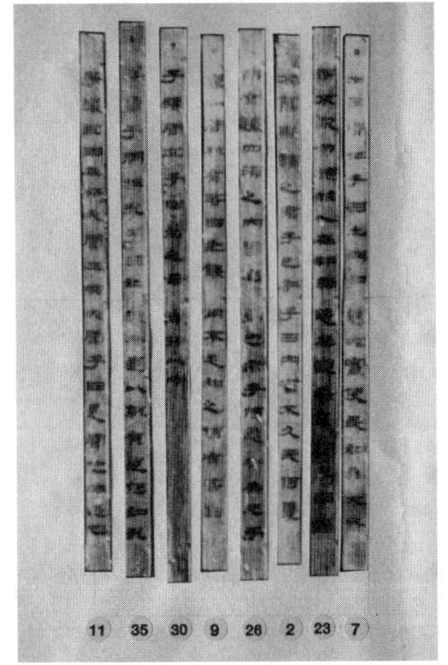

〈사진 3〉. 정백동364호분 출토『논어』죽간의 계구(契口)
[상: 선진편(先進篇), 하: 안연편(顏淵篇)]

진 3〉이다. 예외 없이 우측 모서리에 세 곳에 ◁ 형태의 계구가 만들어져 있음을 볼 수 있다. 계구는 위쪽, 그리고 안쪽으로 가면서 조금 더 깊게 파여 있다. 간10과 간37의 계구가 본래 모습을 잘 갖추고 있다. 이밖에도 간14의 중간, 간18의 상부, 간21의 상부, 간27의 상부, 간28의 중간, 간38의 중간 계구도 본래 형태를 유지하고 있다. 그러나 나머지 계구의 잔존 형태는 제각각이다. 이는 편련 끈이 장력에 의하여 계구부가 닳아 홈이 넓어지거나, 댓쪽이 부서져 나가면서 변형된 것이라 하겠다.

이처럼 죽간에 나 있는 계구의 다양한 모습은 이에 기재된 『논어』를 묘주가 실제 사용하였고, 그 기간이 짧지 않았음을 의미한다고 생각된다. 요컨대 정백동364호분에서 출토된 죽간 『논어』는 묘주가 생시에 사용하던 것이며, 죽은 뒤에 부장을 위하여 만들어진 것이 아니었다. 그렇다면 호구부 등 각종 공문서 목간을 생산하며, 낙랑군부의 행정 업무에 종사하던 묘주가 생시에 상당 기간 『논어』를 읽었다는 것을 의미한다. 이와 같은 사실은 정백동364호분에서 출토된 죽간 『논어』의 작성도 무덤의 조성 시기보다는 앞서고, 늦어도 묘주의 주된 활동 기간이었던 초원 4년(B.C. 45) 전후로 생각해볼 수 있겠다.

2) 죽간 『논어』의 판독

〈사진 1〉에 보이는 『논어』의 내용을 사진 우측의 죽간부터 놓인 순서대로(간1~간39) 살펴보기로 한다.[20] 판독문 아래에는 통행본인 주희 『논어집주』[이를 금본(今本)이라 약칭함]와 정주한묘죽간(定州漢墓竹簡) 『논어』[이를 정주본(定州本)이라 약칭함]에서 해당 내용을 뽑아 평양 정백동364호분 출토 죽간 『논어』[이를 평양본이라 약칭함]의 비교자료

20) 簡別 판독문에 표기한 부호는 다음과 같다.

• 章句의 첫 자 위 餘白(天頭)에 찍힌 黑圓點.
〔 〕 명확지 않으나 추정이 가능한 글자.
(先-15) 『論語集注』 先進篇 第15章
□ 자획은 있으나 판독이 불가능한 글자
」 章句가 종결된 경우 末字 뒤에 표기
☞ 簡 같은 章句에서 이어진 竹簡 표시

로 나열하였다.[21] 이어 〈사진 2〉의 오른편 잔간더미에서 편장(章)이 확인되는 5매의 내용을 추가하였다.[22] 이를 토대로 간단한 설명을 덧붙였다. 마지막에 이를 편장별로 정리한 석문을 제시하였다.

簡1. 〔則師愈也〕子曰過猶不及 也」(先-15)

子貢問："師與商也孰賢？" 子曰："師也過，商也不及" 曰："然則師愈與？" 子曰："過猶不及"【集】

……師也隃與？" 子曰："過[猶不及也]。" 279【定】

愈也는 금본의 '愈與', 정주본의 '隃與'와 다르다. 말미의 '也'는 정주본과 같으나 금본은 없다. 하단 '也' 字 아래로는 여백으로 남겨두었다. 이는 장구가 종결된 것을 의미한다.

簡2. 不〔懼〕斯謂之君子已乎 子曰內省不久夫何憂 (顔-4) ☞ 殘簡9

司馬牛問君子。子曰："君子不憂不懼。" 曰："不憂不懼，斯謂之君子矣乎？" 子曰："內省不疚，夫何憂何懼？"【集】

상단 '已乎', 하단 '不久'는 금본에 '矣乎'와, '不疚'로 되어 있다. '久'와 '疚'는 音은 통하나, 뜻은 조금 다르다. 이어지는 문구는 〈사진 2〉의 오른편 죽간더미 殘簡9에서 확인된다. 중간 계구를 공격 삼아 상단 9자, 하단 9자를 써

---

21) 이를【集】과【定】으로 略稱하였다. 이를 위한 典據는 다음과 같다.
成百曉,『懸吐完譯 論語集註』傳統文化研究會, 1990, pp. 204~251.
河北省文物研究所定州漢墓竹簡整理小組,『定州漢墓竹簡論語』, 1997, 文物出版社, pp. 49~58.

22) 〈사진 2〉殘簡 더미의 순서는 이를 모사한 〈그림 1〉에서 부여한 번호에 따른다. 음영이 들어간 죽간은 내용이 확인된 것을 표시한 것이다.

넣었다. 안연편에 해당하는 죽간의 전형적인 자수이다.

簡3. 聞斯行之赤也惑敢問子 曰求也退故進之由也兼人 (先-21)

子路問 (中略) 子曰 聞斯行之 赤也惑 敢問 子曰 求也退 故進之 由也兼人 故退之【集】

……曰, '聞斯行之。' 赤也惑, [敢]問。" 子曰 : "求也退, 故進之 ; 由也288兼人, 故退之。" 289【定】

금본 및 정주본과 동일하다. 하단 '求'와 '退' 사이 누락된 '也' 字가 追記되어 있다. 簡2와 같이 중간 契口를 경계로 위 아래로 글자를 써넣되, 상단 10字, 하단 10字를 배열한 것이 先進篇에 해당하는 죽간의 字數 배열이다. 따라서 하단의 글자가 11字인 것은 10字를 모두 쓰고 나중에 補入한 것을 알 수 있다.

簡4. •子〔貢問師〕也與商也孰賢孔 〔子〕曰〔師〕也迪商也不及然 (先-15) ☞ 簡1

子貢 問師與商也孰賢 子曰 師也過 商也不及 曰 然則師愈與 子曰 過猶不及【集】

첫 자위 餘白(곧 天頭)에 章句의 시작을 알리는 黑圓點(•)이 찍혀 있다. 상단의 '師也與', 하단의 '師也迪'은 금본에 '也'가 없고, '迪'은 '過'로 되어 있다. 의미상에는 변함이 없다. 상단의 '師'와 '與'字 사이에 '也'가 追記되어 있다. 상단의 글자 수가 10字가 아닌 11字인 것은 이 때문이다.

簡5. □□□□〔與求〕□□〔所謂〕 大□者以〔道〕事君不〔可則〕 (先

-23) ☞ 簡17

季子然 問仲由冉求 可謂大臣與 子曰 吾以子爲異之問 曾由與求之問 所謂大臣者 以道事君 不可則止 今由與求 也 可謂具臣矣 【集】

季子然問："仲由，冉求可謂[大臣]與？" 曰："吾以子爲異291之問，增由與求○之問。所謂大臣○，以道[事君，不 可]292[則]止。曰與求也，可[謂具臣]○。" ○ "然則從之者與？" 子[曰："殺]293…… 【定】

불명한 글자가 많아 비교가 어려우나, 해당 章句의 字數에서는 금본과 정주본 모두 차이가 없다.

簡6. 如也子〔樂〕曰若〔由〕也□不 得其〔死然〕」(先-12)

閔子侍側 誾誾如也 子路 行行如也 冉有子貢 侃侃如也 如也 子樂 若由也 不得其死然 【集】

[黽子侍則，言言如也；子路]，行行如也；冉子，子贛，[衎衎如也]。274……[樂："若由也，不得其死然]。" 275 【定】

상단 말미 '也'와 '不'字 사이에 墨痕은 없으나, '不'字 아래 契口가 있는 것으로 보아, 본래 한 자가 쓰여 있던 것으로 추정된다. 그렇다면 금본, 정주본과 다르다. '子樂' 다음의 '曰'도 금본, 정주본에는 '曰'이 없다. 특히 '子樂'의 '樂'은 '曰'의 誤記라는 등 논란이 많았던 점으로 본다면,[23] 주목할 부분이다.

簡7. •〔中〕弓問仁子曰出門如 見大賓使民如〔承〕大祭 (顔-2) ☞ 簡23

仲弓問仁 子曰 出門如見大賓 使民如承大祭 己所不欲 勿施於人……

23) 黃懷信,『論語彙校集釋』(下冊) 上海古籍出版社, 2008, pp. 987~988.

【集】

天頭에 圓點(•)이 찍혀 있다. '中弓'이 금본에는 '仲弓'으로[24] 되어 있다. '中'과 '仲'은 相通하는 글자이다.

簡8. •〔顔□死〕門人欲〔厚〕葬之子曰 不可門人厚葬之子曰 (先-10)

顔淵死 門人 欲厚葬之 子曰 不可 門人 厚葬之 子曰 回也 視予猶父也 予不得視猶子也 非我也 夫二三子也 【集】

[顔淵死，門]人欲厚葬之。子曰："不可。" 270……[回]也視予猶父也，予不[得視滄子也。非我也，夫二三] 271……【定】

天頭에 圓點(•)이 찍혀 있다. 금본, 정주본과 내용은 같으나, '葬' 字는 古文인 '艹 + 死 + 土'으로 표기한 것이 다르다.[25]

簡9. •哀公問於有若曰年饑 用不足如之何有若對 (顔-9)

哀公 問於有若曰 年饑用不足 如之何 有若對曰 盍徹乎 曰二 吾猶不足 如之何其徹也 對曰 百姓足 君孰與不足 百姓不足 君孰與足【集】

……[問於有若曰："年饑，用不足]，如之何？" 有若曰：314……曰："二，吾猶不足，若 315……【定】

天頭에 圓點(•)이 찍혀 있다. 금본과 같으나, 정주본은 '有若對'의 '對'字가 없다.

24) 仲弓을 中弓으로 쓴 것은 『上海博物馆藏战国楚竹书』(三)에 들어 있는 「中弓」篇을 비롯하여 정주본 『論語』에서도 散見되는 용례이다.

25) 葬을 古字인 '艹 + 死 + 土'라 본 것은 2차 판독회에서 고광의 선생님의 견해에 따랐다.

簡10. •孔子曰回也非助我者也 於吾言無所不說」(先-3)

子曰 回也 非助我者也 於吾言 無所不說 【集】

子曰："回[也非助我也，於吾言無所不說。" 263【定】

天頭에 圓點(•)이 찍혀 있다. '孔子曰'의 '孔' 字가 금본, 정주본에는 없다.

簡11. 子張對曰在邦必聞在家 必聞子曰是聞也〔非達〕也 (顔-20)

子張問 (中略)…… 子曰 何哉 爾所謂達者 子張對曰 在邦必聞 在家 必聞 子曰 是聞也 非達也【集】

금본과 동일하다.

簡12. •柴也愚〔參〕也魯師也〔辟〕由 也獻孔子曰回也其□□ (先-17,18) ☞ 簡28

柴也愚 參也魯 師也辟 由也喭 孔子曰 回也 其庶乎 屢空 賜不受命 而貨殖焉, 億則屢中【集】

[柣(待)也愚], 參也魯, 師也辟, 由[也]獻。孔子[曰："回也其庶乎], 282居空。賜[不受命], 焬貨殖焉, 意則居中。" 283【定】

天頭에 圓點(•)이 찍혀 있다. '柴也愚'의 '柴' 字는 금본과 같고 정주본과는 다르며, '由也獻'의 '獻' 字는[28] 반대로 금본과 다르고 정주본과 같다. '柴-侍, 獻-喭'은 모두 相通하는 글자이다. 문제는 금본과 달리 '由也喭' 다음의 '孔子曰' 이하의 문장이 하나의 章句로 이어져 있는 점인데, 이는 정주본과 같다. 또한 금본의 祖本이라 할 何晏의 『論語集解』의 分章도[26] 정주본·平壤本

과 같다.

簡13. • 子畏於〔匡〕顔淵後□曰吾 以女爲死矣曰子在回□□死」(先-22)

子畏於匡 顔淵後 子曰 吾以女爲死矣 曰 子在 回何敢死【集】

子畏於匡，顔淵後。子曰："吾以女爲死矣。" 曰："子在，回何敢 290…【定】

天頭에 圓點(•)이 찍혀 있다. 세 곳에 불명한 글자가 있으나, 금본, 정주본과 같다고 생각된다. 하단에 10字가 아닌 12字를 쓴 것은 말미의 두 자 때문에 새로운 簡을 사용하기보다는, 글자 크기와 간격을 좁혀 가능한 한 簡에 章句를 종결시키려 한 때문이다.

簡14. 也小子〔鳴鼓〕如攻之〔可也〕」(先-16)

季氏富於周公 而求也爲之聚斂而附益之 子曰非吾徒也 小子鳴鼓而攻之可也【集】

季氏富於周公，而求也爲[之聚斂而付益之。子曰："非吾]280徒也。小子鳴鼓而攻之，可也。" 281【定】

'如攻之'의 '如' 字를 금본과 정주본에서는 '而'로 쓴 것이 다르다. 문장을 연결하는 '如'와 '而'의 쓰임은 같으나, 平壤本에서는 '如'로 쓴 점이 특징적인 用例이다. 簡24에서도 확인된다.

26) 孫欽善 點校, 2004『正平版『論語集解』』北京大學儒藏編纂中心, p. 80.
何晏 集解 · 邢昺 疏, 1980,『論語注疏』(阮元 校刻,『十三經注疏』下冊, 中華書局), p. 2499.

簡15. 篤是與君子者乎色狀者 乎」(先-20)

子張 問善人之道 子曰 不踐迹 亦不入於室 子曰 論篤 是與 君子者乎 色莊者乎【集】

子張 問善人之道。 子[曰："不淺迹, 亦不入於室。" 子]曰："論284 [祝是]與？君子者乎？亻亡 狀[者乎]？" 285【定】

금본은 상단 말미 '色狀者'의 '狀' 字를 '莊'으로 쓴 것만이 다르나, 정주본에서는 '篤'을 '祝'으로, '色狀'을 '亻亡 狀'이라 하여 차이가 있다. '色狀'은 금본의 '色莊'과 통하지만, '亻亡 '을 '無' 곧 '亡'으로 보아 '亻亡 狀'을 '無善形狀'이라 이해한다면[27] 정주본과는 의미가 다르다.

簡16. •閔子侍側訢訢如也子□〔行行〕如也冉子子貢〔衎〕□ (先-12) ☞ 簡6

閔子侍側 誾誾如也 子路 行行如也 冉有子貢 侃侃如也 子樂 若由也 不得其死然【集】

[黽子侍則, 言言如也；子路], 行行如也；冉子, 子贛, [衎衎如也]。274…[樂："若由也, 不得其死然]。" 275 【定】

天頭에 圓點(•)이 찍혀 있다. 상단의 '訢訢如也'와 하단와 '冉子', 말미의 [衎]□에 해당하는 금본의 문구는 '誾誾如也, 冉有, 侃侃'으로 되어 있어 차이가 크다. 정주본과는 '冉子', 말미의 [衎]□은 동일한 듯하지만, '閔子'를[28]

27) 陳斯鵬,「定州漢墓『論語』校讀擧例」,『簡帛硏究』2001(上冊), 廣州師範大學出版社, pp. 386~387.

28) 상단의 '閔'字는 당초 '黽'으로 보았으나, 1차 판독회에서 이영호, 이승률 선생님의 의견에 따라 정정하였다.

'䀿子'로, '訢訢如也'는 '言言如也'로, '子貢'을 '子贛'으로 표기하는 등 차이도 적지 않다. 先進篇 '閔子侍側'으로 시작하는 이 장구는 『論語』版本論에 있어서 오랜 논란의 대상이 된 부분이므로,[29)] 앞으로 平壤本의 계통을 살펴볼 때 주목할 부분이다. '訢訢, 行行' 등 같은 자가 중복되는 경우, 뒤의 글자를 重文符號(=)로 처리하지 않고 같은 글자를 연이어 적었다.

簡17. 止今由與求也可謂具臣 也曰然則從之者與子曰 (先-23)☞ 簡20

季子然 問 (中略)...不可則止 今由與 求也 可謂具臣矣 曰 然則從之者與 子曰 弑父與君 亦不從也【集】

季子然問 (中略)...不可]292[則]止。曰與求也，可[謂具臣]○。" ○"然則從之者與？" 子[曰："殺]293[父與君]，弗從也。" 294【定】

하단 첫 자 '也'를 금본에서 '矣'로 표기하였을 뿐 문구는 같으며, 이는 정주본과도 차이가 없다.

簡18. 同端章父〔願〕爲小相焉 爾何如鼓瑟希 爾舍瑟 (先-25)☞ 簡24

赤 爾何如 對曰 非曰能之 願學焉 宗廟之事 如 同會端章甫 願爲小相焉 點 爾何如 鼓瑟希 鏗爾舍瑟而作 對曰 異乎三子者之撰 子曰 何傷乎 亦各言其志也【集】

……甫，願爲小相焉。" "點！爾何如？" 鼓瑟[希，淦爾舍瑟而]303作，對曰："[異乎]三子者之[撰]。" [子]曰："何 傷？亦各言其志也。" 304【定】

29) 單勝彬,「定州漢墓竹簡本 『論語』爲 "魯論"考」,『韓民族語文學』 36, 韓民族語文學會, 2000, p. 256.

상단의 '端章父'와[30] 하단의 ' 爾舍瑟'을 금본에서는 '端章甫'와 '鏗爾舍瑟'로 썼다. '章父'를 '章甫'로 쓴 것은 정주본도 마찬가지다. '父'와 '甫', ' '와 '鏗'은 相通하는 글자이다.[31] 하단에 두 차례 보이는 '爾' 字는 古文인 爾 + 土字를 썼다.[32] 이는 簡21과 簡33에 보이는 '爾' 字도 마찬가지이고 정주본에서도 다수 확인된다.

簡19. 也爲之比及三年可足民 也如其禮樂以俟君子 (先-25) ☞ 簡21

求 爾何如 對曰 方六七十 如五六十 求也爲之 比及三年 可使足民 如其禮樂 以俟君子【集】

[夫子哂之。"求！爾何]如？" 對曰："[方六七十，如五六十，求也爲] 301【定】

금본과 동일하다.[33]

簡20. 殺父與君〔弗〕從也」(先-23)

季子然 問 (中略) … 子曰 弑父與君 亦不從也【集】

季子然問：(中略)… 子[曰："殺]293[父與君]，弗從也。" 294【定】

금본은 '殺'을 '弑'로 [弗]從也는 '亦不從也'로 다소 차이가 있으나, 정

30) '章父'의 '父'字는 당초 불명자로 처리하였으나, 동북아역사재단 고광의 선생님의 견해에 따라 판독하였다.

31) 甫(fǔ)는 男子의 名字 아래 붙이는 美稱으로, '父'로도 썼다.

32) '爾'字가 古文이 사용된 것은 2차 판독회에서 이승률 선생님의 지적에 따랐다.

33) 하단 말미의 '俟'字는 당초 '其'로 읽었으나, 2차 판독회에서 김경호 선생님의 견해에 따라 정정하였다.

주본과는 일치한다.[34] 그런데 금본에 弗을 '不'로 바꾼 것은 前漢 昭帝(劉弗)의 이름을 諱하였다는 견해가 있지만,[35] 簡1·2·8·9·22·23·25·27·37·39에서는 모두 '不'로 되어 있어 단정하기 어렵다.

簡21. 赤爾何如對曰非曰能之 也□□焉宗〔廟〕之事如會(先-25) ☞ No.18

赤 爾何如 對曰 非曰能之 願學焉 宗廟之事 如會同 端章甫 願爲小相焉【集】

……對曰："非曰能之也，願學焉。宗廟之事，[如會同，端]302【定】

금본, 정주본과 동일하다. 다만 하단의 첫 자 '也' 字만이 금본에 없다.

簡22. 鯉也死有棺毋椁吾不徒 行以爲之椁以吾從大夫 (先-7)

顔淵死 (中略)… 鯉也死 有棺而無椁 吾不徒行 以爲之椁 以吾從大夫之後 不可徒行也【集】

鯉也死，有棺無郭。吾不徒行以爲之郭。267……從大夫之後也，吾不可268……【定】

'有棺毋椁'을 금본에서는 '有棺而無椁'으로, 정주본은 '有棺無郭'으로

34) 簡20의 문구는 오로지 동북아역사재단 고광의 선생님의 도움으로 판독하였다. 다만 5번째 글자는 정주본에 따라 [弗]字는 읽었는데, 고광의 선생님은 다소 유보적인 의견을 내었다. 그러나 2차 판독회에서 이승률 선생님의 의견에 따라 [弗]로 판독한다.

35) 朴載福, 「출토문헌에 보이는 『論語』 고찰-定州漢墓와 敦煌에서 발견된 『論語』 〈述而〉편을 중심으로」, 『東洋古典硏究』 36, 東洋古典硏究會, 2009, p. 151. 이에 근거하여 정주본을 昭帝 이전 전한 초기의 『論語』로 보고 있다.

표기하였다. 물론 의미상의 차이는 없다. 금본의 '無'를 '毋'로 표기한 것은 簡30에도 보이고, 정주본에서도 흔히 나타나는 用例이다.

簡23. 〔所〕不欲勿施於人在邦無 怨在家無怨中弓曰〔雍〕(顔-2)

仲弓問仁 (중략)… 己所不欲 勿施於人 在邦無怨 在家無怨 仲弓曰 雍雖不敏 請事斯語矣【集】

……不欲，勿[施]於人也 312……【定】

〔所〕不欲의 〔所〕앞에 금본은 己가 있고, 정주본은 '勿施於人' 다음에 '也' 字가 있는 점이 다르다. 이 경우 '己' 字 없이도 의미전달에 문제가 없으므로 脫字인지는 단정하기 어렵다.

簡24. 如作對曰異乎三子者之 〔撰〕子曰何傷亦各言其志也 (先-25) ☞ 簡31

點 爾 何如 鼓瑟希 鏗爾舍瑟而作 對曰 異乎三子者之撰 子曰 何傷乎 亦各言其志也【集】

"點！爾何如？" 鼓瑟[希，浛爾舍瑟而]303作，對曰："[異乎]三子者之[撰]。" [子]曰："何傷？亦各言其志也。" 304【定】

상단 '如作'의 '如'는 금본, 정주본 모두 '而'로 되어 있으며, 나머지 부분은 동일하다. 하단의 '各'과 '其' 사이에 '言' 字가 追記되어 있다.

簡25. 志已曰吾子何訊由也子 曰〔爲國〕以禮其言不〔讓〕是 (先-25)

三子者出 曾皙後 曾皙曰 夫三子者之言 何如 子曰 亦各言其志也已矣 曰夫子何哂由也 曰 爲國以禮 其言不讓 是故 哂之【集】

三子者浛，306…也。” “吾子[何哂]由也？” [子曰]：“爲國以禮，其言不讓，是故[哂]307【定】

상단의 ‘何訊由也’의 ‘訊’이[36] 금본과 정주본에서는 ‘哂’ 字로 쓰여 있다.

簡26. 〔而〕有〔禮〕四海之内皆兄 弟也君子何患乎無兄弟」(顔-5)

君子敬而無失 與人恭而有禮 四海之内 皆兄弟也 君子何患乎無兄弟也【集】

금본과 동일하다. 말미에 금본에 있는 ‘也’ 字는 章句의 末字임을 감안하여 새로운 簡으로 넘기지 않고, 생략하였다고 여겨진다.

簡27. •孔〔子〕曰由之瑟奚爲於〔丘〕 之門門人不〔敬〕子路孔子 (先-14)

子曰 由之瑟 奚爲於丘之門 門人 不敬子路 子曰 由也 升堂矣 未入於室也【集】

天頭에 圓點(•)이 찍혀 있다. 상단과 하단 말미의 孔子를 금본에는 ‘孔’ 字 모두 없다. 하단의 ‘門’ 字가 중복되었으나, 重文符號 없이 반복하여 같은 글자를 적었다.

簡28. 屢空賜不受命如□□焉 〔億〕則〔居〕中」(先-18)

子曰 回也 其庶乎 屢空 賜 不受命 而貨殖焉 億則屢中【集】

36) 訊의 오른편 자획을 당초 丸으로 보았으나, 2차 판독회에서 한경호 선생님의 지적으로 교정하였다.

…孔子[曰：“回也其庶乎]，282居空。賜[不受命]，焆貨殖焉，意則居中。”283【定】

상단의 '屢空'은 금본과 같으나, 정주본은 '居空'으로, 하단 말미의 '居中'은 정주본과 같으나, 금본에는 '屢中'으로 쓰여 차이가 난다.[37)]

簡29. 〔出曾晳〕後曾〔晳〕曰夫三子 者之言何如子曰亦各其 (先-25) ☞ 簡25

三子者出 曾晳後 曾晳曰 夫三子者之言 何如 子曰 亦各言其志也已矣 曰 夫子何哂由也【集】

三子者涻，306【定】

금본에는 하단 말미 '各'과 '其' 사이에 '言'이 들어 있다. 簡24 하단의 같은 문장에도 '言' 字가 追記된 점으로 보면, 이 부분도 '言'이 누락된 것으로 생각된다.[38)]

簡30. • 子張問正子曰〔居〕之毋〔券〕行以中」(顏-14)

子張問政 子曰 居之無倦 行之以忠 【集】

……子曰："居之勿卷，[行之以忠]。" 317【定】

天頭에 圓點(•)이 찍혀 있다. 외형상 금본, 정주본과 차이가 없어 보이

---

37) 2차 판독회에서 상단의 '屢空'과 하단 '居空'의, '屢'와 '居'字가 서로 자획이 다르다는 동북아역사재단 고광의 선생님의 견해에 따랐다.

38) 당초 '各'을 '言'으로 읽었으나, 2차 판독회에서 윤재석 선생님의 견해에 따라 정정하였다.

지만, 말미의 '中' 字는 금본, 정주본의 '忠' 字와 다르다. 첫머리의 '子張問正'의 '正'도 금본에서는 '政'이라 썼다. 敦煌本『論語注』에서도 '忠'을 '中'으로 썼다고 하는데,[39] 정주본에서도 금본의 '政'을 '正'으로 쓴 용례가 보인다.[40]

簡31. 曰莫春者春服〔既〕成冠者 五六人〔童〕子六七人浴乎 (先-25) ☞ 簡36

點 爾 何如 (中略) 子曰 何傷乎 亦各言其志也 曰 莫春者 春服既成冠者五六人 童子六七人 浴乎沂 風乎舞雩 詠而歸 夫子 喟然歎曰 吾與點也【集】

"點！爾何如？(中略) [子]曰："何傷？亦各言其志也。" 304 "莫春者，春服[溉成，冠者五六人，童子六七] 人，浴乎沂，305 風乎舞雩，咏而歸。" 夫子喟[然]淦[曰]："吾與點也！" 三子者淦，306【定】

금본, 정주본과 동일하다.

簡32. 赤也爲之小孰爲之大」(先-25)

唯赤則非邦也與 宗廟會同 非諸侯而何 赤也爲之小 孰能爲之大【集】

赤則非國耶？" 宗廟會同，非諸侯而何？赤也爲之注，309 [孰能爲之大]？" 310…【定】

금본, 정주본은 孰爲之大의 '孰'과 '爲' 사이에 '能' 字가 들어 있다. '能' 字 없이도 의미에 차이가 없다.

---

39) 朴載福, 앞의 논문(2009), p. 151.

40) 河北省文物硏究所定州漢墓竹簡整理小組, 앞의 책(1997), p. 11 및 pp. 14~15.

簡33. 也〔孔〕子訊之求爾何如對 曰方六七十如五六十求 (先-25) ☞ 簡19

子路率爾而對曰：(中略)... 比及三年，可使有勇，且知方也。" 夫子哂之。求 爾何如 對曰 方六七十 如五六十 求也 爲之 比及三年 可使足民 如其禮樂 以俟君子【集】

……因之以饑漢；由也爲之，比及三年，可使有勇，且智方也。" 300 [夫子哂之。"求！爾何]如？" 對曰："[方 六七十，如五六十，求也爲] 301…【定】

상단의 '[孔]子訊之'를 금본, 정주본 모두 '夫子哂之'로 쓰고 있어 차이가 난다. 나머지 字句는 동일하다.

簡34. • 顔淵死子哭之動從者曰 子動矣子曰有動乎哉非 (先-9)

顔淵死 子哭之慟 從者曰 子慟矣 曰 有慟乎 非夫人之爲慟 而誰爲【集】

[顔淵死，子哭之動。從者曰："子動矣！" 曰]：269……【定】

天頭에 圓點(•)이 찍혀 있다. 상단 '子哭之動'의 動字는 정주본과 같으나, 금본은 모두 '慟'으로 되어 있다. 또한 하단 말미 '乎哉의 哉字가[41] 금본에는 없다.

簡35. • □□子問於孔子曰如〔殺無〕道以就有道何如孔 (顔-19)

季康子問政於孔子曰 如殺無道 以就有道 何如 孔子對曰 子爲政 焉用殺 子欲善而民善矣 君子之德 風 小人 之德 草 草上之風 必偃【集】

41) '哉'字는 당초 '故'라 읽었으나, 2차 판독회에서 김경호 선생님의 견해에 따라 정정하였다.

天頭에 圓點(•)이 찍혀 있다. 금본의 해당 문구 '季康子問政於孔子曰'과 비교하면 '政' 字가 탈락된 것으로 볼 수 있다. 그러나『上海博物馆藏战国楚竹书』(五)에 들어 있는「季康子問於孔子」篇에서 보듯이[42] 당시 관용구로 보여 '政'이 누락된 字인지는 단정하기 어렵다.

簡36. 〔氵幾〕風乎〔舞雩咏〕而〔歸〕孔子 喟然曰吾與〔點〕也三子者 (先-25) ☞ 簡29

點 爾 何如 (中略) … 莫春者 春服既成 冠者五六人 童子六七人 浴乎沂 風乎舞雩 詠而歸 夫子 喟然歎曰 吾與點也 三子者出 曾晳後 曾晳曰 夫三子者之言 何如【集】

莫春者，春服[溉成冠者五六人，童子六七]人，浴乎沂，305風乎舞雩，咏而歸。" 夫子喟[然]淦[曰]："吾與點也！" 三子者淦，306【定】

상단의 첫 자〔氵幾〕, 뒤이은 '咏'과 '孔子'는 금본에 각각 '沂'와 '詠', 그리고 '夫子'로 되어 있어 차이를 보이고 있다.[43] 정주본은 '咏'字만 같고, 나머지는 금본과 마찬가지다. 하단의 '喟然曰'도 금본과 정주본은 '然' 다음에 '嘆'字가 들어 있다. 특히 地名 '氵幾'가 정주본, 금본과 차이를 보여 주목된다.

簡37. •子□□善人之道子曰不 淺迹亦不入於室子曰論 (先-19, 20)☞ 簡15

42) 이에 대하여는 廖名春,「楚簡『季康子問於孔子』研究」,『中國古中世史研究』16, 2006, pp. 15~26.

43) 〔氵幾〕는 처음 '沂'로 본 것을 2차 판독회에서 한경호 선생님의 견해에 따라 정정하였다. 또한〔'咏'〕字는 당초 '詠'으로 본 것을 권인한 선생님이 '永'에 가깝다고 한 의견에 따라 재검토한 결과 정주본의 표기와 같다고 추정하였다.

子張問善人之道 子曰 不踐迹 亦不入於室 子曰 論篤是與君子者乎色莊者乎【集】

子張問善人之道。子[曰:"不淺迹, 亦不入於室。" 子]曰:"論284[祝是]與? 君子者乎? 亻 亡狀[者乎]?" 285【定】

天頭에 圓點(•)이 찍혀 있다. 하단의 첫 자 '淺'은 금본과 다르고 정주본과 같다. 또한 말미 '子曰 論'으로부터 簡15로 이어지는 내용이 하나의 章句로 되어 있는 것은 정주본과 何晏의 『論語集解』도 마찬가지나,[44] 금본은 별개의 章句로 되어 있다.

簡38. •〔季〕路使子羔爲后宰子曰〔賊〕夫人之子子路曰有民 (先-24)

子路使子羔爲費宰 子曰 賊夫人之子 子路曰 有民人焉 有社稷焉 何必讀書然後爲學【集】

[子路使子羔]……子路曰:"有295……[人焉, 有社稷焉, 何必讀書, 然後爲]學?" 子曰:"是故[惡]296…【定】

天頭에 圓點(•)이 찍혀 있다. 상단의 첫 자 '季路' 외에는 금본, 정주본과 동일하다. 그러나 '季路'를[45] 금본과 정주본에서는 '子路'라 하였고, 뒤 이은 '后宰'는 금본에서 '費宰'로 표기하여 차이를 보이고 있다. 특히 '費宰'는 본래 '郈宰'인데 후대 누군가에 의해 追記되었다는 논란이[46] 계속되어온 부분이다.

44) 孫欽善 點校, 2004, 앞의 책, p. 80.
何晏 集解 · 邢昺 疏, 1980, 앞의 책, p. 2499.

45) 당초 '子路'로 읽었으나, 2차 판독회에서 한경호 선생님의 의견에 따라 '季路'로 정정하였다.

46) 일찍이 『史記』 弟子傳 「使子羔爲費郈宰」, 『論衡』 藝增篇 "子路使子羔爲郈宰"로 미루어 '費'를 후세 追記로 본 견해가 있다(黃懷信, 앞의 책, pp. 1027~1029).

정주본에 해당 문구가 없지만, 官名의 차이는 자료의 계통을 고려하는 데 있어 주목할 부분이다. 하단의 연속된 '子子'는 簡16, 簡27과 마찬가지로 重文符號 없이 같은 글자를 연이어 적었다.

簡39. •顔淵死顔路請子之車孔 子曰材不材亦各其子也 (先-7) ☞ 簡22

顔淵死 顔路請子之車 以爲之椁 子曰 才不才 亦各言其子也【集】

顔淵死, 顔路請子之[車]□□□□孔子曰:"材不材, 266……言其子也。鯉也死, (中略) 267【定】

天頭에 圓點(•)이 찍혀 있다. 상단 말미 '車' 字와 '孔' 字 사이에 금본과 정주본에는 '以爲之椁'이 더 쓰여 있다. 뒤이은 '孔子曰材不材'는 정주본과 같고 금본은 '子曰才不才'로 차이가 난다. 말미의 '亦各其子也'는 금본과 정주본에는 '各' 다음에 '言' 字가 들어 있다. 이 경우 '以爲之椁'과 '言' 字를 의도적으로 누락시킨 것이 아닌가 생각된다. 곧 簡39에서 상단 10字, 하단 10字로써 가능한 하나의 文章이 종결되도록, 의미전달에 크게 문제가 되지 않는 부분을 생략한 것이다.

〔사진 2, 殘簡 5枚 釋文〕

殘簡2. •〔孔〕子曰先進於□□〔野〕人 也後進於□□君子〔也〕 (以下缺損) (先-1)

子曰 先進於禮樂野人也. 後進於禮樂君子也.【集】

희미하지만 天頭에 圓點(•)이 찍혀 있다. 先進篇 첫 章에 해당하는 죽간이다. 4字 정도 字劃이 명확지 않으나 금본과 차이가 없다. 다만 상단 첫

머리 '孔子'는 금본에서는 '孔'字가 생략되어 있다. 하단의 끝부분은 부서져 나갔다.

殘簡3 • □□〔三復〕白圭〕孔子以其 兄之子 (以下 缺損) (先-5)

南容 三復白圭 孔子以其兄之子 妻之【集】

天頭에 圓點(•)이 찍혀 있다. 상단에 10자, 하단은 세 글자 아래 부분이 떨어져 나갔다. 불명확한 글자가 많고, 죽간의 하부가 훼손되었으나, 확인된 내용은 금본과 동일하다.

殘簡9.(以上 缺損) 憂不懼曰□□ (以下 缺損) (顔-4) ☞ 簡2

司馬牛問君子 子曰 君子 不憂不懼 曰不憂不懼斯謂之君子已乎 子曰 内省不疚 夫何憂何懼【集】

〈사진 1〉 簡2의 뒤에 이어지는 내용이다. 상단과 하단이 훼손되어 중간의 6字 정도만 남아 있다.

殘簡11. 乎夫子之君子也〔駟 (以下 缺損) (顔-8)

棘子成曰 君子 質而已矣 何以文爲. 子貢曰 惜乎 夫子之說 君子也 駟不及舌 文猶質也 質猶文也 虎豹之鞟猶犬羊之鞟 【集】

하단 부분이 훼손되어 있다. 상단의 문구는 금본과 거의 같지만, '之' 字 아래는 금본의 '說' 字가 없다.

殘簡13. □□之□欲其死□□ (以下 缺損) (顔-10)

子張問崇德辨惑 子曰 主忠信 徙義崇德也. 愛之欲其生 惡之欲其死 旣欲其生 又欲其死 是惑也誠不以富亦祗 以異 【集】

하단이 훼손되어 있고, 상단은 9字 정도 字劃은 남아 있으나, 절반 이상이 불명이다.

이상에서 보는 대로 정백동364호분 죽간 『논어』는 금본 『논어』는 물론이고 동시대에 유전되었던 정주한묘죽간 『논어』와 대동소이하다고 볼 정도로 기본구성에서는 큰 차이가 없다. 그러나 〈사진 1〉의 죽간 39매 가운데 금본과 같은 문구가 10매(枚), 차이가 나는 것이 29매였으며, 정주본의 경우 비교 자료가 되는 29매 가운데 동일한 것이 10매, 다른 것이 19매에 달하였다. 물론 무(無)-무(毋), 불(不)-불(弗), 중(仲)-중(中)과 같은 음차자(音借字)나, '야(也)'나 '공자(孔子)'의 '공(孔)'의 유무(有無)와 같은 차이가 대부분이다. 그렇지만 간6 · 16, 간12 · 28, 간15 · 37, 간30, 간36, 간38의 경우는 정주본과 금본 모두와 차이가 뚜렷하다. 특히 관명(官名) · 인명(人名) · 지명(地名)의 차이를 보이는 경우는 텍스트의 차이를 엿보게 한다.

한편으로는 정주본과 금본의 사이에서 어느 한쪽에 좀 더 가까운 사례도 적지 않다. 금본선진편의 17~18장과 19~20장이 평양본에서는 정주본, 하안 『논어집해』와 마찬가지로 각각 하나의 장으로 묶여 있음을 본다. 내용에서도 간9와 간15는 금본에 가깝고, 간20과 간37은 정주본과 유사하다. 이는 평양본이 정주본과 금본의 연결 자료로서 활용될 수 있음을 보여주는 대목이다. 후술한 대로 정주한묘죽간 『논어』의 계통에 대한 견해가 분분한 점이나, 전한후기 금문의 노론계 『논어』라도 편차가 일치하지 않았다는 사실은[47] 평양본 『논어』 또한 당시 유전

되던 또 하나의 텍스트로 보는 것이 옳은 듯하다.

정백동(貞柏洞)364호분(號墳) 출토 죽간(竹簡) 『논어(論語)』 석문(釋文)

선진(先進)[48]

- 〔孔〕子曰 : "先進於□□〔野〕人也. 後進於□□君子〔也.〕" (殘簡2)……
- 孔子曰 : "回也非助我者也, 於吾言無所不說."」(簡10)
- □□〔三復〕白圭〕 孔子以其兄之子……(殘簡3)
- 顏淵死, 顏路請子之車. 孔子曰 : "材不材, 亦各其子也.(簡39) 鯉也死, 有棺毋椁. 吾不徒 行以爲之椁. 以吾從大夫(簡22)...."
- 顏淵死, 子哭之動. 從者曰 : "子動矣." 子曰 : "有動乎哉?" 非(簡34)…….
- 〔顏□死〕門人欲〔厚〕葬之, 子曰 : "不可." 門人厚葬之. 子曰 : (簡8)……
- 閔子侍側, 訢訢如也 ; 子□, 〔行行〕如也 ; 冉子 · 子貢, 〔衎〕□ (簡16) 如也. 子樂曰 : "若由也. □不得其死然."」(簡6)
- 孔〔子〕曰 : "由之瑟 奚爲於〔丘〕之門?" 門人不〔敬〕子路 孔子 : (簡27)……

47) 『漢書』 卷81, 張禹傳에 「始 魯扶卿及夏侯勝 · 王陽 · 蕭望之 · 韋玄成皆說論語, 篇第或異」라 하였다.

48) 竹簡 33枚(19個章 殘缺, 589字), 今本(25章 1,052字)의 약 55.9% 분량. 篇章의 배열순서 및 字數는 朱熹 『論語集注』에 따랐다.

• 子〔貢問：“師〕也與商也孰賢? ” 孔〔子〕曰：“〔師〕也迪 商也不及.” 曰：(簡4)“〔則師愈也〕?” 子曰 ：“過猶不及也.”」(簡1) ……也. 小子〔鳴鼓〕如攻之, 〔可也〕.”」(簡14)

• 柴也愚, 〔參〕也魯, 師也〔辟〕, 由也獻. 孔子曰：“回也其□□, (簡12)屢空. 賜 不受命, 如□□焉, 〔億〕則〔居〕中.」”(簡28)

• 子□□善人之道. 子曰：“不淺迹, 亦不入於室.” 子曰：“論(簡37)篤是與, 君子者乎? 色狀者乎?”」(簡15) ……聞斯行之. 赤也惑, 敢問.” 子曰：“求也退, 故進之；由也兼人....”(簡3)

• 子畏於〔匡〕, 顔淵後.□曰 ：“吾以女爲死矣.” 曰 ：“子在, 回□□死?”」(簡13)……□□, □□〔與求〕□□. 〔所謂〕大□者 ：以〔道〕事君, 不〔可〕則(簡5)止. 今 由與求也, 可謂具臣也.” 曰 ：“然則從之者與?” 子曰:(簡17) “殺父與君, 〔弗〕 從也.”」(簡20)

• 〔季〕路使子羔爲后宰. 子曰 ：“〔賊〕夫人之子.” 子路曰 ：“有民 (簡38)……

……也.”〔孔〕子訊之. “求! 爾何如?” 對曰 ：“方六七十, 如五六十, 求(簡33)也 爲之, 比及三年, 可足民也. 如其禮樂, 以俟君子.”(簡19) 赤! 爾何如? 對曰 ：“非曰能之也, □□焉. 宗〔廟〕之事, 如會(簡21)同, 端章父, 〔願〕爲小相焉.” 點! 爾何如? 鼓瑟希, 爾舍瑟(簡18)如作. 對曰：“異乎三子者之〔撰〕.” 子 曰：何傷? 亦各言其志也.”(簡24) 曰: “莫春者, 春服〔既〕成. 冠者五六人, 〔童〕子六七人, 浴乎(簡31), 〔氵幾〕風乎〔舞雩, 咏〕而〔歸〕.” 孔子喟然曰 ：“吾 與〔點〕也!” 三子者(簡36)〔出〕, 曾晳〕後. 〔曾晳〕曰: “夫三子者之言何如?” 子曰: “亦各其(簡29)志已.” 曰: “吾子何訊由也?” 子曰: “〔爲國〕以禮, 其言 不〔讓〕,是(簡25)....赤也爲之小, 孰爲之大?」”(簡32)

안연(顔淵)[49]

- 〔中〕弓問仁. 子曰: "出門如見大賓, 使民如〔承〕大祭."(簡7) 〔所〕不欲, 勿施 於人. 在邦無怨, 在家無怨." 中弓曰: "〔雍〕(簡23)……

  ……憂不懼 曰□□(殘簡9)不〔懼〕, 斯謂之君子已乎?" 子曰 : "內省不久, 夫 何憂 (簡2)……

  ……〔而〕有〔禮〕, 四海之內, 皆兄弟也. 君子何患乎無兄弟.」(簡26)

  ……乎夫子之君子也"〔駟〕……(殘簡11)
- 哀公問於有若曰 : "年饑, 用不足, 如之何?" 有若對 (簡9)……

  ……□□之□欲其死□□.... (殘簡13)
- 子張問正. 子曰 : "〔居〕之毋〔券〕, 行以中"」(簡30)
- □□子問於孔子曰 : "如〔殺無〕道, 以就有道, 何如? 孔 (簡35)……

  ……子張對曰 : "在邦必聞, 在家必聞." 子曰 : 是聞也, 〔非達〕也 (簡11)……

4. 죽간 『논어』의 사료적 가치

20세기 이래 중국에서의 출토문헌자료 『논어』는 돈황과 투르판 지역에서 발견된 당사본(唐寫本) 『논어정씨주(論語鄭氏注)』·당사본 『논어집해』와 하북성 정주에서 출토된 한대 초본 죽간, 즉 정주한묘죽간 『논어』가 대표적이다. 당사본 『논어정씨주』는 투르판 아스타나(阿斯塔那) 27호묘, 85호묘, 363호묘, 184호묘에서 각각 출토되었다. 주요 내용은

49) 竹簡 11枚(9個章 殘缺, 167字), 今本(24章 990字)의 약 16.9% 분량.

「공야장(公冶萇)」"부지기인(不知其人)"에서 "붕우(朋友), 신지(信之)"에 이르는 55행, 「공야장(公冶萇)」"(족)공((足)恭)"에서 "여붕우(與朋友)"까지의 5행, 「위정(爲政)」에서 「공야장(公冶萇)」에 이르는 178행, 그리고 「옹야(雍也)」 66행이 발견되었으며,[50] 당사본 『논어집해』[51] 역시 동일한 지역에서 발견되어 많은 연구자들의 주목을 받았다.[52]

한편 1973년 하북성 정현 팔각랑촌(八角廊村)에 위치한 전한 중산회왕(中山懷王) 유수(劉脩)가 묘주인 한묘에서는 대량의 죽간이 발견되었는데[53] 이 가운데 현존하는 가장 이른 시기의 『논어』 초본이 발견된 것이다.[54] 정주한묘 『논어』 죽간은 620여 매로 잔간이 대부분을 차지한다. 정주 논어가 비록 잔간이 대부분일지라도 중산왕 유수가 전한 선제(宣帝) 오봉(五鳳) 3년(B.C. 55)에 사망했기 때문에 정주한묘 『논어』의 조성 연대는 오봉 3년(B.C. 55) 이전임을 알 수 있다. 죽간의 형태는 길이 16.2㎝(약 7촌), 너비 0.7㎝, 간의 자수는 19~21자이며, 간의 양단과 중간 부분이 편철되어 있어 그 흔적이 남아 있다. 더욱이 씌어진 자수는 간 중간의 편철 부분을 중심으로 상하 각각 10자 전후로 기술되어 있

50) 唐寫本 鄭玄의 『論語注』와 관련한 주요 논저는 文物出版社, 「唐寫本論語鄭氏注說明」 『文物』 1972-2 ; 中國科學院考古硏究所資料室, 「唐景龍四年寫本論語鄭氏注校勘記」 『考古』 1972-2 ; 王素, 『唐寫本論語鄭氏注及其硏究』, 文物出版社, 1991. 등을 참조.

51) 李方은 "伯希和3271號寫本은 순수한 『論語集解』가 아니라 皇侃의 『論語義疏』에 근거를 두고 다른 학파의 주석을 보충한 혼합적 성격의 갖는 『論語集解』 寫本이다." 라고 한다(「伯希和3271號寫本 『論語集解』的性質及意義」, 『敦煌硏究』 1995-4).

52) 唐明貴, 「中國學者近半个世紀以來的 『論語』 硏究」, 『古籍整理硏究學刊』, 2005-2를 참조.

53) 河北省文物硏究所, 「河北定縣40號漢墓發掘簡報」 『文物』 1981-8; 國家文物局古文獻硏究室 · 河北省博物館 · 河北省文物硏究所, 「定縣40號漢墓硏究竹簡簡介」 『文物』 1981-8.

54) 이와 관련한 釋文 및 주요 내용에 대해서는 河北省文物硏究所定州漢墓竹簡整理小組, 『定州漢墓竹簡 論語』, 文物出版社, 1997을 참조.

다.[55]

한국에서도 김해 봉황동과 인천 계양산성에서 「공야장(公冶長)」의 일부 내용이 서사(書寫)되어 있는 잔간이 발견되었다.[56] 또한 일본에서도 『논어』 본문을 목간에 서사한 사례가 중앙이나 지방에서 출토된 목간에서 확인된다.[57] 더욱이 한국과 일본 목간에 보이는 『논어』는 고(觚)라는 형태의 다면 목간에 서술된 공통된 특징을 알 수 있으며, 그 용도는 문자를 연습한 습서목간이라는 견해가 제출되기도 하였다.[58] 따라서 6~8세기 무렵 『논어』를 중심으로 한 고대 동아시아 사회 문화에 대한 이해의 폭을 제고시킨 것도 사실이다. 그러나 각 지역에서 출토된 『논어』의 제반 조건, 즉 서사 재료 및 내용, 출토 시기, 출토된 목간의 수량 등을 고려하면 『논어』로 대변되는 고대 동아시아 사상 혹은 문화의 수용에 대한 계통적 연구는 커다란 진전을 보지 못하였다. 특히 단 2건에 불과한 한반도 지역의 『논어』 목간의 출토는 유사한 형태를 띠고 있는 일본 『논어』 목간과의 계통성을 규명하는 데 한계가 있음을 보여주는 분명한 사실이다.

바로 이러한 시점에서 평양 『논어』 죽간의 입수 과정과 실물 사진이 공개되고 이에 따른 석문 작업이 진행되면서 관련 분야의 연구에 새로

55) 中國國家圖書館 中國國家古籍保護中心 編, 『第一批國家珍貴古籍名錄圖錄』(第1冊), 「一. 漢文珍貴古籍名錄 · 00077論語」, 國家圖書館出版社, 2008, p. 77.

56) 釜山大學校博物館, 『金海 鳳凰洞 低濕地遺蹟』(부산대학교박물관연구총서 제33집, 2007)과 鮮文大學校考古研究所, 『仁川桂陽山城東門址內集水井出土木簡保存處理結果報告』(2005.6)→이 자료는 문화재청 홈페이지에 공개되어 있다(http://www.cha.go.kr).

57) 新井重行, 2006 「習書 · 落書の世界」(平川 南 · 沖森卓也 · 榮原永遠男 · 山中 章 編, 『文字と古代日本』5), pp. 220~224를 참조.

58) 橋本繁, 「古代朝鮮における『論語』受容再論」(朝鮮文化研究所編, 『韓國出土木簡の世界』, 雄山閣, 2007, p. 278.)

운 활력을 불러일으키게 되었다.[59] 그동안 낙랑출토 『논어』 죽간에 대해서는 앞서 언급한 대로 북한의 류병홍 선생의 "『논어』의 책 제11권과 제12권 전문이 쓰여 있는 참대쪽 묶음과 같은 유물도 있다"[60]라는 보고와 손영종 선생이 다음과 같이 밝힌 바가 있다.

> 평양시 락랑구역 정백동 364호분에서는 『락랑군 초원 4년(기원전 45년 병자년) 현별호구다소□□』라는 통계표가 씌여진 목간이 나왔다. 이 목간은 그 밖의 몇몇 해당 시기의 공문서 초사본과 함께 출토되었다. 그것은 응당 락랑군 관아에 보관되어 있어야 할 성질의 문서이다.[61]

학계에서는 두 학자의 견해를 종합하여 류병홍 선생이 언급한 『논어』 제11권과 제12권의 전문이 손영종 선생이 언급한 "그 밖의 몇몇 해당 시기의 공문서 초사본"일 가능성을 조심스럽게 추측하였지만 실물이 공개되지 않은 상황 하에서는 쉽게 단언할 수 없었다. 그러나 죽간 사진의 공개와 판독작업 결과, 정백동364호분 출토 『논어』 죽간의 주요 내용은 류병홍 선생이 언급한 제11권 「선진」과 제12권 「안연」의 일부 내용임을 확인할 수 있었다. 또한 형제도 죽간 양단과 중간 부분에는 편철한 흔적이 선명하게 남아 있고 더욱이 중간 부분의 편철한 흔적을 중심으로 상하 각각 10자씩 균일하게 씌어 있는 사실로 보아 상기한 정주한묘 『논어』 죽간과 거의 동일한 형태라고 할 수 있다. 더욱이 평양 『논

59) 평양 출토 『논어』 죽간의 소개 및 판독회에 대하여는 앞의 註1 및 註13 참조.

60) 류병홍, 앞의 논문(1992), p. 2.

61) 손영종, 『조선단대사』(고구려사 1), 평양, 과학백과출판사, 2006, pp. 118~120; 「락랑군 남부지역(후의 대방군 지역)의 위치-'락랑군 초원4년 현별 호구다소□□' 통계자료를 중심으로」, 『력사과학』 198, 2006, p. 31.

어』 죽간은 '초원(初元) 4년(B.C. 45)'이라는 연호가 명기되어 있는 호구부와 같은 무덤에서 출토되었다는 점[62]에서 새로운 역사적 사실들을 규명할 수 있는 계기가 되었다.

정백동364호분에서 출토된 초원 4년에 작성된 호구부의 형태나 기재 양식은 강소성 연운항시에서 출토된 『윤만한간(尹灣漢簡)』[63]의 내용 가운데 『동해군하할장리명적(東海郡下轄長吏名籍)』(YM6D3)과 상당히 유사함을 알 수 있다. 목독의 대체적인 형태는 길이 1척(尺, 23㎝), 너비 7㎝ 정도인데, 주요 특징은 낙랑 호구부가 세 개의 목독으로 구성되어 있다면 『동해군하할장리명적』은 양분되어 있다는 점이다. 또한 한 행이 대체로 20자 내외로 작성된 점과 시기적으로 30여 년 정도의 차이가 있는 점[64] 등으로 미루어 두 지역에서 출토된 호구 관련 행정문서의 양식이 거의 동일함을 알 수 있다. 따라서 정주한묘 『논어』 죽간과 최소한 10년밖에 차이가 나지 않는 정백동364호분 출토 『논어』 죽간 역시 형태나 서사 방식이 거의 동일한 것으로 추측건대 시기적으로 동시대의 죽간이라고 해도 과언은 아닐 것이다. 즉 정백동364호분에서 출토

62) 손영종, 「락랑군 남부지역(후의 대방군지역)의 위치-'락랑군 초원4년 현별 호구다소□□' 통계자료를 중심으로」(『력사과학』 198, 2006, pp. 30~33.); 「료동지방 전한 군현들의 위치와 그 후의 변천(1)」(『력사과학』 199, 2006, pp. 49~52); 尹龍九, 「새로 발견된 樂浪木簡-樂浪郡 初元四年 縣別戶口簿」(『韓國古代史研究』 46, 2007, pp. 241~263); 「平壤出土 「樂浪郡初元四年縣別戶口簿」 研究」(『木簡과 文字』 제3호, 2009); 金秉駿, 「樂浪郡 初期의 編戶過程과 '胡漢稍別'-「樂浪郡初元四年縣別戶口多少□□」 木簡을 단서로」(『木簡과 文字』 창간호, 2008); 「樂浪郡初期の編戶過程-「樂浪郡初元四年 戶口統計木簡を端緒として」(『古代文化』 61-2, 2009는 씨의 2008 논문을 수정 보완한 글이다) 등을 참조.

63) 連雲港市博物館 · 中國社會科學院簡帛研究中心 · 東海縣博物館 · 中國文物研究所, 『尹灣漢墓簡牘』, 中華書局, 1997.

64) 尹灣漢簡 6호묘(M6)에서 출토된 木牘에서는 "永始", "元延"의 연호가 기재되어 있어 묘의 연대는 전한 成帝 末期(B.C. 16~B.C. 9)보다는 그 연대가 내려가지는 않는 듯하다.

된 호구부나 『논어』 죽간은 원제시기 전후에는 이미 중앙과 변경지역에 상당한 교류가 진행된 결과 행정 · 제도 · 문화 등의 다양한 방면에서 중앙집권적 통치 질서가 변경지역에 관철되었음을 짐작케 한다.

B.C. 55~45의 시기는 전한 선제 오봉 3년(B.C. 55)에서 원제 초원 4년(B.C. 45)에 해당하는 시기이다. 선제 · 원제시기는 무엇보다도 유가이념이 한대 사회에 영향력을 발휘하던 시기이다. 이것은 무제시기 동중서(董仲舒)의 대책(對策)에 의해서 오경박사(五經博士)가 설치된 결과, 공자와 오경을 중심으로 한 '유학일존(儒學一尊)'의 사상체계가 성립되었음을 의미한다. 선제시대에는 시(詩) · 서(書) · 춘추(春秋) · 예(禮) · 역(易)의 각 경(經)에 예외 없이 박사관이 배치되고 오경박사 전원이 존재하였다.[65] 또한 하후승(夏侯勝)이 제생(諸生)들에게 강수(講授)할 때마다 경학에 힘쓰면 관료가 될 수 있다고 강조한 것이나[66] 자식들에게 황금을 물려주는 것보다 경전을 물려주는 것이 낫다고 한 추(鄒) · 노(魯)지방의 속언,[67] 그리고 조 · 부 · 부의 은닉(隱匿) 허용과 자(子) · 처(妻) · 손(孫)에 대한 은닉 처벌의 완화[68] 등은 선제시기 유가이념의 관철에 따라 시행된 조치들이다. 아울러 원제 영광 4년(B.C. 40)의 군국묘(郡國廟)나 사민(徙民)의 폐지[69] 등과 같은 기사를 통해 한초 이래 시행되어 온 법

65) 福井重雅, 『漢代儒教の史的研究–儒教の官學化をめぐる定說の再檢討–』 제1편 「五經博士の研究」, 汲古書院, 2005, p. 233.

66) 『漢書』 卷75 「夏侯勝傳」 p. 3159, "始 勝每講授 常謂諸生曰. 「士病不明經術 經術苟明 其取靑紫如俛拾地芥耳. 學經不明 不如歸耕」".

67) 『漢書』 卷73 「韋賢傳」 p. 3107, "故鄒魯諺曰 .「遺子黃金滿籯 不如一經」".

68) 『漢書』 卷8 「宣帝紀」 p. 251, "(地節四年 夏五月) 父子之親 夫婦之道 天性也. 雖有患禍 猶蒙死而存之 誠愛結于心 仁厚之至也 豈能違之哉 自今子首匿父母 妻匿夫 孫匿大父母 皆勿坐 其父母匿子 夫匿妻 大父母匿孫 罪殊死 皆上請廷尉以聞".

69) 『漢書』 卷9 「元帝紀」 p. 292, "(永光4年) 冬十月乙丑 罷祖宗廟在郡國者.", "罷先后父母奉邑."

가적 통치이념을 대신한 유교이념이 점차로 한대사회에 보급되었음을 보여주는 주요한 사례들이다. 따라서 어릴 적부터 논어를 배운 선제[70]나 "호유(好儒)"[71] 한 원제시기에 유가이념이 강조된 사회적 분위기 속에서 사용된 것이 상기한 정주한묘 죽간 『논어』와 평양 죽간 『논어』라고 할 수 있다.

사실 경사지역이 아닌 중산국(中山國, 지금의 하북성 정현)이나 낙랑군에서 『논어』 죽간이 발견된 것은 무제시기 군국학의 설치와 공손홍이 도(유가적 통치이념)가 침체한 것을 한탄하며 상서한 내용 가운데, "교화를 시행하려면 (천하의) 본보기를 세워 경사(京師)부터 시작하여 안[내(內)]에서 밖[외(外)]으로 이르게 해야 한다."[72]는 지적과 밀접한 관련이 있다. 왜냐하면 교화의 현실적 범위를 중심(경사)에서 점차 밖[외(外), 변경]으로 확산시켜야 한다는 주장을 뒷받침할 수 있는 중요한 근거이기 때문이다. 더욱이 이러한 추세 하에서 원제시기 경서에 능통한 자에게는 요역을 면제시켜주었으며 이러한 자들을 증원하였고 군국에 오경을 담당한 관리를 설치하였다는 기사[73]를 참조한다면 논어 죽간이 출토된 정백동 364호분의 묘주는 아마도 호구부의 작성 등 행정업무를 담당한 속리이거나 오경을 담당한 관리일 가능성이 농후하다. 이처럼 동일한 묘에서 군현지배의 실상을 보여주는 호구부와 '이풍역속'을 강조

70) 『漢書』 卷8 「宣帝紀」 p. 238, "至今年十八 師受詩 『論語』 孝經 操行節儉 慈仁愛人 可以嗣孝昭皇帝後 奉承祖宗 子萬姓".

71) 『漢書』 卷9 「元帝紀」 p. 298, "贊曰…元帝多才藝, 善史書.…(중략)…少而好儒, 及即位, 徵用生, 委之以政."

72) 『史記』 卷121 「儒林列傳」 p. 3119, "公孫弘爲學官 悼道之鬱滯 乃請曰……故教化之行也 建首善自京師始 由內及外."

73) 『漢書』 卷88 「儒林傳」 p. 3596, "元帝好儒 能通一經者皆復 數年 以用度不足 更爲設員千人 郡國置五經百石卒史".

하는 사상적 통치이념을 반영한 『논어』 죽간의 출현은 한대 변경지배의 전형적인 형태를 보여주는 중요한 사료라고 할 수 있다. 더욱이 정백동364호분에서 출토된 호구부는 상기한 『윤만한간』과 호구집계방식이 현별로 호구수를 집계한 송백한묘 목독[74]과의 형태나 '호(호)+호구수(戶口數)+[소전(少前) · 다전(多前) · 여전(如前)]+증감수치(增減數値)/구(口)+구수(口數)+[소전(少前) · 다전(多前) · 여전(如前)]+증감수치(增減數値)'의 공식적인 기재 방식을 사용하고 있는 점에서 이미 한대 문서행정의 통일화를 통한 군현지배의 구현을 확인할 수 있었다.[75] 이와 더불어 전적류인 낙랑 『논어』 죽간의 경우에도 최소 10여 년의 시간적 차이를 보이는 정주논어죽간과 형태나 자체가 매우 유사한 형태를 띠고 있다는 사실은 제도와 사상을 통한 한대 변경지배의 구체적인 내용을 전해주고 있는 것이다.

한편 공개된 실물사진에 근거하여 판독을 진행한 결과 평양 『논어』 죽간은 문자학적 측면에서도 매우 중요한 사료적 가치를 지니고 있음을 확인할 수 있었다. 판독 결과 「선진」과 「안연」의 각 장구가 시작하는 간은 모두 상단에 원점(·)이 찍혀 있어 편의 내용을 분장하고 있다. 또한 「선진」 12장에 해당하는 기사인, "•閔子侍側訢訢如也子□〔行行〕如也冉子子貢〔衍〕□"의 경우에는 종래 죽간이나 목간에서 사용하는 서사법과는 다른 서사 방식을 전하고 있다. 전국 초간이나 진한 간독의 서사 표기 방법의 하나는 동일한 자구를 기입할 경우 중문부호 "="를 사용하고 있음은 주지의 사실이다. 그러나 낙랑 『논어』 죽간은 상기한 간 "흔흔(訢訢)", "자자(子子)" , "문문(門門)"에서 확인할 수 있듯이 중문부호

74) 荊州博物館, 2008,「湖北荊州紀南松柏漢墓發掘簡報」,『文物』 2008-4.

75) 金慶浩,「秦漢時期 戶口文書와 邊境支配-記載 樣式을 중심으로」(근간).

를 사용하지 않고 동일한 자구를 반복하여 기입하고 있음을 알 수 있다. 또한 정주한간 논어에서는 상기의 「선진」 12장 해당 부분 가운데 "민자(閔子)" 부분을 "민자(黽子)"로 판독하였지만 낙랑 죽간의 실물사진을 검토한 결과 너무나도 선명한 "민(閔)"자임을 알 수 있었다. 이러한 사실은 현재 소실되어 그 형태를 확인하기 어려운 정주한묘 『논어』 죽간의 석독을 평양 『논어』 죽간을 통해 재검토할 필요성을 제기하는 점이다. 아울러 『논어』 죽간과 함께 출토된 호구부와 서로 서체가 다른 사실은 또 다른 문제를 시사하고 있다. 이와 같은 문자학적 측면에서의 초보적인 문제 제기는 향후 보다 많은 전거와 분석이 진행된다면 그 사료적 가치는 더욱 증대할 것이다.

만약 정백동364호분에서 출토된 평양 『논어』 죽간을 단순히 전적으로 파악하여 문헌학 혹은 문자학적 분석만을 진행한다면, 종래 정주 논어 한간에서 확인할 수 있었듯이 현행본과의 문헌 대조 연구에 그칠 가능성은 상당히 농후하다.[76] 물론 정주한묘 『논어』 죽간이 한대 유전된 어느 계통의 『논어』인가에 대한 사상사적 논의가 진행된 것도 사실이다.[77] 그러나 평양 『논어』 죽간이 갖는 사료적 가치는 정주한묘 『논어』와는 약간의 차이가 있는 듯하다. 우선 지적할 수 있는 점은 출토지역의 위치이다. 무제의 변경개척의 일환으로 설치된 하서4군과 함께 조

76) 李慶, 「關於定州漢墓竹簡 『論語』 的幾個問題-『論語』 的文獻學探討」, 『中國典籍與文化論叢』 第8輯, 2005; 趙晶, 「淺析定州漢簡本『論語』的文獻價値」, 『浙江社會科學』 2005-3; 梁濤, 「定縣竹簡『論語』與『論語』的成書問題」, 『管子學刊』 2005-1 등을 참조.

77) 이에 대해서는 네 가지의 주요 견해가 있다. 1) 古論說(古文 「論語』의 성격을 가지고 있다): 孫欽善, 「四部要籍注疏叢刊本論語 · 前言』, 中華書局, 1998. 2) 齊論說: 李學勤, 「八角廊漢簡儒書小議」『簡帛佚籍與學術史』, 江西敎育出版社, 2001. 3) 魯論說: 單承彬, 「定州漢墓竹簡本論語性質考辨」『孔子硏究』 2003-2; 4) 『古論語』 이전에 한 대에 流傳된 것은 今文 『論語』이라는 설: 陳東, 「關于定州漢墓竹簡論語的幾个問題」『孔子硏究』 2003-2 등이 대표적인 견해이다.

선4군이 설치된 지역에서 경서인 『논어』 텍스트가 발견되었다는 사실이 갖는 역사적 의미를 결코 간과할 수 없기 때문이다. 왜냐하면 종래 고대 동아시아 사회를 이해하는 데에 문자[漢字]의 보급과 수용이란 측면에서 다양한 문헌사료들이 근거로서 제시되었지만,[78] 출토자료 『논어』를 통한 이 문제의 접근은 다소 미비하였다. 그 주요 원인은 무엇보다도 매우 제한된 사료로서 이러한 문제를 탐구하기에는 한계가 있었기 때문이다. 더욱이 중국과의 비교 분석은 동일한 서사 재료인 죽간 혹은 목간 형태의 『논어』는 시기적으로 비교하기에는 동떨어진 공간이었으며, 동 시기인 6~8세기의 경우에는 종이와 목간이라는 서사 형식의 차이를 결코 무시할 수 없기 때문이다. 그러나 평양 『논어』 죽간은 고대 동아시아 사회를 이해하기 위한 이러한 제한된 여건을 어느 정도 해소하는 듯하다. 공간적으로는 한대 중앙과 변경이라는 지역 비교를 통한 『논어』 텍스트의 해석이 가능해졌으며, 변군이라는 지역적 특수성, 특히 한인과 토착민이 공존한 지역에서의 『논어』의 발견은 이를 수용하는 지역 혹은 사회에서 나타난 제도나 문화와 연계하여 새로운 역사상을 읽어낼 수 있기 때문이다. 이것은 현재까지 극히 제한된 수량의 죽간 사진의 공개와 그에 따른 판독이기 때문에 단언할 수 없지만 자료의 추가공개가 이루어진다면 불가능한 추측만은 아니다. 따라서 현재 〈사진 1〉에 수록된 죽간 39매에 대한 판독으로는 이러한 문제들을 모두 해결할 수 없다. 그렇지만 고대 동아시아 지역에서 출토 문헌자료인 『논어』의 수용 과정을 문화나 제도가 다른 국가가 각각 처한 상태에서

78) 李成珪,「韓國 古代 國家의 形成과 漢子 受容」『한국고대사연구』 32, 2003. 이와 더불어 고대 일본의 한자 문화 수용에 대해서는 佐藤信,「漢字文化の受容と學習」(平川 南·沖森卓也·榮原永遠男·山中 章 編,『文字と古代日本』 5, 2006)을 참조.

나름대로의 역사적 위치를 부여할 때, 단순한 전적류로서의 출토문헌 『논어』의 의미가 아닌 고대 동아시아 사회를 이해할 수 있는 살아 있는 자료로서 의미를 가질 것이다.

V. 맺음말

고대 동아시아 목간 연구에 관심을 기울이고 있는 우리가 진행한 평양 정백동364호분 출토 『논어』 죽간에 대한 연구는 이성시 선생이 구득한 흑백사진 1매의 분석에서 시작하였다. 본 자료에 대한 공동 연구를 진행하는 과정에서 필자들은 『논어』 죽간이 이미 소개된 호구부와 동일한 무덤에서 출토되었다는 초보적인 사실을 확인하였다. 뿐만 아니라 동 시기의 중국 하북성에서 출토된 정주한묘 죽간 『논어』와의 문자나 형태 등을 비교한 결과 대체로 동일한 시기와 형태임을 확인할 수 있었다. 따라서 우리의 관심은 자연스럽게 한국뿐만 아니라 고대 동아시아 사회의 문화 교류 등과 같은 관련성에 대하여 탐구하기 시작하였다.

그러나 본 연구가 관련 보고서나 실측 도판 혹은 사진도 없이 제공받은 원래 죽간의 형태와 그 비율을 정확히 알 수 없는 흑백사진 1장에 의해서 시작하였기 때문에 상당 부분의 서술이 제한적일 수밖에 없었다. 그렇지만 판독 과정에서 적지 않은 새로운 사실을 알 수 있었다. 하나의 간에는 정주한묘 죽간 『논어』와 마찬가지로 중앙에 편철한 부분을 중심으로 10자씩 전체 20자 내외로 작성되어 있다. 또한 2010년 1월 15일 입수한 〈사진 2〉로부터는 〈사진 1〉에서 확인할 수 없었던 「선진」 제1장 · 제5장과 「안연」 제4장 · 제8장 · 제10장의 내용을 확인할 수 있었다. 이를 통해 정백동364호분에서 출토된 죽간 『논어』에서 제11권

「선진」은 33매(19개장 잔결 589자)가 판독되어 현행본 25장 1,052字와 비교하면 6개의 장과 463자가 누락되어 전체의 약 56% 분량에 해당되며, 제12권 「안연」은 11매(9개장(章) 잔결, 167자)를 찾아 현행본 24장 990자와 비교하면 13개의 장과 823자가 누락되어 전체의 16.9%를 확인할 수 있었다.

표기방법에서도 종래 발견된 죽간이나 목간과는 약간이 차이를 보이고 있다. 전국 초간이나 진한 간독에서 흔히 발견할 수 있는 서사 방법은 동일한 자를 연이어 쓸 때는 동일자를 반복하여 쓰지 않고 중문부호(重文符號, =)를 사용하고 있지만, 평양 『논어』 죽간은 동일자를 그대로 적고 있다. 또한 정주한간 논어에서는 잘못한 글자를 깎아내고 다시 쓴 흔적을 확인할 수 있었지만 평양 『논어』 죽간에서는 작은 글자로 누락된 글자를 추가로 기입한 사실을 알 수 있었다.[79] 그리고 새로운 장구가 시작할 때에는 간의 상단 천두에 원점(•)을 표기하고 있다. 그 외에도 통행본과 정주한간 『논어』의 내용을 상호 비교하여 석문을 작성하는 과정에서 상당 부분의 자구가 일치하지 않고 있다. 따라서 이러한 문제에 대해서는 추가 자료의 공개와 이에 대한 정확한 분석이 선행되어야 어느 정도 답할 수 있는 사안이라고 생각한다.

한편 필자들은 정백동364호분 죽간 『논어』의 출토 시기에도 주목한 결과, 중국 하북성 정현에서 출토된 『논어』 죽간과의 시기 차가 최소 10년 정도임을 알 수 있었다. 이러한 사실은 무제시기 유가의 관학화와 오경박사가 설치된 이래, 선제 · 원제시기 유가의 서적과 사상이 변

79) 「先進」의 경우는 간3, "聞斯行之赤也惑敢問子　曰求也退故進之由也兼人"(先-21), 간4, " • 子貢〔問師也〕與商也孰賢孔　子曰〔師〕也迪商也不及然"(先-15), 간24, "如作對曰異乎三子者之 〔撰〕子曰何傷亦各言其〔志〕也"(先-25).

경 지역으로 확대하였음을 입증하는 것이다. 따라서 근래 한국 남동부에 위치한 김해와, 중서부의 인천지역에서 출토된 논어 관련 목간과의 연관성을 고려한다면 본 자료의 출토는 『논어』라는 텍스트 연구에 국한된 것이 아니라 고대 동아시아 사회에서의 문자나 사상의 전파 과정을 이해할 수 있는 중요한 계기를 마련했을 뿐만 아니라 세계적으로 '논어학(論語學)'을 연구하는 중요한 자료가 될 가능성이 매우 농후하다. 물론 현재 공개된 자료만으로는 이러한 논의가 더 이상의 진전이 없을 가능성도 결코 부정할 수는 없다. 그러나 현재까지 입수한 사진 2매와 또 다른 관련 자료가 있다는 이성시 선생의 보고는 향후의 진전된 논의를 가능케 하고 있다. 이런 까닭에 본고에서는 추가 자료의 입수를 기다리면서, 평양 정백동364호분 출토 죽간 『논어』에 대해서는 초보적인 분석 및 소개만을 진행하였다.

연암 박지원의 성리설(性理說)에 대한 입장: 주자학 및 양명학 논의와 관련하여

백민정

1. 감각 경험과 인식의 한계에 대한 비판

연암 박지원(朴趾源, 1737~1805)에 대해서는 이미 상당한 수준의 학문적 연구가 진행되어 있다. 본 글에서 연암의 문학세계나 작가정신 등에 대해 다시 논하기는 어렵다. 당대 최고의 문장가이자 새로운 문풍의 혁신을 주도한 인물, 고식적인 과거의 풍속에 얽매이기 싫어한 연암 박지원의 활달한 기상과 예리한 안목 등은 그의 다양한 문학작품 그리고 이를 분석하고 논평한 수많은 연구서들을 통해 잘 살펴볼 수 있다. 본고에서는 주자학 혹은 양명학 등 연암의 기본적 세계관에 직간접적으로 영향을 미친 당대의 '철학사조'와 관련해 몇 가지 쟁점을 살펴볼 예정이고, 이를 위해 기존에 이미 논의된 내용 가운데 한두 가지 쟁점만 다시 짚어보려고 한다. 연암이 인간의 감각기관 그리고 감각경험의 한계를 경계하고 보편적 인식의 오류 가능성을 비판했던 점, 이로 인해 사물과 사태에 대한 상대주의적 관점을 견지하게 된 점, 대상을 있는 그대로 파악하고 이해하기 위해 편견에 사로잡힌 기성의 고착된 마음을 비우고 고요하게 만들 것, 좀 더 적극적으로 표현하면 어린아이의 순진무구한 마음처럼 활달한 기상과 타고난 있는 그대로의 생기 있는 심성을 회복할 것 등을 강조한 것은 잘 알려진 사실이다.

감각경험의 제한성과 오류에 대한 연암의 경계는 『열하일기』「일야구도하기(一夜九渡河記)」에 잘 나타난다.[1] 귀와 눈 같은 감각기관에 의지해서 듣고 보려는 자는 오히려 소리와 빛이라는 외물(外物)에 의해 이목(耳目)이 가려지기 때문에 제대로 보고 들을 수 없다고 말한다. 연암은 자신의 감각기관이 도리어 장애가 되지 않도록 마음을 고요하고 그윽하게[冥心] 비울 것을 주장한다. 이 대목에서 연암이 가장 잘 사용하는 에피소드는 알려진 바처럼 감각능력을 상실한 '맹인 이야기'다. 『열하일기』「환희기(幻戲記)」에서도, 우리가 요술쟁이의 마술에 속는 것은 눈이 제대로 살피지 못해서 그런 것이 아니라 오히려 눈으로 밝게 보려는 자가 스스로 자신의 마음을 속이기 때문이라고 경계했다.[2] 갑자기 시력을 회복

1) 燕巖集卷之十四, 熱河日記, 山莊雜記, 一夜九渡河記. 吾乃今知夫道矣. 冥心者, 耳目不爲之累, 信耳目者, 視聽彌審而彌爲之病焉…聲與色外物也, 外物常爲累於耳目, 令人失其視聽之正如此, 而况人生涉世, 其險且危, 有甚於河, 而視與聽, 輒爲之病乎. 吾且歸吾之山中, 復聽前溪而驗之, 且以警巧於濟身, 而自信其聰明者.

2) 熱河日記, 幻戲記. 是日鴻臚寺少卿趙光連, 聯椅觀幻, 余謂趙卿, 目不能辨是非察眞僞, 則雖謂之無目可也. 然常爲幻者所眩, 則是目未嘗非妄而視之明, 反爲之祟也. 趙卿曰, 雖有善幻難眩瞽者, 目果常乎哉. 余曰, 弊邦有徐花潭先生, 出遇泣于道者曰 爾奚泣, 對曰, 我三歲而盲, 今四十年矣. 前日行則寄視於足, 執則寄視於手, 聽聲音而辨誰某則寄視於耳, 嗅臭香而察何物則寄視於鼻, 人有兩目而吾手足鼻耳, 無非目也…今行道中, 兩目忽淸, 瞖瞙自開, 天地寥廓, 山川紛鬱, 萬物礙目, 群疑塞胷, 手足鼻耳, 顚倒錯謬, 皆失故常. 渺然忘家, 無以自還, 是以泣爾. 先生曰, 爾問爾相, 相應自知. 曰, 我眼旣明, 用相何地. 先生曰, 還閉爾眼, 立地汝家. 由是論之, 目之不可恃其明也如此. 今日觀幻, 非幻者能眩之, 實觀者自眩爾.

한 맹인에게 도로 눈을 감음으로써, 다시 말해 시각경험에 의존하지 않음으로써 과거에 오가던 길을 다시 기억할 수 있을 것이라고 조언한 화담 서경덕의 이야기가 나오는 것도 같은 대목에서다. 사실 이러한 경계심에서는 연암 자신도 예외가 아니었다. 국경을 넘어 책문을 들어서며 연암은 청나라 민가의 번화한 벽돌집과 수많은 수레, 화물차 행렬을 보면서 시기심에 사로잡힌다. 그러나 곧 자신을 책망하며 여래의 '평등안(平等眼)'으로 사물을 보아야 비로소 시기와 질투심이 가라앉을 것임을 자각한다.[3] 연암이 이 대목에서 월금(月琴)을 타며 지나가는 맹인을 두고 그가 '평등안(平等眼)'을 지닌 자라고 탄복한 것도 이런 이유에서다.

연암은 외물에 의해 쉽게 현혹되고 망상을 불러일으키는 감각기관을 회의하는 데서 나아가 적극적으로 사태와 대상을 수용하고 받아들이는 마음의 능력에 대해서도 언급했다. 이서구(李書九)에게 보낸 「소완정기(素玩亭記)」에서 연암은 '집중' 혹은 '집약'의 의미로서의 '약(約)'의 공부와 마음으로 깨닫는다[心會之]는 의미의 '오(悟)'의 의식 상태를 설명한 적이 있다.[4] '약'은 일정한 거리를 두고 어떤 대상의 전체 모습을 한눈

3) 熱河日記, 渡江錄, 甲戌. 復至柵外, 望見柵內, 閭閻皆高起五樑, 苫艸覆盖, 而屋脊穹崇, 門戶整齊, 街衕平直, 兩沿若引繩, 然墻垣皆甎築, 乘車及載車, 縱橫道中, 擺列器皿, 皆畵瓷. 已見其制度絶無邨野氣. 往者洪友德保, 甞言大規模細心法. 柵門天下之東盡頭, 而猶尙如此, 前道遊覽, 忽然意沮, 直欲自此徑還, 不覺腹背沸烘. 余猛省曰, 此妒心也. 余素性淡泊, 慕羨猜妒, 本絶于中, 今一涉他境, 所見不過萬分之一, 乃復浮妄若是, 何也. 此直所見者小故耳. 若以如來慧眼, 遍觀十方世界, 無非平等, 萬事平等, 自無妒羨. 顧謂張福曰, 使汝往生中國何如. 對曰, 中國胡也, 小人不願. 俄有一盲人肩掛錦囊, 手彈月琴而行. 余大悟曰, 彼豈非平等眼耶.

4) 燕巖集卷之三, 孔雀舘文稿, 素玩亭記. 故爾莫若身處室外, 穴牖而窺之, 一目之專, 盡擧室中之物矣. 洛瑞謝曰, 是夫子擊我以約也. 余又曰, 子旣已知約之道矣, 又吾敎子, 以不以目視之, 以心照之可乎. 夫日者, 太陽也. 衣被四海, 化育萬物, 濕照之而成燥, 闇受之而生明. 然而不能爇木而鎔金者, 何也. 光遍而精散故爾、若夫收萬里之遍照、聚片隙之容光, 承玻瓈之圓珠, 規精光以如豆, 初亭毒而晶晶, 倏騰焰而熊熊者, 何也. 光專而不散, 精聚而爲一故爾. 洛瑞謝曰, 是夫子警我以悟也. 余又曰⋯夫玩者, 豈目視而審之哉. 口以

에 바라보는 인식론적 방법을 의미하며, '오'는 눈으로 바라보고 이해하는 데서 나아가 마음으로 그 핵심을 터득하는 것을 의미한다.[5] 그런데 이러한 인식의 과정에서 연암은 우선 선입견이나 편견에 사로잡힌 기성의 마음을 먼저 사심(私心)이 없는 텅빈 상태로 비울 것을 주장한다. 비어 있어야 새로 찰 수 있고 투명해야 받아들일 수 있는 것처럼 우리의 기존 마음도 비워야만 새로운 대상을 있는 그대로 수용할 수 있다는 말이다.[6] 맹인이 자기 감각기관의 제한된 작용에 의존하지 않는 것과 마찬가지로 우리도 기존에 형성된 마음의 인식작용과 이해능력에 의지하지 않아야 비로소 참된 인식을 얻게 된다고 보았다. 연암이 '명심(冥心)'과 '허심(虛心)'을 강조한 것은 이 점에서 볼 때 새로운 사태를 수용하기 위한 마음의 선결조건을 말한 것이었다고 볼 수 있다.

2. 명심(冥心)과 어린아이 마음(童心) 강조

연암이 기성의 마음을 고요하게 비울 것을 강조한 것은 그 자체로 목적이 될 수는 없었다. 오히려 진정(眞情) 혹은 진기(眞機), 천기(天機)라고 할 만한 천연의 자연스러운 정감, 생동감 있는 마음의 적극적 발현을 위해 편견과 선입견 제거, 기존 지식에 대한 철저한 반성을 요구했던 것일 뿐이다. 이 점과 관련해 연암이 강조한 것은 꾸밈없는 인간 마음의

味之，則得其旨矣，耳而聽之，則得其音矣，心以會之，則得其精矣．今子穴牖而專之於目，承珠而悟之於心矣．雖然，室牖非虛，則不能受明，晶珠非虛，則不能聚精．夫明志之道，固在於虛而受物，澹而無私，此其所以素玩也歟．

5) 임형택, 「박연암의 인식론과 미의식」, 『한국한문학과 미학』, 태학사, 2003 참조.

6) 김형찬, 「박지원 실학사상의 철학적 기반」, 『실학의 철학』, 311-312쪽 참조.

본래 모습, 즉 본연의 상태를 가장 잘 표현한 것이 바로 '동심(童心)', 어린아이의 마음이라는 것이다. 동심에 대한 강조가 18세기 조선 지식인들 사이에 갑작스럽게 등장한 점과 관련, 명말청초의 중국을 통해 유입된 양명좌파, 공안파 문학의 영향을 강조한 선행연구가 있었다.[7] 이에 따르면 연암이 어린아이의 마음을 빗대어 어른의 고착된 마음과 인식작용을 비판한 것은 양명좌파 이지(李贄, 1527-1602) 및 공안파 원굉도(袁宏道, 1568-1610) 등의 영향을 강하게 받았기 때문이라는 것이다. 실제 연암은 여러 대목에서 동심의 의미와 효과를 강조했다. 부모의 태중에 있다가 처음 세상에 나올 때 내지르는 어린아이의 울음소리[兒聲]를 진성(眞聲)으로 묘사하며 이런 꾸밈없는 본정(本情) 혹은 진정(眞情)의 표출을 강조하는가 하면[8], 외부로부터 강요된 어떠한 기성의 규범과 규율도 '유자지진솔(孺子之眞率)'을 억지로 누를 수는 없다는 점을 들면서, 이런 특징과 관련하여 「영처고서(嬰處稿序)」에서 이덕무(李德懋) 시의 진기(眞機)를 높이 평가하기도 했다.[9]

그런데 연암이 강조한 어린아이 마음은 단순히 순진무구한 상태, 생명력 있고 활달한 모습만을 강조한 것은 아니다. 연암이 말한 동심은,

---

7) 강명관, 「연암 시대의 양명좌파 수용」(『대동한문학』 23호, 2005) 및 이원석, 「박지원의 『열하일기』와 양명학적 사상세계」(『중국사연구』 49집, 2007) 참조.

8) 熱河日記, 渡江錄, 甲申. 余曰, 問之赤子. 赤子初生, 所感何情. 初見日月, 次見父母, 親戚滿前, 莫不歡悅. 如此喜樂, 至老無雙, 理無哀怒, 情應樂笑…此大非赤子本情. 兒胞居胎, 處蒙冥沌塞, 纏糾逼窄, 一朝迸出寥廓, 展手伸脚, 心意空闊, 如何不發出眞聲盡情一洩哉. 故當法嬰兒聲無假做.

9) 燕巖集卷之七, 鍾北小選, 嬰處稿序. 孺子不嚴, 瀆冒威尊, 爬瞳不瞬, 觸鼻不嚏. 塊然泥塑也. 由是觀之, 外舐水匏, 全呑胡椒者, 不可與語味也, 羨鄰人之貂裘, 借衣於盛夏者, 不可與語時也. 假像衣冠, 不足以欺孺子之眞率矣…今懋官朝鮮人也. 山川風氣地異中華, 言語謠俗世非漢唐. 若乃效法於中華, 襲體於漢唐, 則吾徒見其法益高而意實卑, 體益似而言益僞耳. 左海雖僻國, 亦千乘, 羅麗雖儉, 民多美俗, 則字其方言, 韻其民謠, 自然成章, 眞機發現. 不事沿襲, 無相假貸, 從容現在, 卽事森羅, 惟此詩爲然.

기존에 이루어진 잘못된 관습과 판단, 제한된 인식론적 오류 등을 거부하고 새로운 안목을 갖게 하는 잠재력까지 포괄한다. 자신이 서대문 근처에 살 때의 경험을 예로 들며 아동들의 다음과 같은 시 구절을 인용한 적이 있는데, 이 역시 연암의 의중을 동심에 빗대어 표현한 것이라고 볼 수 있다. "무왕이 만약 패해서 죽었다면[武王若敗崩], 아득한 천 년 뒤에는 주왕의 역적이 되었을 것이고[千載爲紂賊], 강태공 여망은 어째서 백이를 살려 보내고도[望乃扶夷去] 역적을 옹호했다고 하여 벌을 받지 않았던가[何不爲護逆]. 춘추의 의리를 이제껏 떠들지만[今日春秋義] 오랑캐라고 욕하는 자는 곧 오랑캐의 역적이 될 것을[胡看爲胡賊]."[10] 서당 아동의 시구라고 보기에는 다소 현학적인 이런 내용을 동심을 빌려 전하는 연암의 속내가 무엇인지 짐작할 만하다. 당시 상식으로 간주되던 다양한 판단과 평가 역시 조금만 다른 각도에서 보면 전혀 다른 의미를 갖는다는 상대주의적 시선을 아이의 마음을 빌려 전한 것이다. 연암은 참된 선비란 무엇인가를 밝히는 글에서도 선비의 마음은 꾸밈없이 자신이 믿고 좋아하는 것을 지키려는 어린아이 마음 혹은 수줍은 처녀의 마음과 같아야 한다고 강조했다.[11] 세상에 의해 외부로부터 주어진 가치를 그대로 수용하기보다 자신의 천성이 요구하고 원하는 대로 솔직담박하게 욕구를 표현하고 실천하려는 의지, 그런 마음의 경향성을 동심을 통해 강조한 것이다.

동심을 부각시키고 진기(眞機)·진정(眞情) 혹은 천기(天機) 등을 강조한 점에 주목하면 박지원의 사유 및 그의 작품세계가 직접적으로 양명

10) 熱河日記, 關內程史, 7월 27일 癸卯日 참조.

11) 燕巖集卷之十, 罨畫溪蒐逸, 雜著, 原士. 吾所謂雅士者, 志如嬰兒, 貌若處子, 終年閉其戶而讀書也. 嬰兒雖弱, 其慕專也, 處子雖拙, 其守確也. 仰不愧天, 俯不怍人, 其惟閉戶而讀書乎.

좌파나 공안파의 영향 하에 조성된 것으로 보일 수도 있다. 그러나 이러한 표층적인 차원에 앞서 이미 연암 이전 시대에 유입된 양명학, 다시 말해 퇴계와 율곡 시대의 주자학에 밀린 조선 시대 양명학의 어떤 흐름이 이미 전제되어 있었다고 보아야 할 것이다.[12)] 이것은 연암의 문학작품에 보이는 생동감 있는 진정(眞情)의 표출, 순진무구한 동심(童心)의 강조를 부인하거나 혹은 보다 추상적인 차원의 논의로 환원하려는 것이 아니고, 뒤에서 살펴볼 것처럼 양명학의 철학사조와 연계된 어떤 관점을 연암이 직접 피력한 바 있기 때문이다. 더구나 연암의 양명학적 시선을 다룰 때는 여기서 한 걸음 더 나아가 주자학의 사유체계와도 비교해서 이 문제를 이해할 필요가 있다. 왜냐하면 선행연구 중 연암 작품에 나타난 양명학적 요소를 지나치게 확대 해석해서 노장사상 전반으로 환원하거나 급기야 연암 박지원의 사유를 유학과는 거리가 먼 도가적, 불교적 사유경향으로 해석한 사례도 있기 때문이다.[13)] 가령 연암 사유에 양명학적 요소가 드러난다면 이 문제는 당대 주자학과의 씨름 혹은 비판이라는 측면에서 분석할 필요가 있는 쟁점이다. 본문에서는 연암의 「답임형오논원도서(答任亨五論原道書)」를 통해 이 문제에 대해 상세히 살펴보겠다.

12) 신향림, 「연암 박지원의 만년 사상에 대한 재론: 맹인 설화와 〈답임형오논원도서〉를 중심으로」, 『한국한문학연구』 46, 2010 참조.

13) 이진경, 「연암사상에 보이는 양명학과 도가철학의 회통성」(『陽明學』 24, 2009) 및 「燕巖 朴趾源의 哲學思想에 관한 硏究: 도가철학적 관점을 중심으로」(충남대박사논문, 2009). 문영오, 『연암소설의 도교철학적 조명』(태학사, 1993) 등. 연암사유에 나타나는 불교적 성향의 세계관과 인식방법에 대해서는 박희병의 다음 글 참조: 「박지원 사상에 있어서 言語와 冥心」, 「박지원의 산문시학」(『한국의 생태사상』(돌베개, 1999). 이종주, 「연암의 불교적 인식과 사유체계」, 『大東漢文學』 23, 2005.

3. 주자학의 리(理), 성(性), 오행(五行) 개념에 대한 회의와 반성

주자학적 세계관에 대한 연암의 입장을 살펴보기 위해 기존의 대표적인 철학 개념에 관한 그의 관점부터 검토하겠다. 오행 개념에 대한 비판은 알려진 것처럼 『연암집』 「홍범우익서(洪範羽翼序)」에 가장 잘 드러난다. 연암은 오행이 만물을 구성하는 다섯 가지 추상적 원리 혹은 특별한 성격을 지닌 존재가 아니고, 만물 가운데 속한 평범한 다섯 가지 물질이라고 보았다. "어느 것이고 물질이 아닌 것이 없지만 유독 나무, 불, 흙, 쇠, 물만을 오행(五行)이라고 말한 것은 이 다섯 가지로 만물을 포괄하면서 그것들의 덕행을 칭송한 것일 뿐이다." 연암은 한대 유학 이후로 오행을 음양(陰陽)·복서(卜筮)·참위설(讖緯說) 등과 뒤섞어 신비화하면서 상생상극설(相生相克說), 모자설(母子說) 등으로 오행 개념을 왜곡시킨 것을 비판하고, 이용(利用)·후생(厚生)의 관점에서 인간이 효과적으로 활용할 수 있는 대표적인 다섯 가지 물질로 오행의 의미를 재해석했다.[14] 연암의 이와 같은 관점은 『열하일기』 「호질」에서도 비유적으로 잘 드러난다. 오행(五行)과 육기(六氣)는 서로 무관하게 존재하는 평범한 물질적 요소인데, 이것을 억지로 짝짓고 줄을 세워 상생(相生)·상극(相克)과 재성(裁成)·보상(輔相)의 논리로 꾸민 것을 범의 호통을 빌려 비판한 것이다.[15]

---

14) 燕巖集卷之一，煙湘閣選本，洪範羽翼序．夫五行者，天之所賦，地之所蓄，而人得以資焉．大禹之所第次，武王箕子之所問答，其事則不過正德利用厚生之具，其用則不出乎中和位育之功而已矣．漢儒篤信休咎，乃以某事必爲某事之徵，分排推演，樂其誕妄，流而爲陰陽卜筮之學，遁而爲星曆讖緯之書，遂與三聖之旨，大相乖謬．至於五行相生之說而極矣…何莫非物也，獨以行言者，統萬物而稱其德行也．

15) 熱河日記, '虎叱' 다음 대목 참조: "음양이란 것은 한 기운에서의 죽고 삶에 불과하거늘 그들이 둘로 나뉘었으니 그 고기가 잡될 것이요, 오행은 각기 제 바탕이 있어서 애당초 서로 낳는 것

특히 「호질」의 같은 대목에서 연암은 리(理)와 성(性) 개념, 천명(天命)을 강조하는 주자학적 세계관과 인성론에 대한 거부감을 피력하고 있다. 인간들이 매번 리(理)와 성(性)을 강조하며 천명(天命)에 따를 때 동물과 인간의 본성이 서로 다르고 같다는 등의 인성(人性)·물성(物性)에 관한 화려한 논변을 펼치지만, 오히려 천(天)의 입장에서 보면 호랑이와 인간이 다른 점이 없고 천지(天地)의 인(仁)으로써 화육(化育)하는 관점에서 보아도 인간과 만물이 다른 점이 전혀 없으며, 결국 이렇게 보면 중화와 이적의 문명론적 구분 역시 별 의미가 없다고 본 것이다. 연암이 이기(理氣) 개념과 연관해서 인물성(人物性) 문제를 논평한 것은 『열하일기』 「상기(象記)」 편에도 드러난다. 세상 사물에는 모두 이치가 있어서 천(天) 혹은 상제(上帝), 신(神) 등 다양한 이름을 가진 어떤 존재가 리(理)와 기(氣)로써 화로와 풀무를 삼아 마치 공장장이처럼 망치, 도끼, 칼 등으로 쉬지 않고 조물(造物)한다고 말하지만, 연암은 과연 사람들이 말하는 천리(天理)라는 것이 도대체 무엇인지 다시 반문한다.[16] 학

은 아니거늘 이제 그들이 구태여 子母로 갈라서 심지어는 짜고 신 맛에 이르기까지 分配시켰으니 그 맛이 純하지 못할 것이요, 육기는 제각기 행하는 것이어서 남이 이끌어 줌을 기다릴 것이 없거늘 이제 그들은 망녕되이 裁成輔相이라고 일컬어서 사사로이 공을 세우려고 하니, 그것을 먹는다면 어찌 딱딱하여 가슴에 체하거나 목구멍에 구역질이 나지 않겠느냐… 너희들은 理를 말하고 性을 논하면서 툭하면 하늘을 일컫지만 하늘이 命한 바로써 본다면 범이나 사람이 다 한 가지 동물이요, 하늘과 땅이 만물을 낳아서 기르는 仁으로써 논한다면 범과 메뚜기, 누에, 벌, 개미와 사람이 모두 함께 길러져 서로 거스를 수 없는 것이요, 또 그 선악으로써 따진다면 뻔뻔스레 벌과 개미의 집을 노략질하고 긁어 가는 놈이야말로 천하의 큰 도적이 아니며 함부로 메뚜기와 누에의 살림을 빼앗고 훔쳐 가는 놈이야말로 仁義의 큰 적이 아니겠는가. 요컨대 사람으로서 보면 中華와 夷狄의 구별이 뚜렷하겠지만 하늘로서 보면 殷의 冔冠이나 周의 冕旒도 제각기 때를 따라 변했으니 어찌 반드시 淸人의 紅帽만 의심하겠는가."

16) 燕巖集卷之十四, 熱河日記, 山莊雜記, 象記. 噫, 世間事物之微, 僅若毫末, 莫非稱天, 天何嘗一一命之哉. 以形體謂之天, 以性情謂之乾, 以主宰謂之帝, 以妙用謂之神, 號名多方. 稱謂太褻, 而乃以理氣爲爐鞴, 播賦爲造物, 是視天爲巧工而椎鑿斧斤, 不少間歇也…敢問齒與之者誰也, 人將曰, 天與之. 復問曰, 天之所以與齒者, 將以何爲. 人將曰,

의 다리가 길고 목이 긴 반면 닭의 다리는 짧고, 코끼리는 코가 길 뿐 어금니가 크게 솟구쳐 땅의 먹이를 주워 먹기 불편한데 왜 이런 모양새를 갖게 되었는지 사람들에게 반문하면, 결국 천리(天理)가 원래 그렇다는 등의 무지한 말만 반복할 뿐 제대로 아는 자가 없다고 신랄하게 비판했다. 사람은 흔히 자신이 익숙하게 보아온 소, 말, 닭, 개 등에 대해서나 알 뿐 눈으로 보이는 코끼리 같은 구체적 존재도 잘 알지 못하며 용, 봉황, 거북, 기린 등 특별한 존재에 대해서는 더욱 아는 바가 없는데도, 마치 천리를 꿰뚫어보고 만물의 본성을 다 아는 것처럼 함부로 이야기한다는 것이다.

이렇게 보면 주자학의 리(理)와 성(性), 오행(五行) 개념에 대해 연암이 비판한 것처럼 보일지 모르지만, 기본적으로 만물의 본성을 동일한 것으로 간주하면서 '천명지성(天命之性)', '본연지성(本然之性)' 등의 주자학 용어와 함의를 그대로 사용했고, 특히 본성론 문제에 있어 연암이 조선 후기 낙론계의 '인물성동론(人物性同論)'과 유사한 관점을 피력한 것을 확인할 수 있다.[17] 연암의 인물성론에 대한 입장 그리고 인물성 개념

天使之齧物也．復問曰，使之齧物何也．人將曰，此夫理也，禽獸之無手也，必令嘴喙俛而至地以求食也，故鶴脛旣高則不得不頸長，然猶慮其或不至地，則又長其嘴矣．苟令鷄脚效鶴則餓死庭間．余大笑曰，子之所言理者，乃牛馬鷄犬耳．天與之齒者，必令俛而齧物也．今夫象也，樹無用之牙，將欲俛地，牙已先距，所謂齧物者，不其自妨乎．或曰，賴有鼻耳．余曰，與其牙長而賴鼻，無寧去牙而短鼻．於是乎說者不能堅守初說．稍屈所學，是情量所及，惟在乎馬牛鷄犬，而不及於龍鳳龜麟也．象遇虎則鼻擊而斃之，其鼻也天下無敵也，遇鼠則置鼻無地，仰天而立，將謂鼠嚴於虎，則非向所謂理也．夫象猶目見而其理之不可知者如此，則又況天下之物萬倍於象者乎．故聖人作易，取象而著之者，所以窮萬物之變也歟．

17) 연암의 인물성론과 낙론계 인물성동론과의 연관성에 대해서는 다음 논문들 참조할 수 있다: 유봉학, 「북학사상의 형성과 그 성격: 담헌 홍대용과 연암 박지원을 중심으로」(한국사론 8, 1982), 조동일, 「조선 후기 인성론과 문학사상」(『한국문화』 11, 1990), 김문용, 「북학파의 인물성론」 『인성물성론』(한길사, 1994), 김형찬, 「박지원 실학사상의 철학적 기반」 『실학의 철학』(예문서원, 1997) 등.

을 뒷받침하는 이기(理氣) 개념에 대한 논의는 다음 장 서신을 통해 좀 더 살펴보겠다. 다만 인물의 본성을 멋대로 재단해서 허황되게 이야기하는 것을 비판하면서도, 연암은 일반적인 인물성동론자처럼 본연지성은 같고 기질지성에 있어 만물이 차이 난다고 생각하기보다, 천명(天命)과 기화(氣化)의 두 층위가 절대 떨어질 수 없다는 점을 특히 강조하면서, 모든 존재는 성(性)과 기(氣)의 두 차원에서 항상 선(善)하다고 주장했다.[18] 사실 낙론계 학자 가운데 연암처럼 모든 존재가 천명지성의 차원뿐만 아니라 기(氣)와 생(生)의 구체적 경험 차원에서 선(善)하지 않음이 없고 바로 이 점에서 만물과 내가 같다고 주장한 경우는 별로 없었다. 따라서 연암의 관점이 낙론계 인물성론의 단순한 계승이 아닌 것은 분명하며 어느 정도 변형된 형태라고 볼 수 있겠다. 다만 연암은 리(理)[천리]와 성(性)[본성]의 문제에서 인간의 자의적인 분별과 평가를 경계하기 위해 만물 모두를 동일하게 선(善)한 존재라고 간주했지만, 도리어 이러한 관점이 사물에 대한 추상적 이해라는 한계를 드러낸 것은 아닌가 생각된다.

4. 주자학적 관점과 연계된 연암 성리설의 기본 구도

연암의 수많은 저작 가운데 이기(理氣)와 성정(性情)의 문제를 심각하

18) 燕巖集 卷二，煙湘閣選本，答任亨五論原道書．任生曰，性之相近者，莫善於火，則取以爲譬，旣聞命矣．火亦有天命氣質之不同歟．曰，有萬物同在氣化之中，何莫非天命．夫性者，從心從生，心之具而生之族也．無氣則命絶矣，性安從生，非生則性息矣，善安所係耶．苟究天命之本然，則奚獨性善，氣亦善也，奚獨氣善，萬物之含生者莫不善也．樂其天而順其命，物與我無不同也，是則天命之性也．

게 그리고 본격적으로 논한 것은 거의 없다. 따라서 어떤 선행연구에서 언급했듯이 이 문제가 그의 주요한 관심대상이 아니었다고 볼 수 있고, 결국 주자학적 세계관 혹은 철학개념에 대해 연암이 의식적으로 옹호하거나 거부하려는 의도를 갖지 않았다고 볼 수도 있다.[19] 그러나 연암이 체계적인 사상가 혹은 철학자라기보다 예술적 직관과 표현에 뛰어난 탁월한 문장가라고 보더라도, 그의 수많은 문학작품에 당대의 권위적인 세계관, 주자학 이념과 예교(禮敎) 등에 대한 연암 본인의 개인적인 기호가 반영되지 않을 수는 없었을 것이다. 표면적으로 보면 대부분 고착화된 주자학을 비판했던 것으로 보이지만 이렇게 단순하게 전통사상에 대한 연암의 관점을 단선적으로 정리하기는 어려워 보인다. '법고창신'에 대한 논의가 그렇듯이 조선의 전통사유, 즉 주자학에 대한 그의 관점도 비판과 계승의 여러 측면을 복합적으로 가질 수밖에 없기 때문이다. 알려진 대로 연암의 주자학 관련 논의가 분명하게 드러난 글은 말년에 작성된 「답임형오론원도서(答任亨五論原道書)」이다. 이 서신은 아들 박종채[종간]의 기록에 의하면 연암의 말년에 쓰인 것으로 편지 말미에 덕성(德性) · 이기(理氣)에 관한 24개 짧은 항목들이 함께 수록되어 있다. 이 외에도 성리(性理)에 대한 연암의 생각을 담은 여러 메모가 있

19) 강명관은 「연암 시대의 양명좌파 수용」이란 글에서 연암 사유를 비평하면서 '주자학'을 논의의 중심에 놓는 것 자체가 '무의미'하다고 주장한다. 이것은 주자학을 중세로, 탈주자학을 근세로 설정하고 연암을 근대주의로 해석하려고 하기 때문이라고도 논평한다. 그러나 주자학 도식을 근대와 탈근대의 이분법적 기준으로 읽어내는 문제와는 관계없이, 이에 대한 특정한 평가를 내리기 전에 연암이 구사하는 철학적 사유와 발언을 재검토하는 작업은 필요하다고 보며, 그것이 주자학 관련 쟁점이라고 해도 더 이상 우리가 회피할 필요가 없다고 본다. 더 큰 문제는 아직도 근대 · 전근대 문제와 관계없는 주자학에 대해 언급하는 것조차 꺼리는 근대에 대한 드러나지 않은 또 다른 학술적 콤플렉스가 아닐까 생각한다. 연암이든 홍대용이든 박제가든 이들은 모두 주자학의 풍토 속에서 자연스럽게 성장했고 그로부터 다양하게 분기된 인물들이라고 생각해야 할 것이다.

었으나 원고가 흩어졌고 제대로 교정되지 않아서 더 이상의 것은 덧붙이지 못했다고 밝혔다.[20] 이렇다면 이것은 결국 편지 뒤에 부록된 24개 조항은 그래도 교정을 거친 것으로 부친 박지원의 의사를 분명히 드러낼 수 있는 메모라고 생각해서 덧붙인 것임을 알 수 있다.

한 연구자는 덕성(德性)과 이기(理氣)에 관한 24개 항목의 발언이 임형오에게 보낸 연암의 편지글과는 다른 종류의 것으로서 이것을 서신의 일부처럼 간주해서 함께 인용해서는 안 되고, 더구나 24개 조항에 나타난 주자학 메모를 마치 연암 말년 사상의 근거로 활용해서도 안 된다고 평가했는데, 이러한 평가에도 역시 문제가 있다고 본다.[21] 24개 조항의 내용을 서신의 일부가 아니라고 말할 수 있을지는 모르겠지만, 그렇다고 이것을 연암 말년의 발언이 아니라고 보면서, 연암은 젊은 날 주자학에 대한 불신과 옹호의 과정을 경험하다가 말년에는 양명학적 세계관으로 전회했다고 볼 수는 없기 때문이다. 연암이 단지 공안파나 양명좌파의 유행하던 사조를 통해 자신의 사유를 형성한 것이 아니라 이미 조선에 유입되어 이단으로 공격받아 온 양명학 자체의 관점에서 영향을 받았다고 본 연구자의 평가는 유의미하게 검토할 필요가 있다고 본다. 그러나 이 서신에 함께 부록된 메모 내용을 간과하면서 서신 앞부분 내용만을 중심으로 삼아 연암 사유가 주자학을 비판했고 양명학으로 기울었다고 결론내릴 수는 없다고 생각한다.[22] 연암의 사유를

20) 燕巖集卷二，煙湘閣選本，答任亨五論原道書．論原道書，書後雜說德性理氣共二十四條，府君晩年手筆也．其他亦有箚錄語及性理者，而散稿塗乙，多屬未定，玆不敢附載．男宗侃，謹書．

21) 신향림,「연암 박지원의 만년 사상에 대한 재론」, 364-365쪽 주석 24번 참조.

22) 본 서신과 24개 항목의 배치에 대해서는 이동환의 논문 참조. 그는 이 항목의 내용을 통해 연암이 말년에 주자학적 경향의 관점을 피력한 것을 인정했다. 이동환,「연암 사상의 한계에 대하여」,『대동한문학』 23 및「연암(燕巖)의 사유양식(思惟樣式)」,『韓國漢文學硏究』 11, 1988

낙론계 인물성론의 한 유파로 평가했던 연구들도 대부분 서신 뒤편에 함께 수록된 24개 조항을 근거로 한 것이다.[23] 그럼 주자학 혹은 양명학 관련 논의를 불러일으킨 연암의 서신 내용 몇 구절을 직접 살펴보겠다. 먼저 인용한 두 조목은 서신 본론 중의 내용이고, 뒤의 세 조목은 서신 뒤에 수록된 24개 항목 중에서 발췌한 것이다.

그렇다면 도(道)를 볼 수 있는가? 기(氣)가 아니면 리(理)를 볼 수 없다. 그러므로 기(氣)는 도의(道義)와 짝을 이루어 길러야만 호연(浩然)해진다. 사람[인(人)]에 대해 인(仁)을 합쳐서 말하면 그것이 곧 도(道)다. 하늘과 사람은 근원적으로 하나요 도(道)와 기(氣)가 서로 분리되지 않음은 바로 이와 같다.[然則道可見乎. 曰, 非氣則無以見. 故配義與道而養之爲浩然. 合仁於人而言之則道也k. 天人之一原, 而道氣之不離也如此.]

『주역』에 이르기를 "때에 따라 여섯 마리 용을 타고 하늘을 통어한다."고 했다. 여기서 '여섯 마리 용'이란 기(氣)인데 사방을 오르내리며, '때에 따라 탄다'는 것은 리(理)인데 어느 때든 기를 타지 않는 적이 없다. 그러므로 고집하지도 않고 기필코 성사하려고 들지도 않으며, 어느 것을 특별히 후대하지도 않고 박대하지도 않는다. 하늘이 여기에 무슨 상관이 있겠는가? 한 덩어리가 된 리(理)와 기(氣)일 뿐이다.[易曰, 時乘六龍, 以御天. 六龍者, 氣也, 上下四方也, 時乘者, 理也, 無時不乘也. 故無固無必無適

참조. 이 외에 주자학 관련하여 연암의 입장을 분석하거나 혹은 비판적으로 논평한 것으로는 다음 논문들 참조: 김형중, 「燕巖 朴趾源의 思惟體系에 對한 反省的 考察」(『한국언어문학』 43, 1999), 김명호, 「연암 문학사상의 성격: 주자사상과 관련하여」(『한국한문학연구』 17, 1994)

23) 앞의 주석 17번 내용 참조.

無莫. 天何有哉. 一團理氣而已.]

나[我]의 처지에서 저 물(物)을 볼 것 같으면, 나나 저나 골고루 이 기(氣)를 받아서 하나도 허(虛)하여 빌려 온 것이 없으니 어찌 천리(天理)가 지극히 공평하지 아니한가. 물(物)의 처지에서 나를 보면 나 역시 물의 하나이다. 그러므로 물(物)을 바탕으로 삼고 자신에게 돌이켜서 원인을 찾으면, 만물이 모두 나에게 갖추어져 있다. 그래서 나의 성(性)을 극진히 발현하면 물(物)의 성(性)도 극진히 발현할 수 있는 것이다.[以我視彼, 則勻受是氣, 無一虛假, 豈非天理之至公乎. 卽物而視我, 則我亦物之一也. 故體物而反求諸己, 則萬物皆備於我. 盡我之性, 所以能盡物之性也.]

『주역』에 "건도(乾道)가 변화함으로써 제각기 性과 命을 바르게 타고난다"고 하였다. 그러므로 건도란 원형이정(元亨利貞)이요 변화란 리(理)와 기(氣)이며, 제각기 바르게 타고난다는 것은 사시(四時)요, 따뜻하고 서늘하고 차갑고 더운 것은 사시의 기(氣)이며, 봄 · 여름 · 가을 · 겨울은 사시의 명(命)이요, 원형이정은 사시의 덕(德)이며, 인의예지(仁義禮智)는 사시의 리(理)이다.[易曰, 乾道變化, 各正性命. 故乾道者, 元亨利貞也, 變化者, 理氣也. 各正者, 四時也, 溫凉寒熱者, 四時之氣也, 春夏秋冬者, 四時之命也, 元亨利貞者, 四時之德也, 仁義禮智者, 四時之理也.]

하늘이 하늘로 된 것은 리(理)와 기(氣) 때문이다. 언어라는 것은 이기(理氣)의 모습과 소리이다. 하늘이 이미 말없이 보여주면, 사람은 그 모습과 소리를 체(體)로 삼아 언어로 드러낸다. 사태를 지시하고 사물에 비유하며 이름을 짓고 뜻을 설명하는데, 동정(動靜)이 서로 뿌리가 되고 체용(體用)이 서로 바탕이 된다. 허(虛)도 있고 실(實)도 있어 그 진위

(眞僞)를 드러내며, 어떤 것은 앞서고 어떤 것은 뒤로 해서 그 처음과 끝을 분별한다. 그러니 천하의 사정(事情)에 통달하고 만물의 실정(實情)을 다 표현할 수 있는 것이 언어이다.[天之所以爲天者，理氣也．言語者，理氣之容聲也．天旣默而示之，則人得以體其容聲而發之言語．指事比物，立名喩義，動靜互根，體用相資．有虛有實，以見其眞僞，或先或後，以辨其終始．所以通天下之故而盡萬物之情者，言語也.]

처음 서신의 두 인용문을 살펴보면 도(道)와 기(氣) 혹은 리(理)와 기(氣) 이 양자의 원리로 세계가 구성되어 있다고 연암이 이해한 것을 알 수 있다. 다만 연암은 기(氣)를 떠나 리(理)를 볼 수 없다는 점을 강조하기 위해 '일단이기이이(一團理氣而已)' 또는 '도기지불리야(道氣之不離也)'와 같은 표현을 좀 더 부각시켰다. 율곡 계열의 이기론(理氣論)처럼 '기발이승일도(氣發理乘一途)'의 관점을 전제한 것으로 보이기도 한다. 천리가 지극히 공정하기 때문에 나와 만물의 본성이 같고 따라서 만물의 본성이 나에게 모두 갖추어져 있으므로 나의 본성을 다 실현하면 이것은 만물의 본성을 다 실현하는 것과 같다는 전통적인 주자학적 관점을 피력하기도 했다. 『주역』을 인용하며 건도(乾道)의 변화를 이기론(理氣論)으로 설명하고 인의예지(仁義禮智), 원형리정(元亨利貞), 춘하추동(春夏秋冬), 온량한열(溫凉寒熱) 등의 원리를 모두 동일한 논리로 해석한 것 역시 『근사록』에 표명된 주자학적 세계관을 그대로 수용한 것이다. 다만 특기할 만한 점은 연암이 언어의 문제를 집중적으로 다루고 있다는 점인데, 언어를 리(理)와 기(氣)가 구체적으로 드러난 어떤 모습 혹은 소리라고 간주했던 것이다. 언어를 통해 세상의 이치와 만물의 실정을 표현할 수 있다는 점을 인정했고, 그 밑바탕에 이기론으로 구성된 세계관을 갖고 있었다. 그런데 연암은 언어적 표현이라는 것이 성(性)의 모습을 제대로 드러내는 데 한계를 갖는다는 점도 의식했었다. 다시 말해 본성의 본래 모습이 허(虛)해서 그것을 언어로 형용하기 어려운데 너무 거칠게 말하면 성(性)을 기(氣)로 말하게 되고, 너무 정밀하게 표현하면 성(性)을 허(虛)로 표현하게 된다는 문제가 바로 그것이다.[24] 성(性)을 밝히기 위해 언어를 사용하지만, 단순히 '중묘현현(衆妙玄玄)'처럼 표현하면 구체적으로 드러내기 어렵고 '성성(性成)'이라고 말해버리면 완전히 기질(氣質)에 붙어 기(氣)의 차원에서만 성(性)을 묘사하게 되는 문제가 있다고 본 연암의 발언이 매우 독특하다. 존재론적 차원에서 주자학의 이기론을 인정하는 듯하면서도, 한편으로 인식론적 차원에서 인간의 언어 사용의 한계 때문에 우리가 리(理)와 기(氣) 혹은 성(性)과 기(氣)를 동시에 존재하는 것으로 인지할 수밖에 없다고 본 연암의 관점을 다시 음미해볼 필요가 있다고 본다. 이와 유사한 관점에서 나온 24조목 후반부 내용도 함께 살펴보겠다. 연암은 리(理)와 성(性), 기(氣)와 질(質) 등 엄밀하게 말하면 모두 차이 나는 주자학 개념들을 엄격하게 구분해서 사용하지는 않았다. 한편에서는 도(道), 리(理), 성(性)을 하나의 개념군으로, 다른 한편에서 기(氣), 질(質), 형(形) 등을 같은 개념군으로 삼아 유동적으로 함께 언급한 것을 알 수 있다.

> 대저 겸하면 분별(分別)이 없고 합하면 너무 혼잡하고, 둘로 나누면 안 되고 단독으로 행하면 허(虛)에 떨어지니, 어떻게 그것[性]을 밝힐 수 있겠는가? 성(性)이란 글자는 심(心) 자와 생(生) 자의 뜻을 따른다.[大

24) 言語者, 分別也. 欲其分別, 則不得不形容, 欲其形容, 則援彼證此, 此言語之情實也. 至於性也, 其體本虛, 無可以譬喩形容. 粗言則涉氣, 精言則嫌虛. 不言則情實有在, 欲語則頓泊無所, 謂之衆妙, 玄玄則非可名狀, 謂之性成, 存存則已凝氣質.

低兼之則無辨, 合之則太混, 二之則不可, 孤行則墮虛, 何以明之. 性之爲字從心從生.]

심(心)을 바로 가리키자면 기(氣)로 가득 차 질(質)이 있는 것이고, 성(性)만을 오로지 말하자면 순전히 리(理)로 되어 있어 형체가 없는 것이다. 이 때문에 심(心)이 아니면 성(性)이 거처할 곳이 없고, 기(氣)가 아니면 리(理)가 활동할 곳이 없다. 이는 흡사 성(性)이 심(心)에 버금가고 리(理)가 기(氣)의 명령을 듣는 것과 같다. 그러나 성(性)이 없으면 심(心)은 빈집이 되고, 리(理)가 없으면 기(氣)는 곧 지나가는 나그네이다.[心直指則氣之盛而有質者也, 性專言則理之全而無形者也. 故非心則性無所字, 非氣則理無所活. 此似乎性次於心, 而理聽於氣. 然無性則心爲空舍, 無理則氣是過客.]

심(心)은 비유하면 종(鍾)이요, 성(性)은 비유하면 소리요, 물(物)은 비유하면 종 치는 막대기이다. 그러므로 종(鐘)이 꼼짝하지 않으면 소리가 어디에서 나겠으며, 막대기로 치지 않으면 五音이 어떻게 분별되겠으며, 육율(六律)이 어떻게 구분되겠는가.[心譬則鍾也, 性譬則聲也, 物譬則莛也. 故鍾之不動, 聲在何處, 莛之不擊, 五音何辨, 六律何分.]

임생(任生, 임형오)이 물었다. "심(心)이라는 것은 형기(形器)요, 성(性)이라는 것은 도의(道義)입니까?"[任生問曰, 心者, 形器也, 性者, 道義也?] "본연(本然)의 성(性)을 볼 수 있는 곳이 없다. 그러므로 공평한 천리(天理)는 이따금 갑자기 불쑥하는 사이에 감응하여 나타난다. 대개 이로운 길인지 해로운 길인지 미처 헤아리지 못하고, 옳으냐 그르냐 여부를 짐작하기도 전에 선(善)의 실마리[端]가 곧 나타난다. 만일 우물 옆에서 인(仁)을 강론하고 물가에서 예(禮)를 강습한다면, 우물로 기어가는 아이를 구할 날이 장차 없을 것이고 물에 빠진 친형수를 어떻게 손으로 건져 줄 때가 있겠는가.[性之本然, 無處可見. 故天理之公, 時或感發於猝然勃然之間. 蓋其未及商量於利害之道, 揣摩於可否之際, 而善端立見. 若使論仁於井邊, 講禮於水上, 匍匐之孺子, 將無可救之日, 失墜之親嫂, 安有手援之時乎.]

이기(理氣)와 심성(心性)의 관계를 동일한 것으로 간주하면서 연암은 심(心)이 아니면 성(性)이 존재할 곳이 없고 기(氣)가 아니면 리(理)가 의존해서 활동한 곳이 없다는, 세계 구조에 대한 전형적인 주자학적 어법을 그대로 구사하고 있다. 더 나아가 성(性)이 없으면 마음은 빈집과도 같고 리(理)가 없으면 기(氣)는 곧 지나가면서 사라지고 말 나그네와도 같다는 표현 역시 마찬가지의 의미를 담고 있다. 다만 이 두 가지 개념들이 구분 가능하면서도 결국 분리되거나 떨어져 존재할 수 없다고 본 것을 알 수 있는데, 이렇게 리(理)와 기(氣)의 두 층위가 서로 떨어질 수 없다는 점을 강조한 것은 앞서 거론한 바다. 연암은 이 문제를 계속 의식하면서, 둘로 나누어 단독으로 성(性)과 리(理)를 말하면 공허함에 떨어질 위험성이 있고 그렇다고 뒤섞어서 겸하여 말하면 상호 간의 분별이 없어진다고 우려하며, 결국 성(性)은 심(心)과 생(生) 자를 따른다는 타협적인 발언을 내놓고 있다. 이렇게 해야 분리와 결합의 두 측면을 함께 표현할 수 있다고 본 것이다. 한편 심(心)을 종에 비유하면서 성(性)이란 구체적 사물인 종이 내는 소리와도 같다고 비유한 연암은 막대기로 종을 쳐서 움직이지 않으면 종의 소리를 들을 수 없다는 점, 다시 말해 심(心)이 외부 사태와 만나서 작동하지 않으면 성(性)의 모습을 알기 어렵다는 점을 강조한다. 이것은 본연지성(本然之性)과 천리(天理)를 설명하는 마지막 인용문에서도 유사한 방식으로 드러난다. 본연지성 혹은 천리는 어린아이가 우물에 빠지는 것을 경험한 나의 구체적인 마음, 즉 무의식적으로 달려가 구해주고 싶은 이 마음의 구체적 발동 속에서 선의 실마리가 갑자기 드러날 때, 그것을 통해 비로소 천리와 본성의 모습을 감지할 수 있다는 말이다. 바로 이 대목과 관련해서 연암의 입장은 주자학의 일반적인 전제와 달라진다고 생각해볼 수 있다. 왜냐하면 구체적인 사태와의 관계없이 내성적으로도 경공부와 함양공부를 통해 본성과 천리의 모습을 이해할 수 있다고 본 주자학의 일반적 관점과 달리 연암은 구체적으로 작동해서 드러난 심(心)과 기질(氣質)의 차원을 통해서만 성(性)과 리(理)를 알 수 있다는 점을 분명히 했기 때문이다. 마지막 장에서 이 상이점에 대해 좀 더 살펴보겠다.

5. '이기불상리(理氣不相離)', '지행병진(知行竝進)' 관점의 강조: 양명학과의 연관성 문제

「답임형오론원도서(答任亨五論原道書)」에서 연암의 관점이 주자학적 논의와 상이한 점을 찾아보면 '지행(知行)' 관념과 관련된 문제를 더 거론할 수 있다. 앎과 실천의 문제는 주자학뿐만 아니라 유학 일반에서도 매우 보편화된 논의라서 특기할 만한 점이 없어 보이기도 한다. 그러나 연암은 임형오와의 문답에서 지행(知行) 문제에 관해 나름대로 소상하게 자신의 관점을 피력했다. 주희도 "논선후(論先後), 지위선(知爲先), 논경중(論輕重), 행위중(行爲重)"이라고 해서 지행에 관한 자신의 기본적인 관점을 갖고 있었는데, 이 점과 관련해서 연암이 어떤 생각을 갖고 있었는지 이 문제를 다시 살펴보자. 다만 그에 앞서 4장에서 살펴본 이기(理氣) 혹은 심성(心性) 논의에서 연암이 주자학적 사유와 어떤 점에서 상이한 관점을 피력했다고 볼 수 있는지, 혹은 그렇게 평가하기 어려운지의 문제를 좀 더 살펴보도록 하겠다. 연암은 편지 뒤편에 부록된 24개 항목 중 다른 몇 대목에서 성(性)의 선함을 밝은 불에 비유하며[善之於性, 如火之明] '밝다'는 불의 성질[性]을 가진 촛불에 빗대어 심성과 이기의 문제를 재론했다. 임형오는 이기(理氣)를 모두 드러낼 수 있어야 하는데 지금 연암이 촛불의 비유를 들면 촛불은 기(氣)가 되고 이 촛불의 밝음이 곧 성(性)이라고 말하게 될 텐데, 그렇다면 모두 기(氣)의 영역에 한정되어 있다고 볼 수밖에 없는 불의 사례로 어떻게 성(性)의 차원까지 드러낼 수 있는지 반문한다.[25] 이에 대한 연암의 관련 발언을 몇 가지 함께 살펴보자.

> 심(心)이란 심지[炷]이니 심지란 말은 주관한다[主]는 뜻이다…불이 붙은 후에야 그 성(性)을 아는 것이니 성(性)이라는 것은 '그렇게 되게 한 원인[所以然之故]'이다. 대저 촛불이 타지 않을 때에는 밝음[明]이 어디에 있겠는가?[心也者炷也，炷之言主也．燃而後知其性也，性者，所以然之故也．夫燭之未燃，明在何處．]

> 대범 사물이 형(形)을 이루면 반드시 질(質)이 있어서 형(形)이 비록 허물어지더라도 질(質)은 그대로 남는다. 나무가 타고 쇠가 녹고 물이 흐르고 흙이 무너지되 그 질(質)은 없어진 적이 없다. 그런데 지금 불이란 탈 때에는 빛이 있으나 꺼지면 자취가 없으며 더듬어 봐도 걸리지 않고 잡으려 해도 잡히는 것이 없지만 근본을 찾아보면 천지 사이에 가득 차 있다. 이는 마치 성(性)이 기(氣)를 기다려서 나타나는 것과 같다.[大凡物

25) 任生曰，理氣相乘，品物流形．今以燭喩氣，以火喩性，火亦氣也，形而下者也，惡得爲性乎?

之成形也，必有其質，形雖毁矣，質猶存焉．木燒金鑠，水流土潰，而其質未嘗無也．今夫火也，燃時有光，息時無跡，摸之而不礙，執之而無獲，原其本則盈天地間矣．此似乎性之待氣而後形焉者也．]

촛불이 가끔 어두워지는 것이 어찌 불의 성(性)이겠는가? 사물 중에 촛불을 가리는 것이 있기 때문이다. 혹은 찌꺼기가 깨끗하지 못하거나 형질(形質)이 순수하지 못한 때문이다. 극히 작은 차이로도 마구 불길이 번지는 것을 막을 수 없고, 미세한 양으로도 사방으로 불길이 솟아 마치 혹이 난 것과 같다. 사람들이 이것을 보고 도리어 불을 탓하며 어떤 사람은 불에 맑은 빛, 탁한 빛이 있다고 말하고 또 어떤 사람은 불에 어두운 덕과 밝은 덕이 있다고 말하지만, 이것이 어찌 불의 리(理)이겠는가? 세상에 차갑거나 따스한 불은 없으니, 불의 성(性)이 그대로 존재함을 알 수 있다.[燭有時而昏，豈火之性也哉．物有以蔽之也．或査滓之未淨也，或形質之未粹也．芒忽之差而橫流莫遏，纖芥之累而傍峙如疣．人見其如此也，而乃反咎火，或謂火有淸濁之光，或謂火有昏明之德，是豈理也哉．世無冷煖之火，則可以知性之有在矣．]

만물이 생겨나는 데 어느 것이고 기(氣) 아닌 것이 있겠는가. 천지는 큰 그릇이며 가득 차 있는 것은 기(氣)요, 가득 차게 하는 원인은 리(理)이다. 음양이 서로 변해 가는데 리(理)는 그 가운데 있고 기(氣)가 감싸고 있다. 이는 마치 복숭아가 씨를 품고 있어 수만 개의 복숭아가 동일한 형상이요, 마치 엽전이 땅에 흩어져도 수만 개의 엽전을 하나로 꿸 수 있는 것과 같다. 이것은 리(理)가 하나의 근원이라 길은 달라도 귀결은 같기 때문이다.[萬物之生，何莫非氣也．天地大器也，所盈者氣，則所以充之者理也．陰陽相盪，理在其中，氣而包之．如桃懷核，萬顆同兆，如錢散地，萬銖

同貫. 此理之一原, 而殊塗同歸者也.]

연암은 촛불의 비유로 성(性)과 리(理) 같은 형이상의 존재를 제대로 해명할 수 있는지 묻는 임형오의 질문에 대해 "불이 진실로 기(氣)이지만 어찌 형이상(形而上)의 것이 없겠는가?"[火, 信氣也, 獨不有形而上者乎]라고 답하며 위와 같이 자신의 관점을 피력했다. 촛불이 타지 않을 때는 그 불의 밝음이라는 본성[性]을 알 수 없다는 점을 상기시키면서 성(性)은 기(氣)를 기다려서야 자신을 드러낼 수 있다고 강조한다. 이 문제를 해명하기 위해 구체적인 사물의 형체[形]와 기질(氣質)을 구별해서 설명했는데, 비록 형체가 무너져서 없어져도 질(質)은 그대로 보존되어 상존하는 것처럼, 하나의 촛불이 꺼져도 불의 밝음이라는 성격은 없어질 수 없다고 주장했다. 비록 현실에서 어떤 불은 더 밝게도 보이고 더 어둡게도 보이지만 이런 차이는 외부 사물의 장애로 인한 것일 뿐이고, 그것이 불의 본성[性] 혹은 불의 이치[理] 그 자체는 아니라고 말한 것이다. 따라서 비록 촛불과 같이 구체적으로 존재하는 형이하(形而下)의 존재를 통해서만 성(性)과 리(理)를 말할 수밖에 없다는 난점이 있기는 하지만, 그렇다고 해서 성(性)과 리(理)의 존재를 의심할 수 없다는 것이 박지원의 입장이었던 셈이다. 이처럼 본성과 이치의 존재 성격을 반드시 기질과 형체의 차원을 통해서만 언어적으로 표현할 수 있고 또 우리가 이해할 수 있다고 강조한 점에서 연암의 논점은 이기론과 심성론에서 엄밀한 개념적 구분과 구별을 전제한 주자학적 관점과 차이가 난다고 볼 수 있고, 주자학의 대전제 가운데 '이기불상리(理氣不相離)'와 같은 특정한 국면만을 유독 강조했을 뿐 논리적인 구도나 사유체계가 달라진 것은 아니라고 상이하게 평가할 수도 있다. 일부 연구자들은 바로 이 대목과 관련해서 주자학이 아닌 양명학의 영향을 강조하는데, 사실 그보다는 조선주자학 내부의 변형된 논의로 설명하는 것이 더 설득력 있어 보인다. 위에서 인용한 마지막 조목을 보아도 이 점을 알 수 있다. 연암은 원론적으로 이기론에 근거한 주자학적 세계관을 수용하면서 리(理)의 존재 성격을 복숭아씨의 비유를 들어 해명했는데 이런 사례는 『연암집』 다른 곳에서도 쉽게 발견된다. 가령 불교 논리를 비판한 것으로 알려진 「주공탑명(麈公塔銘)」에서는 허공(虛空)에서 구할 것이 아니라 보존되는 씨앗과도 같은 실리(實理)를 구해야 하고 이 씨앗은 인(仁)이라고 불리는데 생생불식(生生不息)하는 성격을 갖는다고 말한 적이 있다.[26] 또한 「이자후하자시축서(李子厚賀子詩軸序)」에서도 득남한 친우의 자식을 위해 서문을 쓰며 생생불식지도(生生不息之道)로서의 인(仁)의 중요성을 과일 씨앗인 종자(種子)의 비유를 들어 마찬가지 방식으로 설명한 적이 있다.[27]

따라서 존재론적, 인식론적으로 이기와 심성의 상호 분리불가능성을 강조하면서 자신의 입장을 피력한 연암의 관점을 주자학적 세계관 속에서 어떻게 평가할 수 있을지는 다시 검토할 필요가 있는 문제며, 연암의 관점을 '양명학적'이라고 규정하는 것 역시 재고할 필요가 있는 평가라고 본다. 천리나 본성 그 자체를 언어적으로 혹은 인식론적으로 인

26) 燕巖集 卷之二, 煙湘閣選本, 麈公塔銘. "나는 저 아이들에 비유하노니[我乃比諸兒]/ 네 눈에도 응당 나무가 나타나 보였을 터[爾目應生木]/ 쳐다보고 없어진 줄 알았을진대[爾旣失之仰]/굽어보고 주울 줄은 어찌 모르나[不知俯而拾]/과일이 떨어지면 필시 땅에 있는 법[果落必在地]/ 발 밑에 응당 밟힐 터인데[脚底應踐踏]/ 하필이면 허공에서 찾으려 드나[何必求諸空]/ 실리란 보존된 씨와 같나니[實理猶存核]/ 씨를 일러 인(仁)이라 자(子)라 하는 건[謂核仁與子]/낳고 낳아 쉴 줄을 모르는 때문[爲生生不息]/마음으로 마음을 전할 양이면[以心若傳心]/ 주공의 탑을 찾아 증거를 삼게[去證麈公塔]."

27) 燕巖集 卷之一, 煙湘閣選本, 李子厚賀子詩軸序. 夫德之凶, 莫如不誠. 不誠則無物, 故秋之不實曰凶. 惟德能遠其世, 故曰邁種德是也. 譬諸草木, 旣實矣, 宜可以種. 種者, 生生之道也, 故稱仁焉. 仁者, 不息之道也, 故稱子焉. 推一果核, 而衆理之實, 可驗矣.

지하거나 표현하기 어렵다고 보았고, 이 때문에 반드시 기질과 형체의 차원에서 간접적으로 표현하고 이해할 수밖에 없다고 보았지만, 연암의 세계관은 주자학의 이기론적 구도로부터 그리 멀리 가지 않은 것이기 때문이다. 어떤 입장에서 강조하느냐의 차이는 있겠지만 리(理)와 성(性) 등에 대한 연암의 반복된 관점을 의도적으로 회피하거나 부정할 필요는 없다고 본다. 그럼 마지막으로 지행합일 혹은 지행병진의 문제에 관련된 연암의 지행(知行) 관련 논의를 살펴보겠다. 다음에 인용하는 세 항목은 모두 임형오와의 서신 중에 등장한다.

반드시 장차 발을 번갈아 들고 교대로 밟는 것을 '보(步)'라 하고, 한 번 발을 옮겼다가 다음 멈추는 것을 '행(行)'이라고 한다. 내 모르겠네만, 밟는 곳은 확고하나 발을 드는 곳은 의지할 데가 없으며, 발을 옮길 때는 비록 전진하나 멈출 때는 나아가지 못한다. 그렇다면 자네의 두 발이 장차 한 번은 허망(虛妄)한 것에 처하게 되니, 참으로 알고 나서 실제로 밟고 나아간다는 것이 과연 어디에 있겠는가? 내 또 모르겠네만, 자네가 올 때 왼발이 먼저였던가 아니면 오른발이 먼저였던가? 자네는 장차 고개를 들어 생각해 보고는 고개를 숙인 채 답을 하지 못할 것이네. 이것은 대개 발에 대해 잊었기 때문인데, 단지 잊은 것이지 망동(妄動)한 것은 아니며, 애써 노력하지 않아도 도(道)로부터 멀리 떨어져 있는 것이 아니네.[必將迭擧互踏，以爲步也，一移二住，以爲行也．吾不識也，踏處有確，擧處無憑，移時雖進，住時不行，是子之兩足，將有一妄，惡在其眞知而實踐也．吾且不識也，子之來也，先左足乎，先右足乎．子將仰而思，俯而不答．蓋妄於足也，妄之非爲妄也，不勉非違道也．]

껍질을 갓 깨고 나온 병아리도 솔개를 경계하여 숨고, 배고파 울던 어린

애도 호랑이를 무서워하여 울음을 그친다. 내 모르겠네만, 무릇 이와 같은 행동은 성(性)에서 터득한 것인가, 형(形)에서 터득한 것인가? 그러므로 가령 자네가 길을 갈 때 발을 둘 데를 생각하여 걸음마다 안배한다면 하루 종일 몇 리도 채 가지 못할 것이네. 그러므로 양지(良知)와 양능(良能)은 흡사 자연히 그렇게 된 듯하고 성(性)에 가장 근접한 것일세. 그러나 이는 독실하기도 하고 소략하기도 하며 통하기도 하고 막히기도 하니, 이것이 곧바로 도(道)에서 근원하는 것은 아니네.[雞雛脫殼，警鳶則隱，小兒啼飢，惴虎則止．吾不識也，凡若是者，得之性乎 得之形乎．故如使吾子，行思置足，步步安排，則終日而不能數里矣．故良知也良能也，似乎自然，最爲近之．然或篤焉，或略焉，或通焉，或塞焉，非所以原於道者也．]

한 번 발을 들어 공(空)을 잊어버리니 공(空)을 잊어버림은 천명을 즐거이 따르는 것[樂天]이요, 한 번 발을 착지(着地)하여 실(實)로 돌아오니 실(實)로 돌아옴은 땅을 믿는 것이다. 천명을 즐거이 따르는 것은 형이상(形而上)이요, 땅을 믿는 것은 형이하(形而下)이다. 인의예지(仁義禮智)는 하늘에 근본을 둔 것이고 효제충경(孝悌忠敬)은 땅에 근본을 둔 것이다.[一擧足而忘空，忘空者，樂天也，一著脚而復實，復實者，信地也．樂天者，形而上者也，信地者，形而下者也．仁義禮智，本乎天者也，孝悌忠敬，本乎地者也．]

연암은 이 편지글을 처음 시작하며 우리가 마땅히 걸어가야 할 중정(中正)한 도(道)는 편안하게 발걸음을 맡겨 내딛지 않으면 우리가 그 길을 가야 함을 어찌 알 수 있겠냐며 말문을 연다.[28] 이것은 길을 이성적

28) 答任亨五論原道書．吾且問之，路信如彼其中正也，如彼其當行也，非子之信步安行，惡

으로 아는 것과 달리 실제로 발걸음을 통해 길을 걸어봄으로써 비로소 중정한 도를 알 수 있다는 '지행관'을 표명한 것이다. 이 점은 연암의 물음에 대한 임형오의 답변을 연암이 다음과 같이 표현한 것에서도 짐작할 수 있다. 임형오는 "참다운 앎은 마음에 있고 실천은 우리의 발걸음에 있다[眞知在心, 實踐在足]"고 구분해서 설명하는데 이에 대해 연암은 기다렸다는 듯이 바로 위와 같은 인용문으로 응답했다. 이것은 지(知)와 행(行)을 구분하여 한 순간이라도 이분화하는 경향성을 보인 관점을 비판한 것이라고 볼 수 있다. 바로 이 점과 관련해 연암의 입장을 지행합일을 강조한 양명학 본연의 관점에 직접 연결시켜 평가해왔다.[29] 실제 이렇게 평가할 수 있는 지점이 있다. 가령 위의 인용문을 보아도 알 수 있듯이 연암은 우리가 발걸음을 내디딜 때 어떻게 걸을지, 왼발과 오른발의 비중을 어떻게 두고 순서를 어떻게 정할지 등을 전혀 의식하지 않은 채 걷는다는 점을 강조했다. 만약 이것을 의식해서 순서를 정하면 한 걸음도 제대로 내딛지 못할 것이라고 보았는데, 이 점을 지행 문제에 대비하면 앎과 실천의 순서를 작위적으로 의식할 경우 어떠한 참다운 앎도, 제대로 된 실천도 이룰 수 없다고 본 것을 알 수 있다. 사실 주희는 학자의 공부를 거경(居敬)과 궁리(窮理) 양자로 구분하면서 두 가지 모두 필요한 것인데 이것을 사람 발걸음에 비유하면 왼발이 나갈 때 오른발이 잠시 멈추고 오른발이 나갈 때 왼발이 잠시 멈추는 것과 같다고 설명한 적이 있다.[30] 따라서 연암이 앎과 실천의 문제를 발걸음에 비

能自知. 夫然則知所當行, 謂將在路乎, 謂將在足乎.

29) 신향림, 「연암 박지원의 만년 사상에 대한 재론」, 364-370쪽 설명 참조.

30) 朱子語類 卷九. 學者工夫, 唯在居敬窮理二事. 此二事互相發. 能窮理, 則居敬工夫日益進, 能居敬, 則 窮理工夫日益進. 譬如人之兩足, 左足行, 則右足止, 右足行, 則左足止.

유하면서 양자 사이의 일시적 단절 상황을 비판한 것은 주자학적 공부법에 대한 일종의 거부감을 피력한 것이라고도 볼 수 있다. 한 발은 나아가고 또 다른 한 발은 멈춰 있다면 이 후자의 경우는 허공에 발을 내디딘 것이라서 착수할 곳이 없게 되니 진지(眞知) 이후에 실천(實踐)한다는 것은 도대체 무슨 의미인지 반문한 처음 인용문을 통해 이러한 연암의 비판 의식을 잘 엿볼 수 있다. 왼발과 오른발의 발걸음에 대해 의식하지 않고 잊으며[忘] 편안하게 발걸음을 내딛다 보면 자연히 중정한 도(道)를 알게 된다고 보았던 것이다. 지행의 공부가 동시에 이루어지며 서로를 완성하는 것이지 공부 이후에 실천하는 것과 같은 이분화된 단계와 순서로 결코 진행될 수 없다고 본 것을 알 수 있다.

그런데 연암은 37세 무렵 「위학지방도(爲學之方圖)」에 대해 발문을 단 적이 있는데 눈으로 분명히 알고 이정표를 훤히 꿰뚫어 보아야 제대로 길을 갈 수 있는 것처럼 지(知)와 행(行)은 기본적으로 순서가 있고, 결국 종국에는 함께 이루어지도록 노력해야[知行兼致] 하는 것이라고 주장한 적이 있다.[31] 혹자는 먼저 실천해보면 자연히 알게 된다고 말하기도 하지만[或有行當自知之說] 이것은 물속을 헤엄쳐서 달을 건지려는 것이고 북을 치면서 잃어버린 자식을 찾으려는 것과 같아 마침내 실효를 얻을 수 없을 것이라고도 말했다. 연암의 이러한 발언은 주희의 다음과 같은 주장을 거의 그대로 반복한 것이다. "지(知)와 행(行)이 항상 서로 필요로 하는 것은 마치 눈이 다리가 없으면 걸어갈 수 없고 다리는 눈

31) 燕巖集卷之三, 孔雀館文稿, 爲學之方圖跋. 請以途喩. 行旅之適乎四方者, 必先審問所向程里幾舍, 所費餱糧幾何, 所經亭津馹堠遠近次第, 瞭然吾目中, 夫然後脚踏實地, 素履坦坦, 其知也先明, 故不爲邪徑走造, 不爲別歧彷徨, 又無捷路榛蕪之險. 半途廢輟之患, 此知行所以兼致也. 或有行當自知之說, 則亦何異於泅水撈月, 負鼓覔子哉. 其卒不爲阮哭楊泣者鮮矣.

이 없으면 볼 수 없는 것과 같다. 선후로 말하면 지(知)가 먼저이고 경중으로 말하면 행(行)이 중요하다."[32] 마지막 목적으로서의 지행합일 그리고 과정적으로 지행병진 하는 것을 당연히 주희 역시 인정했을 것이고, 이러한 관점에 서서 논리적 순서로는 앎이 먼저지만 중요성으로 따지면 실천이 더 중요하다고 말했던 것일 뿐이다. 연암도 어느 시점에서는 거의 주희의 발언과 유사한 입장을 피력했던 것을 알 수 있다. 그러나 말년의 편지글을 통해 볼 수 있었던 것처럼, 박지원은 주자학적 관점과 분명히 차이 나는 상이한 입장을 표명하기도 했다. 가령 본연지성뿐만 아니라 기질의 차원에서도 모든 존재는 선하다고 주장함으로써 낙론계의 일반적인 인물성동론과도 다른 관점을 내세웠고, 본연지성과 천리는 구체적으로 드러난 현상적 마음을 통해서만 파악할 수 있을 뿐 그 자체로는 인지될 수 없다고 본 점, 그리고 진지(眞知) 이후에 실천한다는 지행 공부의 순서에 대해 회의했던 점을 보면 그가 주자학 담론보다는 양명학 사유에 어느 정도 경도된 것으로 보이기도 한다. 그러나 이것은 주자학을 거부하거나 배제하는 차원에서 새롭게 개진된 의식적인 논의라기보다 사실 주자학적 이기론에 바탕한 세계관 속에서 자연스럽게 분기된 관점이라고 볼 수 있다. 필자가 위에서 함께 인용한 다른 대목들을 통해 이 점을 살필 수 있다. 더구나 연암은 양지양능의 발현에 대해서도 의구심을 표명하면서 현실적으로 소략함과 독실함 등에 차이가 있기 때문에 곧바로 양지양능을 도(道)에서 근원하는 것으로 보기는 어렵다는 의구심을 갖기도 했다. 따라서 젊은 시절 주자학적 전통에 대해 회의와 수용을 반복하다가 결국 양명학이나 양명좌파의 사유경향에

32) 朱子語類 卷九, 知行常相須, 如目無足不行, 足無目不見. 論先後, 知爲先, 論輕重, 行爲重.

경도되어 주자학을 벗어나고 혹은 넘어섰다고 보는 이러한 부류의 평가를 액면 그대로 받아들이기 어렵다. 체계적이고 일관된 사상가보다는 탁월한 직관적 문필가로 문명을 떨쳤던 연암의 경우 세계관 혹은 철학과 관련해서는 의식적인 반발이나 명확한 거부감 없이 오히려 주자학적 세계관의 연장선에서 자유롭게 사유했던 것으로 보인다. 그리고 연암의 양명학과 관련된 관점 역시 주자학에 대한 평상시 그의 입장과 성찰을 통해 함께 살펴보아야 더 분명하게 성격이 드러나는 문제라고 생각한다.

다산 정약용의 『흠흠신서』를 통해 본 유교와 법률, 수사학의 관계*

박소현

1. 머리말

『흠흠신서(欽欽新書)』는 다산(茶山) 정약용(丁若鏞, 1762-1836)이 남긴 삼부작 '일표이서(一表二書)' 중 하나이며, 『경세유표(經世遺表)』와 『목민심서(牧民心書)』에 이어 1819년에 완성된 형정서(刑政書)이다. 『흠흠신서』는 수많은 판례들을 수록했는데 그 중에는 중국의 법률조례뿐만 아니라 경사(經史), 판례집에서 발췌한 판례들도 있다.

『흠흠신서』에 인용된 중국 판례들에 흥미를 느낀 최초의 학자는 일본의 중국사가 미야자키 이치사다(宮崎市定)였다.[1] 『흠흠신서』에 인용

* 이 글은 필자가 「진실의 수사학-『欽欽新書』와 公案小說의 관계를 중심으로」라는 제목으로 중국문학 69집(2011. 11)에 게재한 논문을 수정해 다시 실은 글이다.

1) 宮崎市定, 「欽欽新書解題研究」, 朝鮮學報 47(1968.5), 85-92쪽. 심희기, 「『흠흠신서』의 법학사적 해부」, 사회과학연구 5. 2, 영남대학교 사회과학연구소(1985. 12), 50쪽, 주 46에서 재인용.

된 '여상두(余象斗)의 공안(公案)'[2]이 아마도 16세기 말 여상두가 편집한 『황명제사염명기판공안전(皇明諸司廉明奇判公案傳)』(이하 『염명공안(廉明公案)』)이라는 사실을 밝혀낸 이도 그였다. 그러나 안타깝게도 미야자키 이치사다 이후로 『흠흠신서』와 중국 판례의 관계를 파고든 학자는 거의 없었다. 법학사적 측면에서 『흠흠신서』의 구조 전체를 꼼꼼하게 살펴본 심희기 교수의 연구가 거의 유일한 예일 것이다.[3] 여상두의 공안소설이 조선에 유입된 사실은 국내 연구자에게 아직까지 확인된 적이 없었다.[4] 이 책이 현재 일본의 나이가쿠 문고(內閣文庫)에 소장되어 있는 것으로 보아 우리나라에는 현존하지 않지만 우리나라에서 일본으로 여상두의 『염명공안』이 전해졌을 가능성이 없지 않다. 그러나 '여상두의 공안'이 '소설(小說)'이라는 사실을 잘 알고 있었던 다산이 심혈을 기울여 쓴 자신의 저서에 19건이나 인용한 의도나 동기는 과연 무엇이었는지, 주로 어떤 이야기들을 인용했는지, 그러한 인용이 『흠흠신서』의 전체 취지 및 구성과 조화를 이루었는지 등등의 질문에 관한 해답은 앞의 연구들에서 구할 수 없다는 것이 아쉽다.

따라서 이 글에서는 『흠흠신서』에 인용된 『염명공안』 19건에 초점을 맞추어, 『흠흠신서』에 나타난 유교적 사법체계에서의 법률과 문학의 관

2) 이 구절은 『흠흠신서』 제2부 〈批詳雋抄〉 권4에 나온다. 정약용 저, 박석무, 정해렴 역주 『역주 흠흠신서』 제1권(현대실학사, 1999), 230쪽.

3) 심희기, 앞의 논문 참조.

4) 민관동의 『중국고전소설사료총고』에는 『包公案』의 이본들, 즉 『百家公案』과 『龍圖公案』 외에 조선에 유입된 명말 공안집을 언급하지 않았다. 민관동, 『중국고전소설사료총고』(아세아문화사, 2001), 278쪽 참조. 특히, 우리나라에서 여태껏 여상두의 『염명공안』 판본이 발견된 적은 없었던 것 같다. 청대 공안소설로는 『施公案』, 『彭公案』, 『于公案』 등의 판본이 현존하고 있는데, 남아 있는 판본의 연대가 19세기 중후반, 빠른 것도 1820년대에 그치는데다가 명말 공안소설과 달리 무협적인 요소를 가미한 것을 고려한다면 이 책들이 크게 다산의 관심을 끌었을 것 같지는 않다.

계를 분석해보고자 한다. 다산의 『흠흠신서』는 『대명률(大明律)』을 사법제도의 근간으로 삼은 조선 사회에서도 공안소설을 문학적 맥락에서가 아닌 법률 또는 문화적 맥락에서 읽는 것이 가능했던 배경을 우리에게 일깨워주는 대표적인 예라고 할 수 있다. 중국 공안소설의 영향을 조선의 송사소설(訟事小說) 전통에서가 아니라 『흠흠신서』가 속한 법률 또는 법학 전통에서 찾을 수 있는 것이 전혀 엉뚱한 사례는 아닌 것이다.[5] 다시 말해서 이 글에서는 『흠흠신서』와 『염명공안』의 관계를 분석함으로써 유교적 법률문화의 본질을 파악하고자 한다.

모든 크고 작은 소송이 문서에서 시작하여 문서로 끝나는 철저한 문서행정주의에 입각한 사법체계에서는 혼란스럽고 뒤죽박죽 얽혀 있는 범죄사건을 정형화된 형식에 맞추어 정연한 서사로 재구성하는 것이 소송에 연루된 모든 사람들—피고인으로부터 판관에 이르기까지—이 우선적으로 해야 할 과제였다. 범죄의 진실을 밝히는 것, 그리하여 죄인이 응당 받아야 할 처벌을 받는 것, 그것이 바로 전통적 법률(형법)의 목적이었다. 다산이 한마디로 밝힌 대로 "사람을 죽인 자를 죽이는 것, 법은 이것으로 충분하다[殺人者死, 法如是足矣]."[6]

그러나 현실에서는 범죄의 진실이 명료하게 드러나는 경우가 드물다. 오히려 명백해 보이는 진실이 실제 사건을 은폐하고 조작한 것으로 드러나는 경우가 허다하다. 따라서 소송인, 즉 원고와 피고의 입장에서는 얼마나 그럴듯하게 사건을 '재구성'하는가에 따라서 자신의 이야기가 진실이 될 수도 있고 거짓이 될 수도 있다. 판관의 입장에서는 저마

5) 송사소설이란 개념의 정의와 문학사적 연구로는 이헌홍, 『한국송사소설연구』(삼지원, 1997) 참조.

6) 정약용, 앞의 책, 288쪽.

다 진실을 주장하는 압축된 이야기들 속에서 진실을 변별해야 한다. 판관은 물론 공평무사해야 하지만, 유교적 판관은 이성적 법률가라기보다는 본질적으로는 문학적 소양을 지닌 교양인이었다. 교양인으로서의 유교적 판관이 갖는 장점도 있지만, 그의 약점은 자신도 모르게 더욱 그럴듯한 이야기에 솔깃한 경향이 있다는 것이다.[7] 그는 또한 이 '범죄이야기'의 비판적 독자일 뿐만 아니라 작자이기도 하다. 그는 더욱 까다로운 독자인 상관에게, 최종적으로는 황제 또는 국왕에게 자신의 판결을 그럴듯한 이야기로 재구성해 보고해야 한다.

이처럼 유교적 사법체계에서는 진실을 밝히는 기술—과학적 수사와 심문의 기술—만큼이나 중요한 것이 진실을 전달하는 기술, 즉 어떻게 진실을 진실처럼 이야기하는가이다. '진실을 진실처럼'—이것은 참으로 모순적인 말처럼 들린다. 이 말은 진실을 왜곡하라는 뜻은 아니겠지만, 어쨌든 사실을 있는 그대로 진술하거나 기술하고 법에 의거하여 이를 해석하는 것이 모든 법률적 추론(legal reasoning)의 기본 아니던가? 그러나 유교적 사법체계에서는 법에 호소하는 것만으로는 사실 많이 부족하다. 사법체계 안에서도 '법대로'라는 말을 아끼고 법외적인 요소, 시가 슈조(滋賀秀三)의 표현을 빌리자면 인정(人情)과 천리(天理)에 의거하여 도덕성에 호소해야 하는 것이다.[8] 유교적 법학자인 다산이 유교경전을 비롯해 여상두의 소설에 주목하면서 『흠흠신서』에 인용하기까지 한 이유는 바로 법률적 추론의 근본에 수사학의 문제가 자리하고 있음

7) 이에 관해서는 후마 스스무(夫馬進)가 그의 논문에 사례를 인용한 바 있다. 夫馬進, 「清時代的訟事與訴訟制度」, 滋賀秀三 等 著, 王業新, 梁治平 編, 『明清時期的民事審判與民間契約』(北京: 法律出版社, 1998), p. 405, 참조.

8) 시가 슈조(滋賀秀三), 『清代中國の法と裁判』(東京: 創文社, 1984), pp. 263-304.

을 잘 알고 있었기 때문이다.

2. 『흠흠신서』와 『염명공안』

『흠흠신서』는 형사사건, 특히 인명(人命)과 관련된 살인사건을 주로 다룬다. 인명과 관련된 사건만을 전문적으로 다루는 책을 편찬해 문란한 형정을 바로잡아보겠다는 것이 저술의 동기이다. 따라서 다산은 『흠흠신서』에 총 549건에 달하는 형사사건 판례를 주제에 따라 분류해 실었다. 다산은 서문에 『흠흠신서』의 구성을 전체적으로 밝혔고, 다시 각 부마다 머리말을 덧붙여 각 부의 취지와 구성을 부연했다.

> 내가 『목민심서』를 편찬하고 나서 人命에 대해서는 "이는 마땅히 전문적으로 다루는 것이 있어야 하겠다"고 생각하고, 드디어 이 『흠흠신서』를 별도로 편찬했다. 경전의 교훈은 머리에 실어서 정밀한 뜻을 밝히고, 다음에 역사의 자취를 실어서 옛날의 상례를 드러내었으니, 이것이 이른바 〈경사요의(經史要義)〉이며 3권이다. 다음에는 판결 · 보고 · 선고의 실례를 실어서 당시의 법례를 살폈으니, 이것이 이른바 〈비상준초(批詳雋抄)〉이며 5권이다. 다음에는 청인(淸人)이 형벌을 정한 사례 중 형벌에 차등을 두어 구별한 사례를 실었으니, 이것이 이른바 〈의율차례(擬律差例)〉이며 4권이다. 다음에는 선대의 임금[정조(正祖); 필자 주] 때 군현(郡縣)의 공안 가운데 문사와 논리가 비루하고 저속한 것은 그 뜻에 따라 가다듬고, 형조의 의론과 국왕의 판결은 삼가 조심스레 기록하되 간간이 내 의견을 덧붙여서 변론하였으니, 이것이 이른바 〈상형추의(祥刑追議)〉이며 15권이다. 내가 전에 황해도 곡산부사로 있을 때 왕명을 받

> 들어 옥사를 다스렸고, 내직으로 들어와서 형조참의가 되어 또 이 일을 맡았었다. 그리고 죄를 받아 귀양살이하며 떠돌아다닌 이후로도 때때로 형사사건의 정상을 들으면 또한 심심풀이로 형사사건을 논하고 죄를 판정해 보았는데, 변변치 못한 나의 이 글을 끝에 붙였으니, 이것이 이른바 〈전발무사(剪跋蕪詞)〉로 3권이다. 이들은 모두 30권인데, 『흠흠신서』라 이름지었다.[9)]

서문에 따르면 『흠흠신서』는 모두 5부, 30권으로 구성되었다. 다산은 이 중 전반부 1, 2, 3부에는 좀 더 폭넓은 시각에서 법률 적용의 원칙이라든가, 사법절차, 법률문서 작성의 문례 등을 제시하고자 대부분 중국 판례들을 실었다. 반면, 4부 〈상형추의〉에는 정조(正祖, 재위 1776-1800)가 판결한 형사사건들을 정리해 다산의 법률적 해석을 덧붙여 실었으며, 5부 〈전발무사〉에는 다산 자신이 판결하거나 판결에 개입한 사건들을 정리했다. 따라서 『흠흠신서』 전체의 3분의 2를 차지하는 4, 5부 후반부는 모두 비교적 최근에 국내에서 일어난 형사사건들만을 실었다고 할 수 있다. 사실 다산이 『흠흠신서』의 저술에서 비중을 둔 부분은 바로 『흠흠신서』의 후반부일 테지만, 중국 판례를 많이 실은 전반부가 후반부에 비해 덜 중요한 것은 아니다. 조선의 판관은 『대명률』과 중국의 사

---

9) "余旣輯牧民之說，至於人命，卽曰是宜有專門之治，遂別纂爲是書．冕之以經訓，用昭精義，次之以史跡，用著故常 所謂經史之要三卷．次之以批判詳駁之詞，用察時式，所謂批詳之雋五卷．次之以淸人擬斷之例，用別差等，所謂擬律之差四卷．次之以先朝郡縣之公案，其詞理鄙俚者，因其意而潤色之，曹議御判，錄之唯謹，而間附己意，以發明之，所謂祥刑之義十有五卷．前在西邑，承命理獄，入佐秋官，又掌玆事．流落以來，時聞獄情，亦戲爲擬議，其蕪拙之詞，係于末，所謂剪跋之詞三卷，通共三十卷，名之曰欽欽新書." 또는 정약용, 앞의 책, 19-20쪽 참조. 본문의 해석은 대체로 『역주 흠흠신서』의 것을 따랐고 부분적으로 필자가 수정했다.

법제도에 바탕을 둔 체계 안에서 형옥(刑獄)을 조사, 심리, 보고, 판결해야 했으며, 이 모든 절차를 다시 공안, 즉 정밀한 법률문서로 작성해야 하는 이중적인 부담이 있었다. 서투른 일처리와 작은 말실수도 인명을 다루는 옥사에서는 돌이킬 수 없는 결과를 낳을 수도 있다. 형정을 바로잡기 위해서는 그 근원-중국-부터 다시 살펴야 한다는 것이 아마도 다산의 생각이었으리라.

그렇다면 1, 2, 3부에 수록한 중국 판례들은 대개 어떤 사건들인가? 1부에서는 경전과 사서에 실린 판례를 두루 참조하는데, 『상서(尙書)』, 『주역(周易)』, 『주례(周禮)』, 『맹자(孟子)』, 『예기(禮記)』, 『춘추(春秋)』 등의 유교경전으로부터 정사(正史)와 『의옥집(疑獄集)』, 『절옥귀감(折獄龜鑑)』, 『당음비사(棠陰比事)』와 같은 판례집에 이르기까지 다양한 역사적 사례들을 수록했지만 이 사례들은 물론 애초부터 공문서 형식으로 작성된 것은 아니었다. 다만 '경의단옥(經義斷獄)' 혹은 '춘추결옥(春秋決獄)'이라는 말처럼 법원(法源)으로서 법률 조문 외에도 경사(經史)를 참작하는 유교적 사법체계의 관행과 연관이 있다.[10] 1부와 비교한다면, 2, 3부에 실린 중국 판례의 범위는 훨씬 좁아지고 전문적인 경향을 띤다. 그런데 3부는 부서(部序)에서 밝혔듯이 『청률조례부견무제부복(淸律條例附見撫題部覆)』에서 차등을 둔 법률 적용의 사례를 뽑아 수록했다.[11] 이 사례들은 동일한 살인사건이라도 정황에 따라 어떻게 법 적용을 달리하는가 하는 문제를 다룬다는 점에서 법률적 차원에서 볼 때 매우 중요하지만, 대개 사건 개요와 판결의 요지로 구성되었을 뿐 보고서나 판결문에

10) 1부 〈경사요의〉에 관한 연구로는, 권연웅, 〈『欽欽新書』 연구 1: 〈經史要義〉의 분석〉, 경북사학 19(경북사학회, 1996. 8): 151-191 참조.

11) 정약용, 앞의 책, 289쪽.

이르기까지 다양한 법률문서 양식들을 보여주기에는 부족하다.

심각한 범죄가 발생했다는 보고가 들어왔다면, 그때부터 판관이 해야 할 일은 무엇인가? 서둘러 스스로 사건 현장을 둘러보고 직접 검시에도 참여해야 하며, 증거를 확보하고 피해자와 가해자, 증인들의 진술을 듣고 정황을 꼼꼼히 살펴 이를 바탕으로 즉시 상세한 검험서(檢驗書)를 작성해야 한다.[12] 이를 상급기관에 보고하고 법률에 의거하여 사건을 심리한 판결문을 올리면 상급기관에서도 이에 대한 의견을 제시하고 보고서를 작성해야 한다. 보고서를 작성한다는 것은 있는 그대로 사건의 진실을 알린다는 의미가 아니다. 원고(피해자)의 고발장과 증거를 바탕으로 치밀한 수사와 심문을 거치는 과정이 가장 중요하지만, 판결을 내리기까지 압축적인 양식과 정형화된 수사법에 의거하여 살인사건의 진실을 '유형화'하고 정확하게 재구성해내지 않는다면 아무런 의미가 없다. 2부 〈비상준초〉는 바로 법률문서의 작성과 이를 바탕으로 한 법률적 추론의 사례들을 실어 '법률사무'와 관련하여 좀 더 실질적인 도움을 주고자 한다.

> '비(批)'란 상급 관아의 비판(批判)이요, '상(詳)'이란 하급 고을의 신상(申詳)이다. 신상은 우리나라에서는 첩보(牒報)라 하고, 비판은 우리나라에서는 제사(題詞)라 일컫는다. 비판과 신상 외에 심의[審], 논박[駁], 판결[讞], 比擬[擬] 등이 있다.
>
> 그 체재는 대체로 서로 비슷하나 사륙문(四六文)을 써서 늘어놓아 말하고 일관된 논리를 펴서 모두가 짜임이 있고 정밀, 엄격하여, 우리나라 제사와 첩보의 속되고 지루하여 싫증을 일으키는 경우와 다르다. 이에는

12) 검험과 관련하여 더 자세한 설명에 관해서는 앞의 책, 138-144쪽 참조.

> 간혹 대구가 섞여 있어 우스갯소리 같은 것은 경박한 흠이 있는데, 죄를 심의할 때 딱하게 여겨 삼가고 조심하는 뜻이 아니다. 그 관화(官話) 문구는 어렵고 뜻이 깊어 이해하기는 어려우나 정밀히 연구하고 용례를 찾으면 모두 통할 수가 있다.[13)]

『흠흠신서』 2부에 실린 '비상(批詳)'의 모범적 사례들 70조 중 절반 이상은 관잠서(官箴書)의 일종이라 할 수 있는 이어(李漁, 1611-1680)의 『자치신서(資治新書)』에서, 나머지 19조는 앞에서 말한 여상두의 『염명공안』에서 뽑은 사례를 수록했다.[14)] 초집[初集, 강희(康熙)2년; 1662]과 이집[二集, 강희6년; 1666]으로 구성된 『자치신서』는 1,200여 편에 이르는 명청(明清) 관료들의 안독(案牘)을 실었다. 안독을 유형별로 분류한 조목이 무려 60종을 넘을 정도로 광범위하고 포괄적이다. 당시에는 이 책이 여러 번 판각될 정도로 인기를 끌었고, 아마도 그런 유명세 덕분에 쉽게 조선에까지 유입되었을 것이다. 다산이 이 책을 고른 이유도 여기에 있었던 것 같다. 『흠흠신서』 2부에 실린 사례들은 주로 『자치신서』

13) "批者，上司之批判也．詳者，下縣之申詳也．申詳，吾東謂之牒報．批判，吾東謂之題詞也．批詳之外，有審有駁有讞有擬．其體裁大略相似．有用四六駢語者，有單股說理者，總皆典雅精嚴，非如吾東題牒之鄙俚支離爲可厭也．其或雜以俳語，有如戲弄者，佻薄之咎，非欽恤哀敬之義也．其或官話文句艱深難通者，靜究而求其例．" 앞의 책, 132쪽.

14) 『흠흠신서』 2부 〈비상준초〉 제1권부터 제4권 제4조까지의 사례들이 이어의 『자치신서』를 발췌한 것임을 처음 밝혀낸 이도 역시 미야자키 이치사다였다. 다산은 2부에 실린 사례들이 어떤 책을 발췌한 것인지 정확하게 밝힌 적이 없다. 심희기에 따르면, 미야자키 이치사다의 연구를 바탕으로 규장각 도서 『新增資治新書全集』(奎中 5865)을 대조하여 그 출처를 확인했는데 모두 38조가 『자치신서』에서 발췌한 사례들이고 이 중 1조는 『清律條例』에서 발췌한 사례로 보인다고 했다. 따라서 〈비상준초〉에 실린 70조 중 출처가 분명한 사례는 『염명공안』에서 뽑은 19조를 포함해 모두 57조이다. 심희기, 앞의 논문, 51-52쪽. 현재 『자치신서』는 『李漁全集』 속에 포함되어 비교적 쉽게 찾아볼 수 있다. 李漁, 『李漁全集』, Vol. 16-17(杭州: 浙江古籍出版社, 1992) 참조.

의 〈판어부 · 인명편(判語部 · 人命篇)〉에서 뽑은 것들이다.

이처럼 다산이 『흠흠신서』에 『자치신서』의 사례들을 인용한 것은 충분히 이해가 가는 일이지만, 『염명공안』을 인용한 이유는 무엇일까? 다산은 〈비상준초〉제4권 · 제5조(〈비상준초〉 제52조 〈손지현살처심어(孫知縣殺妻審語)〉) 앞에 『염명공안』을 소개하는 이유를 다음과 같이 간략하게 적고 있다.

> 이 아래 6조는 여상두가 수집한 공안으로서 문장이 바르고 숙련되므로 수록한다.[15)]

이처럼 다산이 "문장이 바르고 숙련"되었다고 한 여상두의 공안이 바로 『염명공안』이었던 것이다. 『흠흠신서』에 실은 사례는 주로 『염명공안』 · 〈인명류(人命類)〉에서 뽑았다. 여상두의 공안을 소설로만 여기는 관점에서 보면, 다산이 『염명공안』을 인용한 것이 매우 예외적인 일인 양 여겨질 것이다. 그러나 『염명공안』이 명말에 출간된 송사비본(訟師秘本) 중 하나였던 『신계소조유필(新契蕭曹遺筆)』(1595)을 모방해 그 사례들을 많이 인용했던 것을 생각하면, 다산도 『염명공안』을 실용적인 법률서적의 하나로 여겼을 가능성이 짙다.[16)] 그러나 다산이 『염명공안』의 장르적 특성, 즉 '소설'적 특성을 전혀 인식하지 못했거나 아니면 일부러 간과했던 것은 아니었다. 다산은 자신이 인용한 『염명공안』 19조

15) "此下六條，係余象斗所輯公案，文亦雅馴，故錄之." 앞의 책, 230쪽.

16) 『염명공안』은 『新契蕭曹遺筆』에 실린 법률문서의 유형별 분류법도 거의 그대로 따르고 있다. 좀 더 자세한 사항에 관해서는, 夫馬進, 〈訟師秘本 『蕭曹遺筆』 的出現〉, 楊一凡 主編. 『中國法制史考證』 丙編 · 第4卷(北京: 中國社會科學出版社, 2003), pp. 462-480 참조.

를 세 부류로 나누어 따로 소개했는데, 이 때문에 그가 『염명공안』뿐만 아니라 여상두가 펴낸 또 다른 책을 소개한 것으로 오해되기도 했다.[17)]다산은 〈비상준초〉제4권 · 제11조(〈비상준초〉 제58조 〈양청소공비어(楊淸艄工批語)〉) 앞에 위에 인용한 문장과는 사뭇 다른 어조로 다음과 같이 적었다.

> 이 다음에 실린 4조는 여상두의 소설에 묶여 있는 것으로서 문장이 자못 바르고 숙련되지는 못하나 다만 그 아전을 파견하여 구속하고 조사해서 밝혀낸 방법이 참고할 수 있으므로 수록했다.[18)]

나머지 9조에 대해서는 〈비상준초〉제5권 · 제1조(〈비상준초〉 제62조 〈담경살처판사(譚經殺妻判詞)〉) 앞에 다음과 같이 소개했다.

> 다음 9조도 여상두의 소설이다. 내용이 황당하여 초록에 알맞지 아니하나 다만 고발장, 진술 내용 등은 그 전례로 참고할 수 있으므로 그대로 두었으며 근거 없고 쓸데없는 것만 삭제했다.[19)]

〈표1〉에서 볼 수 있는 것처럼 19조 중 제55조 〈범현령살수비어(范縣令殺嫂批語)〉를 제외하고는 모두 『염명공안』에서 발췌했음을 확인할 수

17) 심희기에 따르면 미야자키 이치사다도 그렇게 여겼던 것 같고, 그 자신도 미야자키의 설을 따르고 있다. 심희기, 앞의 논문, 50쪽.

18) "此下四條, 係余象斗小說, 頗不雅馴, 唯其差拘審核之法可考, 故錄之." 정약용, 앞의 책, 240쪽.

19) "此下九條, 亦余象斗小說, 荒誕不中抄錄, 特以告訴之狀, 招認之供, 其式例可考, 斯亦存之, 唯刪其浮蔓焉." 앞의 책, 256쪽.

있다. 이처럼 다산의 관점에서 본다면, 『염명공안』에서 발췌한 19조 중 '공안'으로 언급한 사례 6조를 제외하고는 모두 '소설'인 셈이다. 여기에서 자연스럽게 일어나는 의문은 다산이 동일한 텍스트에 삽입된 사례들을 '공안'과 '소설'로 나눈 기준은 무엇인가라는 것, 그리고 또 한 가지는 더욱 본질적인 질문인데 엄정한 유교적 법학자 다산도 긍정적으로 여긴 '소설'의 효용성은 과연 무엇인가라는 것이다.

일단 다산이 공안으로 소개한 제52조부터 제57조까지의 사례들이 뒤에 나오는 사례들과 분명히 다른 점이라면, 사건에 대한 서사적인 설명이 매우 간략하거나 아예 생략되어 있다는 것이다. 대신 원고의 고장(告狀)과 피고의 소장(訴狀), 판관의 심어(審語; 심리) 혹은 판어(判語; 판결)만을 실었다. 범죄사건의 전모는 이 문서들 속에 매우 간략하게 드러나 있을 뿐이다. 그럼에도 불구하고 흥미로운 것은 고장과 소장을 병치하여 동일한 사건을 완전히 상반된 입장에서 재현하고 있다는 점이다. 이는 다산이 인용한 『자치신서』에서는 찾아볼 수 없는 매력이자 미덕이다. 고소장 속에는 사실 왜곡되지 않은 '객관적' 진실이란 없다. 고소인들은 한결같이 서로를 '승냥이', '이리', '좀벌레', '뱀' 같은 자라고 비난하며, '지극히 억울[極大冤枉]'하여 '참담한 마음이 하늘을 흐릴[情慘昏天]'[20] 정도가 아닌 자가 없다. 이 동일한 과장의 수사 속에서 판관은 누구의 이야기를 진실로 판단할 것인가? 다산은 종종 판관의 심어나 판어 뒤에 용어 해설[解曰]과 함께 자신의 의견[案 또는 按]을 덧붙임으로써 진실의 판별이 얼마나 난해한지를 입증한다.[21]

---

20) 앞의 책, 230쪽.

21) 예를 들면, 제52조에서 다산은 판관의 판결이 터무니없다고 강력하게 비난한다. 앞의 책, 232쪽.

〈표 1〉 『흠흠신서』와 『염명공안』의 비교

欽欽新書		新刻皇明諸司廉明奇判公案傳[22]	
〈批詳雋抄〉 4.5~5.9 (『欽欽新書』 卷 7, 8)	52. 孫知縣殺妻審語 – 憤死圖賴	人命類	15. 孫候判代妹伸寃
	53. 丁知縣訟兄審語 – 病死圖賴		18. 丁府主判累死人命
	54. 吳推官殺弟判語 – 殘弟滅姪		12. 吳推官判謀故姪命
	55. 范縣令殺嫂批語 – 貞婦逼嫁		? (현존 판본에는 없음)
	56. 馮知縣佃戶審語 – 爭水殺婦		14. 馮候判打死妻命
	57. 夏知縣土豪審語 – 索債毆人		13. 夏候判打死弟命
	58. 楊淸艄工批語 – 片言折獄		1. 楊評事片言折獄
	59. 蘇按院淫僧決詞 – 壁書發奸		17. 蘇按院詞判奸僧
	60. 張淳殺姪判詞 – 三鬼嚇詐		2. 張縣尹計嚇兇僧
	61. 劉通海殺妻判詞 – 三人强姦		10. 劉縣尹判誤妻强姦
	62. 譚經殺妻判詞 – 寃魂跟追		9. 譚知縣捕以疑殺妻
	63. 洪巡按妻獄判詞 – 鬼告酒楻		11. 洪大巡寃奄死侍婢
	64. 舒推府僧獄判詞 – 風吹休字		6. 舒推府判風吹休字
	65. 郭子章劫殺判詞 – 義猴報主		3. 郭推府判猴報主
	66. 曹立規劫殺判詞 – 蠹蛛告兇		8. 曹察院蜘蛛食卷
	67. 蔡應榮劫殺判詞 – 朱帽得屍		4. 蔡知縣風吹紗帽
	68. 欒宗禹劫殺判詞 – 買瓜得屍		5. 欒知府買大西瓜
	69. 項德祥劫殺判詞 – 聽鳥得屍		7. 項理刑辨鳥叫好
	70. 黃甲劫殺判詞 – 跟鴉得屍		16. 黃縣主義鴉訴寃

그러면 제58조부터 제70조까지 소설의 사례들은 어떠한가. 공안 사례들에 비하면 소위 '범죄이야기'가 시간의 추이에 따라 비교적 소상하게 적혀 있다. 예를 들면, 제58조 〈양청소공비어〉는 다산이 문장은 비록 바르지 못하지만 그 수사방법[差拘審核之法]은 참고할 만하다고 소개한 사례 중 하나이다. 이 사례의 제목에 심어나 판어 대신 '비어(批語)'라고 한 것은 이 사건의 원심(原審)이 번복되었을 가능성을 암시하는 것이

22) 余象斗, 『新刻皇明諸司廉明奇判公案傳』, 古本小說集成, Vol. 273 참조.

다. 따라서 이 사례는 '공안소설'처럼 처음부터 범인과 희생자가 누구인지, 살인사건이 어떻게 발생했는지를 남김없이 밝힌다. 이야기의 초점은 자연스럽게 수사와 심문 과정에 맞춰지면서, 이야기는 결국 고소장뿐만 아니라 심문 내용을 기술하는 과정에서 사법제도와 소송절차 자체를 재현해낸다. 거듭되는 심문에도 불구하고 아무도 범인이 누구인지를 밝혀내지 못한다. 결국 남은 수단은 고문에 의한 자백뿐이었고, 무고한 사람이 범인으로 몰려 처형될 순간이었다. 사건을 다시 심리한 형부의 관리가 사건보고서에서 모든 지방관들이 무심히 지나쳤던 작은 단서를 발견한다. 이 작은 단서를 가지고 범인을 체포하고 결국 그를 처형한다. 이 이야기에서는 끝까지 공안소설에서 자주 사용하던 서사장치인 초자연적 현상에 의존하지 않고 사건을 해결한다.

그러나 다산이 내용이 황당하다고 소개한 제62조부터 제70조까지의 사례는 원귀의 도움에 의한 살인사건의 해결이라는 초자연적 신비주의 혹은 '신판(神判)'이라는 소설적인 주제를 거리낌 없이 다룬다. 어쨌든 다산이 소설을 전혀 꺼리지 않았다는 것은 놀라운 일이다. 그런데 '신판' 혹은 인과응보의 원리는 특별히 소설에서나 허용되는 문학적 상상만은 아니었다. 제1부 〈경사요의〉의 많은 사례들에서도 반복적으로 강조된 주제였으며, 형벌이 제대로 시행되지 않을 때 재앙이 내린다는 것은 매우 오래된 보편적인 신앙이기도 했다.[23] 정밀한 기계처럼 작동하는 유교적 사법체계의 기본 메커니즘은 사실은 '살인자상명(殺人者償命)' 혹은 응보라는 비교적 단순한 원리에 바탕을 두었으며, 서사장치만큼 이 기본 메커니즘의 재현에 효과적인 것도 없었다. 그러나 다산도 주목한 소설의 효용성이란 것이 그저 좀 더 그럴듯하게 초자연적 현상을

23) 정약용, 앞의 책, 46-47쪽.

기술하는 것에 그칠 수는 없을 것이다. 이에 관해서는 다음 장에서 좀 더 자세히 다루고자 한다.

3. 진실의 수사학: 법률과 문학의 경계

앞에서도 언급했듯이 제2부 〈비상준초〉에 인용된 『자치신서』와 『염명공안』의 가장 큰 차이점이라면, 전자에는 주로 보고서와 판결문을 실어 판관의 관점에 주목한 반면 후자에는 판결문뿐만 아니라 고소장을 실어 소송에 연루된 다양한 사람들의 관점을 두루 조명한다는 것이다. 물론 보고서와 판결문에도 사건에 대한 비교적 상세한 서사적 설명이 제공되지만, 이 이야기는 어디까지나 판관의 관점에서 서술되며 사건에 대한 해석—즉, 누가 범인이며, 원고와 피고 중 누구의 말을 진실로 받아들일 것인가, 범인에게 어떤 처벌을 내려야 할 것인가 등—도 온전히 화자의 것만을 제시한다. 원고의 고장과 피고의 소장, 증인들의 증언, 범인의 자백, 그리고 사건에 대한 판결문 등이 나란히 제시될 때 우리는 비로소 법정에서 동일한 사건을 대립적인 시각에서 서술하는 사람들의 시선의 교차와 혼란스러운 '불협화음'을 들을 수 있게 된다. 이들을 조너선 오코(Jonathan Ocko)는 스탠리 피쉬(Stanley Fish)의 개념을 빌어 대립적인 '해석적 공동체(interpretive communities)'라고 불렀다.[24] 피쉬가 지적한 독자와 해석적 공동체의 차이점은 후자의 텍스트를 '읽는' 행위

---

24) Jonathan Ocko, "Interpretive Communities: Legal Meaning in Qing Law," Charlotte Furth, Judith T. Zeitlin, and Ping-chen Hsiung eds., *Thinking with Cases* (Honolulu: University of Hawai'i Press, 2007), p. 261.

자체가 텍스트를 '다시 쓰는' 행위가 될 만큼 적극적으로 자신의 관점을 반영한다는 것이다.

> 동릉현(銅陵縣) 주맹계(周孟桂)가 간통과 살인을 했다고 (아우를) 고발한 크게 원통한 사건입니다. "몹쓸 아우 주맹괴(周孟槐)는 짐승과 같은 간사한 행동으로 집안을 음탕하게 어지럽히고, 조카며느리를 꾀어 간통하였습니다. 악함이 지극히 많이 쌓였음에도 조카 주수춘(周壽春)이 눈치챌까 두려워, 그가 병에 걸렸을 때를 타서 의사 이지홍(李志洪)과 결탁하여 소년을 독약으로 죽이니, 소년이 원통하게 죽었습니다. 듣는 자는 가슴이 쓰리며, 골육 간에 서로 죽였으니 하늘의 도리가 끊겨 없어진 것입니다. 법에 간절히 호소하노니, 삶과 죽음을 구명해주신다면 감지덕지하겠사오며 이에 고발합니다." (…) "연명으로 호소하오니 원통한 일을 가려 법을 바르게 하고자 하는데, 씨족의 좀벌레 주맹계는 형제간에 원수가 되어 창을 쥐고 방에 뛰어들었습니다. (…) 주맹계는 이미 그 (소년의) 아버지를 죽였으니 반드시 그 아들을 죽일 마음이 있었을 것입니다. 삼대 두 부자에게 모두 원한을 샀으니, 한 종족 여러 사람들이 누군들 이를 갈지 않았겠습니까. 더구나 이제 토지는 모두 그자의 문서로 넘어갔고, 재산은 모두 그자의 주머니로 들어갔습니다. 선악을 가려 착한 자를 지지하고 악한 자를 없애고자 연명으로 상소합니다."[25)]

25) "銅陵縣周孟桂狀告爲姦殺大寃事. 惡弟孟槐, 禽犢邪行, 淫亂房幃, 調姦姪婦至稔, 恐姪壽春闖知, 乘伊染疾, 串通醫人李志洪毒死, 少年寃斃, 聞者心酸, 骨肉相殘, 天理滅絕, 泣懇法究, 存沒感恩, 上告. (…) 連僉狀首, 爲辨寃正法事, 族蠹孟桂, 兄弟寇仇, 操戈入室, (…) 孟桂旣殺其父, 必有殺子之心, 三代兩父子, 俱各埋寃, 一族百婦男, 誰不嚼口. 況今田地悉歸伊籍, 家産盡入伊囊, 懇分淑慝, 扶善鉏强, 煙名上首." 정약용, 앞의 책, 234-5쪽.

위의 글은 〈비상준초〉 제54조 〈오추관살제판어(吳推官殺弟判語)〉에서 부분적으로 발췌한 것이다. 그러니까 다산이 '공안'이라고 소개한 사례 중의 하나이다. 원래 사건은 형제간의 재산분쟁이 교묘한 살인 음모와 모함으로 이어지는 '반인륜' 범죄로서 상당히 복잡하고도 충격적이며, 결과적으로 여종을 포함해 한 집안 세 사람이 살해당한 사건이다. 이 극악무도한 범죄를 저지른 범인은 다름 아닌 자신의 동생을 고발한 주맹계였다. 따라서 이 사건의 서술은 주맹계의 고소장과 함께 시작하고, 뒤이어 주맹계의 범죄에 공분한 친족들이 주맹계 사건을 조사하도록 진정한 연명(連名) 상소를 실은 다음, 최종적으로 판결문과 함께 끝난다.

주맹계의 고발장만을 보면 우리는 동생 주맹괴의 간통과 이를 은폐하기 위한 조카의 독살을 고발하는 주맹계의 이야기—즉, 그의 진술만을 읽게 된다. 주맹계가 저지른 동생과 조카의 독살, 그의 또 다른 살해 음모와 실패, 이로 인한 무고한 여종의 희생은 그의 진술에서는 철저히 은폐된다. 그런데 뒤이어 실린 연명 상소는 주맹계의 이야기와는 정반대로 원흉은 동생 주맹괴가 아니라 원고인 주맹계이며, 그의 고발이 오히려 자신의 범죄를 은폐하려는 음모임을 밝힌다. 법정에 제출된 완전히 정반대인 두 진술 중 판관은 어떤 이야기를 진실로 받아들여야 할 것인가?

판관은 물론, 원고와 피고의 진술만을 토대로 판결을 내릴 수는 없다. 사실, 정조가 판결한 사례들을 모은 〈상형추의〉를 비롯해 다산이 『흠흠신서』에 인용한 많은 사례들은 최초로 사건을 조사한 검험서를 첨부하거나 검험의 내용을 언급하는 경우가 많다. 사건이 발생했을 때 제출한 고발장을 '원사(原詞)'라고 하는데, 살인사건의 경우 원사에는 반드시 검시 보고서와 진술서, 증언 등이 첨부되어야 하며 그 내용도 매우 정확해야 한다.[26] 검험서와 더불어 판결문에는 대개 법률조항에 관한 언급이 있다. 그런데 위 사건의 판결문은 아쉽게도 검험서와 법률조항에 관한 언급이 거의 생략되어 있어서 사건의 전모를 완전히 파악하기가 쉽지 않다. 판결문을 통해서 어렴풋이나마 짐작할 수 있는 사실은 아마도 원고와 피고를 포함한 증인들의 심문 과정에서 오히려 주맹계가 조카 주수춘뿐만 아니라 그의 아버지, 즉 동생까지 독살한 일이 밝혀졌고, 재산을 독차지하기 위해 주수춘의 아들까지 독살하려다 여종을 잘못 죽인 일까지 폭로되었다는 것이다. 그리하여 판관은 서로 대립하는 진실을 내세운 양자의 이야기 중 후자—즉, 연명 상소를 진실로 '확신'한다.

이 일련의 법률문서들에서 공통적으로 발견할 수 있는 것은 논리적이거나 법률적이라기보다는 오히려 '문학적인' 수사이다. 진실을 주장하는 그들의 이야기는 객관적이기는커녕 매우 주관적이고, 과장된 수사로 법률과 논리가 아니라 감정에 호소하고자 한다. 그들은 '가슴이 쓰릴' 만큼 원통해하고 '이를 갈' 만큼 격분하며 상대방을 '짐승' 혹은 '벌레'라 부르며 상대방에 대한 증오를 감추는 법도 없다. 이것이 모범이 될 만한 법률문서 작성법인가 의아하다면, 판결문에서도 우리는 유사한 수사학을 발견할 수 있다. 주맹계가 죄인이라 단정한 판관은 "이러한 잔인함은 인도(人道)에 없을 뿐 아니라 비록 독사나 맹수에게도 또한 이와 같은 포악한 짓이 있지 않을 것[據此殘忍, 非惟人道所無, 雖螫蛇猛獸, 亦未有如此之烈者也]"이라고 꽤 거친 언사를 퍼부으며 주맹계를 비난한다.

---

26) 이에 관해서는 제2부 〈비상준초〉 서두에 총론으로서 검험서 작성의 중요성과 서식에 관해 상세히 밝혔다. 검험서를 작성할 때는 반드시 사건 발생일과 희생자의 사망 일시, 주모자(正犯)와 공범의 구분, 목격자와 증인, 증거물(흉기 등) 확보, 사건의 원인 파악, 검시를 통한 사망 원인의 파악, 상해 정도, 위치, 모양에 관한 정확한 기술 등의 사항들을 기록해야 한다. 다산도 자신의 경험담까지 예로 들어 검험서 작성의 중요성을 여러 차례 강조했다. 앞의 책, 132-44쪽. 다산의 논의로는 특히, 143쪽 참조.

한편, 이 사례에 보이는 주관성과 과장법이 혹시 이 사례가 허구이기 때문이 아닐까 의심한다면, 『자치신서』에서 뽑은 아래의 사례와 비교해보자. 아래의 사례는 제30조 〈장능린간옥회비(張能鱗奸獄回批)〉로 소설에서 자주 혐오스러운 인물로 등장하던 전형적인 음승(淫僧)의 간통 및 살인사건의 판결을 상급기관에서 다시 심의해 하급기관에 돌려보낸 판결문이다.

> 요사스런 중 허희연(許喜然)이 백련교(白蓮敎)를 부르짖어 어리석은 백성을 선동했습니다. 위승팔(衛勝八)이 바야흐로 그를 부처처럼 받들었고, 모씨(某氏)는 돌아서서 그를 자기의 지아비라고 일컬었습니다. 중의 지팡이는 서촉(西蜀)으로 날아가 무협(巫峽) 골짜기의 구름을 가져왔고, 발길은 동쪽 담장으로 들어가 마가(摩伽)의 자리를 훔쳤습니다. 애하(愛河)에 성(性)이 빠지는지라 원한에 찬 혼백이 먼저 火宅에 빠져 몸을 태우니 원통한 해골은 재가 되고 말았던 것입니다.[27] 위승팔은 중에게 아첨하다가 그 머리털을 잃었고, 그의 아내는 부적과 정화수를 믿다가 생명을 잃었습니다. 불교에 귀의하였다가 화장당하는 보답을 받았으니, 이는 요사스런 마귀도 또한 두려워할 것입니다. 간음하다 죽게 된 데에 해당하는 법이 있으니, 계획적인 살인이라는 엄중한 법률로 번거롭게 하지

27) "중의 지팡이는 서촉(西蜀)으로 날아가 무협(巫峽) 골짜기의 구름을 가져왔고, 발길은 동쪽 담장으로 들어가 마가(摩伽)의 자리를 훔쳤다"라는 구절은 모두 중이 간통한 사실을 은유적으로 표현한 것이다. '巫峽'은 楚懷王이 여신을 만나 雲雨之情을 나누었다는 巫山을 가리키며 '摩伽'는 『楞嚴經』에 나오는 음란한 여자를 가리킨다. '愛河' 또한 『능엄경』에 나오는 말로 애정 또는 색욕이 강이나 바다가 사람을 빠뜨려 죽임과 같음을 일컫는 것이다. '火宅'은 이 세상이 마치 불타는 집과 같이 고통으로 가득 차 있다는 말이다. 『法華經』에 나오는 말이다. 따라서 "愛河에 性이 빠지는지라 원한에 찬 혼백이 먼저 火宅에 빠져 몸을 태우니 원통한 해골은 재가 되고 말았다"는 것은 중이 某氏를 살해한 사건을 은유적으로 표현한 말이다. 다산의 주해 참조.

말고 이 중을 빨리 판결하여 지옥을 채우도록 해야겠습니다.[28]

이 판결문은 짧지만 〈비상준초〉에 실린 어떤 사례보다도 비유를 남발하면서 음승의 간통과 살인 사실을 매우 상징적으로 묘사한다. 따라서 실제로 어떤 일이 일어났는지 구체적으로 알기도 어렵다. 다만 판결문의 말미에 모살(謀殺)인지, 아니면 과오살(過誤殺)[29]인지 번거롭게 판별할 필요 없이 '속결(速決)'하라는 요청이 있는 것으로 보아 아마도 범인이 피해자를 살해할 의도가 없었고 과실치사였을 가능성이 있다. 그러나 승려가 어리석은 백성을 속여 간통을 저지른 죄상이 분명하고 그 사악함은 '요사스런 마귀도 두려워할' 지경이므로 번거로운 법률적 논의로 시간을 끌 필요 없이 빨리 판결하는 것이 좋겠다는 의견을 제시한 것이다. 매우 상징적이고 문학적인 수사로 가득 찬 이 짤막한 판결문은 그럼에도 불구하고 단호하기 짝이 없으며, 범인에 대한 혐오도 분명히 드러낸다. 『흠흠신서』에 실린 많은 판결문들이 이 사례와는 달리 사건에 대한 사실적이고도 논리적인 설명을 제공하고 있지만, 이 사례가 예외적인 경우라고 말하기 어려울 정도로 많은 사례들이 자신의 이야기가 명백한 진실임을 강조하고 정당화하는 수단으로 문학적 수사와 감정적 호소를 선택했다. 따라서 법률문서의 작성과 문학적 글쓰기에는 어떤 분명한 경계가 있을 것이란 우리의 생각이 틀렸음을 인정할 수밖

28) "妖僧許喜然倡敎白蓮，愚民煽動，衛勝八，方奉之爲佛，而某氏，旋謂之爲夫矣．錫飛西蜀，攜來巫峽之雲，履竊同牆，揖入摩伽之席，愛河溺性，怨魄先沈火宅焚軀，寃骸被燼，傷哉勝八．媢禿首而失其髮，妻信符水而沒其生命，依沙門而得其火葬之報者，斯邪魔亦可畏哉．有因姦致死之正律，無煩謀殺之深文，速決此髡，而塡冥獄." 앞의 책, 201쪽.

29) 『흠흠신서』에 자주 언급되는 용어로서 과오살은 계획적 살인이 아닌 과실치사를 일컫는다. 『대명률』 등에서는 살인죄의 등급을 나누어 계획적 살인인 謀殺 혹은 故殺은 사형 중에서도 참수형 등으로 무겁게 처벌하고, 과오살의 경우는 정상을 참작하여 비교적 가볍게 처벌하는 것을 원칙으로 삼았다.

에 없다.

고소장이든, 판결문이든, 보고서든 간에 제도적 압박 속에서 독자의 주의를 환기시키면서 독자가 각자의 이야기를 명백한 진실로 선택하도록 '경쟁'해야 한다면, 논리를 내세우더라도 문학적 수사가 지닌 호소력을 포기할 수는 없을 것이다. 그렇다면 문제는 법률 또는 사법제도는 상호경쟁 속에 대립하는 진실들을 어떻게 변별하여 악인을 응징하고 정의를 실현할 것인가 하는 것이다. 이미 앞에서 언급한 대로 『대명률』과 중국의 사법제도를 채택한 조선 시대의 사법제도도 범죄의 진실을 변별할 수 있는 여러 가지 법적 장치를 마련했다.

형사사건의 고소장이 제출되면 정밀한 현장조사와, 살인사건이라면 검시가 이루어져야 하며, 증인과 증거물을 확보하고 원고와 피고, 증인 등에 대한 철저한 심문이 진행되어야 한다. 판관은 이와 같은 조사와 증거, 증언, 자백 등을 토대로 법률적 추론을 거쳐 범인을 확정하고 법률에 의거하여 판결을 내린다. 그러나 판관의 재량권을 최소화하고 법률적용의 자의성을 방지하고자 하는 치밀한 제도적 장치에도 불구하고, 언제나 제도적 함정이 있게 마련이다. 그런데 이 은밀한 제도적 함정을 폭로하는 것은 공안, 즉 공문서라기보다는 소설이다. 공안 장르는 범죄의 진실을 증명하기 위해 제도가 어떻게 작동하는지를 전체적으로 보여주기 어려울 뿐만 아니라, 본질적으로 제도의 정당성을 미리 전제하고 확신한다. 그러나 소설 장르는 제도 전체를 불신하지는 않는다 하더라도 법률적 기제로부터 거리를 유지할 수 있는 덕분에 제도적 모순도 폭로하기 쉬운데, 아마 다산도 여기에서 소설의 효용성을 발견했을지 모른다.

예를 들면, 앞에서 잠깐 언급한 제58조 〈양청소공비어〉로 돌아가보자. 이 사례는 다산이 여상두의 '소설'에 실려 있지만 수사방법을 참고

할 만하다고 소개한 사례들 중 하나이다. '공안' 사례와는 달리, 이 사례는 여느 '공안소설'처럼 고발장이 아니라 '범죄이야기', 즉 범죄가 어떻게 발생했는가에 관한 이야기로 시작한다. 줄거리는 다음과 같다.

> 조신(趙信)과 주의(周義)는 친구 사이로 함께 남경(南京)에 가서 포목을 사기로 했다. 다음날 새벽 뱃사공 장조(張潮)의 배에서 만나기로 했는데, 조신이 먼저 도착한다. 뱃사공 장조는 인적이 뜸한 새벽을 틈타 조신을 물에 떨어뜨려 죽이고는 주의가 도착하자 자다가 일어난 체한다. 주의는 장조에게 조신의 집에 가서 조신을 재촉하라고 시켰는데, 장조가 조신의 집에 가보니 조신의 처 손씨(孫氏)가 한참 만에 문을 열어주면서 남편이 떠난 지 이미 오래라고 한다. 주의는 손씨와 함께 조신을 사흘 동안 찾아보았으나 흔적조차 없었다. 자신이 누명을 덮어쓸까 두려웠던 주의는 현청에 조신의 실종 및 살해사건을 고발한다.

이것이 범죄이야기의 대강의 줄거리이다. 그 다음에는 주의의 고발장과 함께 현령이 피의자들을 심문한 내용이 상세하게 기술된다. 독자는 범죄이야기를 통해서 이미 누가 범인인지를 알고 있으며, 누가 거짓 증언을 하는지도 알고 있다. 자연히 초점은 과연 판관은, 혹은 제도적 장치는, 진실과 거짓을 판별하여 범인을 밝혀낼 수 있는가에 맞춰진다. 뱃사공 장조를 비롯해 모든 사람들이 자신의 결백을 주장한다. 주의를 의심하는 판관에게 손씨는 주의와 남편은 사이가 좋았으니, 아마도 뱃사공이 남편을 해친 것 같다고 진술한다. 이에 대해 뱃사공은 손씨의 주장을 무고로 강력히 반박하며 오히려 손씨가 범인이라고 주장한다.

> 주의가 배에 이르렀을 때에는 아직 날이 새기 전이며, 소리질러 내 잠을

> 깨웠습니다. 유리하고 분명한 증거가 있습니다. 저 여자는 일찍이 문을 나섰다고 말했으나 좌우 이웃은 모두 모른다 했고, 내가 가서 불렀을 때에는 저 여자는 잠에서 깨어 일어나지 않았고 문도 열리지 아니하였으니, 분명 이는 저 여자가 자기가 해치고 나서 숨기려는 것입니다.[30]

여기에서 '수사이야기'는 엉뚱한 방향으로 선회한다. 뜻밖에도 뱃사공 장조의 진술을 믿은 판관이 손씨를 고문하고, 허약한 손씨는 너무도 쉽게 저항보다는 자포자기를 선택했던 것이다. 모든 것을 체념한 손씨는 자신이 남편을 죽였다고 자백한다. 손씨의 거짓 자백에 근거한 현령의 판결문은 이러하다.

> 조사한 바에 따르면 손씨는 뱀 같은 마음과 이리 같은 성격으로 남편의 거간질을 싫어하여 아침저녁으로 입술을 삐죽이며 비웃었다. 그리고 서로 부부가 되어 의를 저버리니, 악인이 밤중에 칼을 잡고 들어가 찔러 죽였으니 아내는 원수로 변하였고, 흉기는 집 뜰에서 스스로 일어났다. 증거는 진술에서 나왔고 이에 죽음을 달가워하며 죽은 이에게 목숨으로 보상하려 하고, 또 묻어버린 시체는 자신의 몸뚱이로 대신한다고 했다. 남편 죽인 죄는 끔찍스런 일로서 사형에서 장차 벗어날 수 없다. 이웃의 증언으로 이미 밝혀졌으니, 능지처사(陵遲處死)의 형률에 해당한다.[31]

30) "且周義到船, 天尙未明, 叫醒我睡, 便有明證. 彼道天早出門, 左右隣並未知, 我去叫時, 他睡未起門未開, 分明是佗阻夫, 自己謀害." 정약용, 앞의 책, 242쪽.

31) "審得孫氏, 虺蜴爲心, 豺狼成性, 妬夫經紀, 朝夕反脣, 而相稽負義, 凶頑暮夜操刀而行刺, 室家變爲仇賊, 戈矛起自庭闈, 及證出眞情, 乃肯以死而賠死, 且埋沒屍首, 託言以身而還身, 殺夫之罪, 是可認也. 大辟之戮, 將安逃乎. 隣佑之證旣明, 凌遲之律極當." 앞의 책, 243쪽.

손씨의 자백에도 불구하고 판결문에는 석연치 않은 부분이 드러난다. 즉, 살인의 동기가 부족하다는 사실 외에도 결정적 증거인 살인 흉기와 시신이 없다는 사실이다. 그러나 판관은 손씨를 본디 성질이 고약한 '한부(悍婦)'로 규정하여 남편을 공경하기는커녕 경멸했으며 결국 그를 살해할 수밖에 없었다고 확신한다.[32] 이 판결문에서 우리는 앞에서도 발견한 공통적인 수사학을 재차 발견한다. 사죄(死罪)를 저지른 범죄자들의 묘사는 대개 전형적이라는 것이다. 그것은 범죄자에 대한 사실적이고도 논리적인 묘사로 범죄의 동기를 설명한다기보다는 판결의 정당성을 강조하기 위해 정해진 틀에 맞추어 묘사하는 일종의 공식에 가깝다. 따라서 그가 단호하게 처벌되어야 할 죄인이라면, 그는 어김없이 교정이 불가능한 타고난 악인으로 '유형화'된다. 이와는 반대로 만약 그가 사면이나 감형의 대상이 될 수 있다면, 그는 대개 효성이 지극하고 봉양할 노부모가 있는 가장으로 묘사되며 그의 범죄는 우발적 사고를 저지른 것에 불과하거나 효성 자체가 범죄의 동기가 된다.[33] 이렇게 본다면 법률텍스트의 수사학이라는 것은 진실을 밝힌다기보다는 원하는 진실을 만들어내는 것이 아닌가?

---

32) 전통적 법률은 특히, 가정불화 및 폭력으로 인해 법정에 선 여성에게 대체로 동정적이라기보다는 가부장의 권위에 대항하는 '悍婦'로 보는 경향이 있었다. 자넷 사이스(Janet Theiss)는 18세기 형사사건 중에서 특히 남편이 아내를 살해한 사건들의 기록을 살펴본 결과, 살해된 여성들은 대개 가부장의 권위에 공공연히 도전하고 시부모를 봉양하기를 거부한 부도덕한 아내로 묘사되었다고 주장한다. 결국 '悍婦' 또한 법률문서 작성의 공식을 따르는 문학적 전형(stereotype)의 하나였던 것이다. Janet Theiss, "Explaining the Shrew: Narratives of Spousal Violence and the Critique of Masculinity in Eighteenth-Century Criminal Cases," Robert E. Hegel and Katherine Carlitz eds., *Writing and Law in Late Imperial China* (Seattle: University of Washington Press, 2007), pp. 44-63.

33) 마람 엡스타인(Maram Epstein)은 청대 『內閣刑科題本』에서 감형의 대상을 효자로 묘사하는 사례들을 찾아 분석했다. Maram Epstein, "Making a Case: Characterizing the Filial Son," *Writing and Law in Late Imperial China*, pp. 27-43 참조.

이 이야기는 여기에서 끝날 것인가? 다행히 심각한 형사사건을 반복해 심의하는 재심(再審) 제도가 작동함으로써 이야기는 끝나지 않는다. 대리시좌평사(大理寺左評事) 양청이란 사람이 심문기록을 읽고 나서 문득 "(뱃사공 장조가) 문을 두드리며 낭자를 세 번 불렀으니, 집안에 남편이 없음을 알고 취한 행동이라고 단정한다[敲門便叫三娘子, 定知房內無丈夫]"고 비평했던 것이다![34] 그는 단순히 심문기록을 꼼꼼히 읽음으로써 이전에 이 사건을 심의한 모든 판관들이 지나쳤던 작은 단서를 찾아낼 수 있었다. 그러나 전문적인 법률지식이 없는 사람이라도 첫 번째 판결문이 매우 엉성하다는 것, 살해 흉기와 시신을 확보하지 못한 사실을 그저 피고의 자백에만 의존하여 "흉기는 집 뜰에서 스스로 일어났고" "묻어버린 시체는 자신의 몸뚱이로 대신"한다는 모호한 표현으로 얼버무리고 있다는 사실을 알아챌 수 있을 것이다. 오히려 현령의 보고서가 부(府)와 성(省)의 복심(覆審)을 통과해 겨우 중앙정부의 사법기관인 대리시(大理寺)에 가서야 오심의 판정을 받아 철회되었다는 사실이 더 놀라울 따름이다.

결국 이 사건은 다시 법정을 열어 뱃사공 장조를 정범(正犯)으로 지목하고 새로운 증인을 내세워 장조를 처벌하고 손씨를 정범으로 판결했던 지현은 파직하는 것으로 마무리되었다. 이 사건은 '공안'에서는 볼 수 없었던 여러 가지 측면들을 조명하고 있는데, 가장 눈에 띄는 것이 법정과 사법제도를 전체적으로 재현하는 서사성이다. 비로소 '소설' 장르에 이르러서야 범죄이야기로부터 수사, 판결, 재심에 이르기까지 서사적 재구성이 가능해지며, 판관뿐만 아니라 사건에 연루된 원고와 피고, 증인들의 관계를 분명히 알 수 있게 된다. 이 사건에서도 수사학은 매우 중

34) 정약용, 앞의 책, 243쪽.

요한 문제로 부각된다. 그러나 제도적 압박과 긴장 속에서 어떻게 자신의 이야기를 설득력 있게 재구성할 것인가 하는 문제보다도 더 본질적인 것은 이 엇갈리는 이야기들 속에서 어떻게 진실을 판별할 것인가 하는 문제이다. 소설은 공안보다도 이 문제에 더 초점을 맞추는 장르이다.

궁극적으로 사법제도와 소설 장르가 동시에 필요로 하는 것은 첫째는 '포청천(包淸天)'과 같은—이 이야기에서는 양청 같은—판관이자 정의의 영웅이며, 둘째는 인과응보라는 보편적 천리(天理)의 작용이다. 이 점에서 아이러니하게도 사법제도와 소설, 특히 공안소설은 상통하며, 공안소설이 제도적 목적에 적절하게 봉사할 수 있는 이유이다. 이 사건에서도 재심제도가 작동하기는 하지만, 현실에서 원심이 결정적인 오심으로 판정되어 번복되고 담당관이 처벌받는 경우는 드물다. 제도적 메커니즘이 지나친 행정주의와 형식주의로 원래의 기능을 상실하거나 변질되는 것을 막기 위해서는 결국 양청 같은 '영웅적' 개인에게 의존할 수밖에 없는 것이다. 이 사건에서는 예기치 않은 영웅의 등장으로 손씨가 제도적 희생양이 되는 것을 막을 수 있었지만, 그럼에도 불구하고 뱃사공 장조를 정범으로 지목한 법정은 손씨를 심문했던 법정과 크게 다를 바 없었다. 장조의 자백을 받아내기 위해 더 가혹한 고문과 심문이 횡행할 따름이었다. 다시 말하자면, 제도적 함정은 언제나 거기에 도사리고 있을 뿐 손씨와 같은 희생양을 근본적으로 막을 제도적 장치가 없다는 것이다.

제도적 실패를 방지할 영웅조차 없을 때, 전통적 사법제도는 마치 소설이 그러하듯 자주 인과응보의 원칙에 의존한다. 『흠흠신서』에서도 '살인자상명'은 이미 전통적 형사제도 내에 전제된 원리원칙으로 자주 거론되었으며, 〈비상준초〉 제62조부터 제70조까지 다산이 황당한 소설이라고 소개한 사례들은 더욱 공공연하게 인과응보의 원리에 호소한다.

그런데 제58조의 이야기에서 손씨가 "죽은 이에게 목숨으로 보상하고[以死而賠死]," "자신의 몸뚱이로 시신을 대신한다[以身而還身]"며 끌어온 응보의 논리는 아이러니하게도 법률에 자신의 억울함을 호소하는 대신 체념하기 위한 논리였다. 인과응보는 법률의 작용보다 더 광범위하게 일반대중의 일상생활을 지배한 관념이자 신앙이었다. 인과응보의 원리조차 제도적 실패를 보완하지 못한다면, 결국 정의의 회복은 단념해야 하는 것인가? 『염명공안』은 물론이고, 당시 조선사회에 만연한 제도적 모순과 해이를 바로잡아 유교적 정의를 회복하는 것이 저술의 동기인 『흠흠신서』에서 이러한 문제에 대한 해답을 솔직하게 고민할 정도로 회의주의적인 태도를 기대할 수는 없을 것이다. 그럼에도 불구하고 인과응보의 원리 깊숙이 내재한 법률 및 사법제도에 대한 회의주의를 완전히 감추기란 불가능했고, 그럴 의도도 없었던 것 같다.

마지막으로 고전소설이 얼마나 사실적으로, 얼마나 솔직하게 제도적 모순을 재현하고 고민할 수 있는지 한 가지 예를 들어 『흠흠신서』에 실린 사례들과 비교해보고자 한다. 풍몽룡(馮夢龍, 1574-1636)의 『성세항언(醒世恒言)』을 보면 송대(宋代) 화본(話本) 〈착참최녕(錯斬崔寧)〉을 각색했다는 〈십오관희언성교화(十五貫戲言成巧禍)〉라는 이야기가 실려 있다.[35] 이야기는 제목이 암시하듯 장난 삼아 한 말이 돌이킬 수 없는 재앙을 불러들인다는 교훈담이다. 일찍이 패트릭 해넌(Patrick Hanan)이 분석한 것처럼, 명말(明末)에 꽤 유행했던 '어리석은 행위와 그 결과(folly and its consequences)'의 유형에 해당하는 이야기이다. 이야기의 줄거리는 다음과 같다.[36]

35) 원문은 馮夢龍, 『醒世恒言』 下卷(北京: 人民文學史, 2008), pp. 676-691 참조.

36) Patrick Hanan, *The Chinese Vernacular Story* (Cambridge: Harvard University

유관인(劉官人)은 부인 왕씨(王氏)와 첩 이저(二姐)와 함께 근근이 살아가고 있었다. 어느 날 장인의 생신에 왕씨와 함께 처가를 방문하게 되는데, 장인이 사위와 딸의 생활고를 걱정해 돈 열다섯 관(貫)을 장사 밑천으로 빌려준다. 당장 장사를 시작할 생각에 유관인은 돈을 가지고 먼저 집으로 향하고, 밤늦게 혼자 집에 도착한 유관인은 술김에 이저에게 돈을 보여주며 이저를 다른 사람에게 팔아버렸노라고 농담을 한다. 그러고는 유관인은 잠이 들어버렸고, 유관인의 말을 진실로 받아들인 이저는 친정에 갈 생각으로 친하게 지내는 이웃에게 사정을 말하고 날이 밝는 대로 떠나겠다고 한다. 이저가 이웃집으로 간 뒤 도둑이 들었다. 엽전 꾸러미를 집어 들고 나오려던 도둑은 유관인에게 덜미를 잡히고, 결국 유관인은 도둑에게 잔혹하게 살해당한다. 한편, 이저는 일찍 집을 나서 길을 가다가 비단 행상을 하는 최녕(崔寧)을 만나 함께 길을 가게 된다. 그런데 얼마 못 가서 그들을 다급히 부르는 이웃들에게 이끌려 이저는 최녕과 함께 집으로 돌아가게 된다. 최녕에게서 비단을 판 돈 열다섯 관을 발견한 이웃과 왕씨는 이저가 최녕과 함께 공모해 유관인을 죽이고 도주한 것으로 믿는다. '간부음부(姦夫淫婦)'로 몰려 법정에 끌려간 이저와 최녕은 사실을 말하지만 아무도 그들의 말을 믿지 않는다. 결국 혹독한 고문으로 허위 자백을 한 두 사람은 참형을 당한다.

유관인이 죽은 지 거의 일 년이 다 되었을 때, 왕씨는 아버지의 부름을 받고 친정으로 돌아간다. 도중에 그녀는 정산대왕(靜山大王)이라는 산적을 만나 하인은 죽임을 당하지만, 그녀는 기지를 발휘해 겨우 목숨을 구하고 정산대왕에게 볼모로 잡혀 함께 살게 된다. 그러나 정산대왕은 그녀의 영향으로 점차 개과천선하게 되고, 어느 날 그녀에게 자신이 유관

Press, 1981), pp. 59-68 참조.

인의 살인범임을 고백한다. 이 고백을 들은 왕씨는 그 길로 관아에 가서 정산대왕의 범죄를 고발한다. 결국 정산대왕은 참형을 당하고, 애초에 유관인 사건을 판결한 판관도 파직을 면치 못한다. 최녕과 이저에게 정산대왕의 머리를 바친 왕씨는 죽을 때까지 비구니로 살았다고 한다.

이야기는 "말을 꺼낼 때는 언제나 진실해야 하니, 말 한마디가 화근이 되기 때문[勸君出話須誠信, 口舌從來是禍基]"이라는 교훈으로 끝나지만,[37] 사실 이 이야기로 미루어볼 때 등장인물들이 진실을 말한다고 해서 화를 피한 것도 아니다. 유관인은 결국 자신이 내뱉은 농담 때문에 화를 당했다. 그러나 최녕과 이저는 처음부터 진실을 말함에도 불구하고 아무도 그들을 믿지 않는다. 이야기꾼 화자[說話人]의 말대로 "그들이 정말 재물을 탐내 사람을 해칠 생각이었다면, 둘이서 밤중을 틈타 다른 곳으로 도망가야지 어째서 이웃집에 가서 하룻밤을 잔단 말인가? 더구나 이튿날 아침에 이저의 친정으로 도망가다가 길에서 붙잡힌단 말인가?[果然是小娘子與那崔寧謀財害命的時節, 他兩人須連夜逃走他方, 怎的又去隣舍人家借宿一宵? 明早又走到爹娘家去, 却被人捉住了?]"[38] 이 말은 조금만 생각해보면 그들을 범인으로 몰아간 상황이 얼마나 앞뒤가 맞지 않고 부조리한 것인지 쉽게 알아챌 수 있다는 뜻이다.

그러나 앞에서 본 『염명공안』의 양청 사건의 경우와 달리, 이 이야기에서는 이들이 제도적 희생양이 되는 것을 막을 '정의의 영웅'이 등장하지 않는다. 결국 유관인과 함께 무고한 두 사람의 생명을 덤으로 앗아간 악인 정산대왕은 법의 심판을 받는다. 왕씨와 정산대왕이 짧으나마 부

37) 馮夢龍, 앞의 책, p. 691.

38) 앞의 책, p. 687.

부의 인연을 맺은 것도, 정산대왕이 진실로 왕씨를 믿고 고백한 순간 왕씨로부터 배신을 당한 것도, 전생의 업보라 할 만하다. 정산대왕이 법의 심판을 받은 것으로 정의가 다소 회복된 듯이 보이기도 하지만, 어쨌든 그것은 불완전한 것에 불과하다. 이 이야기의 화자도 이 점을 놓치지 않고 날카롭게 지적한다. "죽은 자를 소생시킬 수 없고 끊어진 생명을 이어붙일 수 없으니, 안타깝기 그지없구나![道不得個死者不可復生, 斷者不可復續, 可勝歎哉!]"[39]

우리는 『성세항언』의 세계가 『염명공안』뿐만 아니라 『흠흠신서』도 우려한 현실의 아이러니를 그대로 폭로하고 있음을 볼 수 있다. 거기에는 결국 진실의 판별에 실패한 제도적 모순에 대한 신랄한 풍자뿐만 아니라 그 위에 정산대왕을 비롯해 진실을 말한 세 사람이 모두 구제를 받기는커녕 형장의 이슬로 사라진 현실의 아이러니를 그대로 드러낸다. 현실이란 불완전한 제도만큼이나 불완전한 인과응보의 원리만이 횡행하며, 농담 한 마디에 목숨을 잃을 수도 있는 불공평하고 냉혹하기 그지없는 세계인 것이다. 인과응보의 원리에 기댄 정의의 실현이라는 것이 결국 환상에 불과하듯, 진실의 수사학에서 진정한 진실을 찾기란 불가능한 일인 것처럼 보인다. 『흠흠신서』와 비교해 본다면, 다산이 인과응보의 원리로 무장한 '황당한' 소설들을 그의 저서에 소개할 때 이러한 측면들까지 염두에 둔 것 같지는 않다. 그러나 그는 표면적으로는 실용적 지식의 제공—즉, 법률문서 작성법—이라는 효용성에 무게중심을 두었지만, 결국 인과응보가 갖는 윤리적 심판의 의미를 간과할 수 없었을 것이다. 그것이 바로 인정과 천리를 고려해야 하는 유교적 사법체계의 본질이었기 때문이다.

39) 앞의 책, p. 687.

4. 맺음말

법률과 서사, 이 양자는 양립할 수 없다는 편견은 아마도 법률이 보편성과 추상성, 그리고 객관적 이성주의에 근거한다는 통념에서 비롯되었을 것이다. 그러나 우리 시대의 법학자조차 사회적 조건과 특수한 역사적 정황으로부터 완전히 독립적으로 존재하는 법률이란 없으며, 그런 의미에서 모든 법률은 본질적으로 서사일 수밖에 없음을 시인한다.[40] 하물며 법에 호소하기보다는 정(情) · 리(理)에 호소하며, '법치(法治)'보다는 '인치(人治)'를 내세운 유교적 사법체계에서야 더 말할 나위도 없이 특수한 정황을 고려하지 않는 기계적인 법률적 추론은 무의미하기까지 한 것이었다. 추상적인 법률조항보다 도덕적 원칙과 현실적 인간관계가 판결의 중요한 내재적 기준이 되는 한, 각각의 사례(case)와 그 사례를 기술하는 서사—즉, 법률이야기—가 중요하지 않을 수 없다. 따라서 어떤 법학자는 '형벌 체계의 사다리'라 불릴 만큼 치밀한 전통적 형법에도 불구하고 오히려 기계적인 법률 적용을 꺼리던 관행을 가리켜 '공평주의에 입각한 법률적 추론(fairness-centered judicial reasoning)'이라 불렀던 것이다.[41]

공문서 전체를 폭넓게 가리키는 공안, 또는 공안 중에서도 법률과 관련한 형안(刑案), 판안(判案), 송안(訟案) 등은 모두 사건의 서사적 기술

40) Robert Weisberg, "Proclaiming Trials as Narratives: Premises and Pretenses," Peter Brooks, and Paul Gewirtz, eds., *Law's Stories* (New haven: Yale University Press, 1996), p. 61.

41) Jiang Yonglin and Yu Yanhong, "Satisfying Both Sentiment and Law: Fairness-Centered Judicial Reasoning as Seen in Late Ming Casebooks," *Thinking with Cases,* pp. 48-51.

과 이에 대한 분석적 추론을 병치시켰다. 이와 같은 양식을 따르는 데는 다산의 『흠흠신서』도 예외가 없었다. 『흠흠신서』는 전체적으로 5부, 30권으로 구성되었으며, 총 549건의 형사사건 판례를 실었다. 이 중 전체의 약 3분의 1에 해당하는 판례와 총론을 모두 중국의 법률조례, 판례집뿐만 아니라 유교경전, 역사, 필기 등에서 발췌했다. 본고는 이 중에서도 『흠흠신서』 2부 〈비상준초〉에 실린 『염명공안』에 주목해 몇몇 예를 자세히 살펴보았다. 『흠흠신서』와 『염명공안』의 관계는 실용적인 법률서적으로서의 공안소설의 기능을 입증할 뿐만 아니라, 더 나아가 법률문서로서의 공안과 소설 장르 사이에는 그 경계가 불분명할 만큼 밀접한 관계가 있었음을 입증한다는 점에서 주목할 만하다.

특히 다산은 『염명공안』에 실린 사례들을 공안과 소설로 분류함으로써 장르적 특성을 뚜렷이 인식했음을 보여주었다. 그러나 더 놀라운 사실은 그가 직접 소설로 분류한 사례들 13조를 거리낌 없이 〈비상준초〉에 실었다는 것이다. 『염명공안』의 사례들 중에는 신판이나 초자연적 현상을 다룬 환상적 사건들도 포함되어 있어서 엄정한 법학자로서의 다산의 명성에는 걸맞지 않는 선택인 것처럼 보인다. 실제로 다산이 스스로 판결하거나 심리한 사례들을 살펴보면 근대적 법학자에 비교할 만큼 엄격한 법학적 사고의 틀 안에서 법률적 추론과 분석을 행하고 있다.[42] 어째서 그는 이 '소설' 텍스트를 공안과 함께 소개했을까?

필자는 이 해답을 법률문서인 공안과 소설의 수사학을 비교 · 분석함으로써 찾았다. 공안의 작성은 사건을 '사실' 그대로 기술하는 것으로 끝나지 않았다. 그것은 고도의 문학적 양식과 수사를 사용해 설득력 있는 '이야기'를 만드는 작업이었다. 따라서 그것은 사법적 체계 안에서

42) 『흠흠신서』 제5부, 〈전발무사〉 참조.

법률과 논리에 호소해야 할 뿐만 아니라, 소설처럼 감정에 호소하기도 해야 하는 것이다. 특히, 항상 도덕성이 핵심적 기준으로 작용하는 유교적 사법체계에서 정(情)과 리(理)는 법률 자체보다도 중시되는 판단기준이다. 이러한 유교적 사법체계 안에서는 사례, 즉 'case'를 통한 분석과 사유는 필수불가결한 것이었다. 판관이 사례마다 특수한 정황을 고려해야 한다는 것은 그가 법률을 잘 안다는 것만으로는 무의미하다는 것을 의미했다. 이것은 바로 유명한 마사 너스봄(Martha C. Nussbaum)이 주장하듯, 법관은 기계적 이성을 가지고 정의를 추구하는 것이 아니라 윤리적 지침으로서 '문학적 상상'과 '감성적 이성'을 가지고 법정에 서야 한다. 그렇지 않으면 인간의 복잡한 내면세계에 어떤 법률의 잣대를 들이댈지 전혀 알 수 없기 때문이다.[43]

너스봄의 관점에서 볼 때 이상적인 유교적 판관은 그 어떤 법관보다도 감성적 이성, 즉 전통적 용어를 사용하자면, 정 · 리를 통해 정의를 실현하고자 노력했다고 할 수 있다. 다산을 비롯한 유교적 판관들이 가장 꺼린 것은 다름 아닌 기계적인 법률 적용이었다. 따라서 정의의 실현은 정황을 고려한 판관 개인의 신중한 법률적 추론과 해석에 달려 있지만, 모든 사회—심지어 우리 시대의 민주적인 사회도—의 사법체계가 다 그렇듯이 유교적 사법체계도 항상 완벽하게만 작동했던 것은 아니었다. 유교적 관료주의와 행정주의, 신분질서, 고문의 법적 허용, 형벌위주의 사법체계 등 수많은 제도적 문제점들과 더불어 유교적 정의가 심각하게 훼손되고 왜곡되었다. 다산이 『흠흠신서』의 저술을 통해서 바로잡고자 했던 것이 바로 이러한 사법체계의 모순과 유교적 정의의 훼손이었다. 『흠흠신서』와 『염명공안』의 관계는 매우 사소한 예인 것처럼

43) Martha C. Nussbaum, *Poetic Justice* (Boston: Beacon Press, 1995) 참조.

보이지만, 공안과 소설의 수사학, 더 나아가 법률과 문학의 관계를 통해서 유교적 정의에 도달하고자 했던 다산의 의도를 극명하게 드러내 보이는 데는 부족함이 없다고 할 만하다.

참고문헌

국내 문헌

권연웅, 「『欽欽新書』 연구 I: 〈經史要義〉의 분석」, 경북사학 19(경북사학회, 1996. 8): 151-191.

민관동, 『중국고전소설사료총고』, 서울: 아세아문화사, 2001.

심희기, 「『흠흠신서』의 법학사적 해부」, 사회과학연구 5.2(영남대학교 사회과학연구소, 1985. 12): 31-62.

이헌홍, 『한국송사소설연구』, 서울: 삼지원, 1997.

丁若鏞, 박석무, 정해렴 역주, 『國譯欽欽新書』 4권, 서울: 현대실학사, 1999.

외국 문헌

夫馬進, 「明淸時代的訟事與訴訟制度」, 『明淸時期的民事審判與民間契約』.

______. 「訟師秘本 『蕭曹遺筆』的出現」, 『中國法制史考證』.

楊一凡 主編, 『中國法制史考證』 丙編 · 第4卷. 北京: 中國社會科學出版社, 2003.

余象斗, 『新刻皇明諸司廉明奇判公案』(1598), 『古本小說集成』, Vol. 273. 上海: 上海古籍出版社, 1990.

李漁, 『李漁全集』, 杭州: 浙江古籍出版社, 1992.

滋賀秀三 等 著, 王業新, 梁治平 編, 『明淸時期的民事審判與民間契約』, 北京: 法律出版社, 1998.

馮夢龍, 『醒世恒言』 上 · 下, 北京: 人民文學社, 2008.

宮岐市定, 「欽欽新書解題硏究」, 朝鮮學報 47(1968. 5): 85-92.

滋賀秀三,『淸代中國の法と裁判』, 東京: 創文社, 1984.

Brooks, Peter, and Paul Gewirtz, eds. *Law's Stories*. New Haven: Yale University Press, 1996.

Epstein, Maram. "Making a Case: Characterizing the Filial Son," *Writing and Law in Late Imperial China*.

Furth, Charlotte, Judith T. Zeitlin, and Ping-chen Hsiung, eds. *Thinking with Cases: Specialist Knowledge in Chinese Cultural History*. Honolulu: University of Hawai'i Press, 2007.

Hanan, Patrick. *The Chinese Vernacular Story*. Cambridge: Harvard University Press, 1981.

Hegel, Robert E. and Katherine Carlitz eds. *Writing and Law in Late Imperial China: Crime, Conflict, and Judgment*. Seattle: University of Washington Press, 2007.

Jiang Yonglin and Yu Yanhong. "Satisfying Both Sentiment and Law: Fairness-Centered Judicial Reasoning as Seen in Late Ming Casebooks," *Thinking with Cases*.

Nussbaum, Martha C. *Poetic Justice: The Literary Imagination and Public Life*. Boston: Beacon Press, 1995.

Ocko, Jonathan. "Interpretive Communities: Legal Meaning in Qing Law," *Thinking with Cases*.

Theiss, Janet. "Explaining the Shrew: Narratives of Spousal Violence and the Critique of Masculinity in Eighteenth-Century Criminal Cases," *Writing and Law in Late Imperial China*.

Weisberg, Robert. "Proclaiming Trials as Narratives: Premises and Pretenses," *Law's Stories*.

일제하 유교지식인의 초상 : 심산 김창숙의 삶과 사상*

이영호

1.

심산 김창숙(心山 金昌淑, 1879-1962)은 유학자이면서 독립운동가였다. 그가 걸어간 길은 고난으로 점철된 길이었다. 심산은 독립운동의 와중에 자신이 받은 고난을 지인에게 보내는 편지에서 다음과 같이 말하였다. "대개 왜노(倭奴)가 나를 죽이고자 하는 것과 적도(赤徒)가 나를 죽이고자 하는 것과 반민(反民)의 무리들이 나를 죽이고자 하는 것은 모두 숙(淑)이 독립운동에 헌신하였기 때문입니다. 이제 간옹(艮翁)의 무리들이 나를 죽이고자 하는 것도 또한 이것에 관련되기 때문입니다. 저 왜노와 적도와 반민의 무리들이 만일 이 소식을 듣는다면 반드시 일제히 소

---

* 이 글은 「朝鮮儒學史의 지평에서 바라본 心山 金昌淑의 思想」(『양명학』 29호, 한국양명학회, 2011)을 전재한 것임.

리 내어 쾌재를 부를 것입니다."[1] 심산은 일제하에서는 왜노(倭奴)인 일본에 의해, 독립이 된 이후로는 반민(反民)인 이승만 정부에 의해, 그리고 6.25 때는 적도(赤徒)인 공산당에 의해 고문을 당하거나 생명의 위협을 받았다. 그런데 심산을 괴롭힌 것은 이러한 외적 세력만이 아니었다. 유림에서도 심산을 배척하는 경우가 있었는데, 그 중 심한 경우가 바로 간재 전우(艮齋 田愚, 1841-1922)의 후학들에 의한 비난과 배척이었다. 이에 대한 전말은 조선유학사의 전개와 관련된 심산 사상의 연원을 보여준다는 점에서 좀 더 상세하게 살펴볼 필요가 있다.

1919년 3.1운동 이후 일어난 제1차 유림단 사건은 조선유학자들의 독립운동의 일환으로 일어난 일이었다. 그런데 이 독립운동에 대처하는 면우 곽종석(俛宇 郭鍾錫)과 간재 전우(艮齋 田愚)의 자세는, 조선유학사에서 학통에 따른 상이한 대응양상을 선명하게 보여주고 있다. 제1차 유림단 사건이 일어나기 직전, 이 두 거유(巨儒)의 독립에 대한 자세를 심산은 「해사 김공 묘갈명(海史 金公 墓碣銘)」에서 다음과 같이 기록하고 있다.

> 기미년 3.1운동이 일어나자, 공은 성공(成泰英)을 비롯하여 이중업(李中業), 류준근(柳濬根)과 서울에 모여서 삼일 독립 선언서를 읽고 "이 글에 유자라고는 한 사람도 참여한 자가 없으니, 이는 수치스런 일이다. 우리

---

1) 『유고』 권이, 「趙國鉉에게 답함」, 318쪽. 심산의 글을 인용할 때, 『김창숙문존』(성균관대출판부, 1997)과 『국역 심산유고』(국역심산유고간행위원회, 1979)를 저본으로 하였다. 『김창숙문존』(이하 『문존』으로 약칭함)은 『국역 심산유고』(이하 『유고』로 약칭함)에서 정선한 책이면서 대중적 접근이 용이하기에 『문존』을 1차 자료로 삼고, 『문존』에 나오지 않는 글은 『유고』에서 보충하여 인용하였다.

는 어떻게 이 수치를 씻을 것인가."라고 탄식했다. 이때 창숙이 여러분에게 이르기를, "세계 여러 나라가 현재 파리에서 평화회의를 열고 있으니, 이것이 바로 그 기회이다. 급히 유림의 영수인 곽면우(郭俛宇), 전간재(田艮齋)에게 알려 유림을 단합해서 글을 만들어 가지고 대표를 파리로 보내 우리의 독립을 인정해 주도록 요청하는 것이 어떻겠는가?" 하고 제의했다. 공은 여기에 찬동해서 "그대는 빨리 일을 도모하라." 했고, 여러 분들도 모두 좋다고 했다. 이에 급히 김황(金榥)을 곽면우에게로 보냈고, 류준근(柳濬根)을 전간재에게로 보내어 파리에 글을 보내는 일을 고했다. 면우옹은 강개해서 말하기를 "내가 죽을 곳을 얻었다."고 했으나 간재는 여기에 응하지 않고 "유자(儒者)는 도를 지킬 뿐이지, 국가의 흥망에 간여하지 않는다."고 하였다. 공이 크게 노해서 "전우(田愚)가 말하는 바 도라는 것은 무슨 도란 말인가? 전우의 머리를 베어야 한다."고 주장하였다.[2)]

이 「해사 김공 묘갈명(海史 金公 墓碣銘)」[3)]은 심산이 간재의 후학들에게 두고두고 비난을 당하는 화근으로 작용하였다. 이 글을 짓고 약 40년의 시간이 흐른 뒤, 덕천재(德泉齋), 판경당(瓣敬堂), 계양사(繼陽祠), 기산재(箕山齋), 전주향교(全州鄕校) 등지에서 심산의 이 글을 두고 당동벌이(黨同伐異)라고 비판하였다. 특히 덕천재에서 내놓은 글에서는 심산이 율곡(栗谷)과 우암(尤庵)을 침해하였다고 강력하게 비방하였으며,[4)]

2) 『문존』, 「海史 金公 墓碣銘」, 201-202쪽.

3) 金丁鎬(1882-1919)의 묘갈명임. 김정호의 자는 晦元, 호는 海史로 본관은 의성임. 심산의 동향사람으로 심산과 함께 독립운동에 매진하였음.

4) 『유고』 권일, 「金海史 墓文에 관한 일을 古詩 한 편으로 艮齋의 무리에게 고한다」, 202쪽.

간재의 문인인 류영선(柳永善)의 아들 유호석(柳浩錫)은 「토김창숙문(討金昌淑文)」을 지어 심산을 성토하고 스승을 비호하였다.[5] 심산의 「해사 김공 묘갈명(海史 金公 墓碣銘)」은 자칫 면우는 독립지사로 간재는 독립투쟁을 회피한 인물로 인식될 여지가 있는데다가, 마지막 문자는 간재를 모독하는 구절로 여겨질 소지가 다분하였기 때문이다. 이렇게 비방이 거세게 일어나자, 심산도 이들이 율곡과 우암의 후인의 손을 빌려 자신을 죽이려는 행위라고 강력하게 대응하였다. 그리고 "간재 문하의 높이 상투를 짜고 관을 높게 쓴 여러 사람은 한 사람도 독립운동에 참가하지 않았으니 의를 어떤 것으로 보았는지 알 수 없다. 만약 우리가 한국의 전국 사람으로 하여금 다 간재의 문하에 들게 했다면 우리 한국은 반드시 독립의 날이 없었을 것이니 무어라고 말하겠는가."[6]라고 말하면서 극력 비판하였다. 이처럼 양측의 대립이 격렬해지자 조국현(曺國鉉, 1896-1969)이 화해를 주선하였다. 이에 심산은 자신의 이 글은 사실을 채록한 것일 뿐 간재를 비방할 의도는 전혀 없었다고 하였다. 그리고 "대저 김해사(金海史)의 묘문(墓文) 중의 간옹(艮翁)에 관련된 몇 마디 말은 다만 사실에 근거하여 기록하였을 뿐입니다. 숙이 평소에 비록 그 간옹의 문하에 들어가지는 않았다 하더라도 그 중망(重望)을 경앙(景仰)한 지는 오래되었습니다. 어찌 혹시라도 황당한 말을 지어내는 데로 나아가 고의(故意)로 무고(誣告)를 할 것이겠습니까. … 다만 이제 생각해 본

5) 柳浩錫은 「討金昌淑文」(『春溪集』 卷七)에서 당시 간재가 문인 吳震泳에게 印章을 주어 파리장서에 서명하도록 하였는데, 전날 기밀이 누설되고 풍랑이 심하여 만나기로 한 사람이 도피함에 따라 결국 만나지 못하고 돌아옴으로써 서명을 못하게 되었다며 스승인 간재가 애초 파리장서에 서명하려 하였다고 비호하였다(이종우, 「한주학파와 간재학파의 심성론쟁 연구」, 성균관대 박사논문, 2004, 150쪽 참조).

6) 『유고』 권일, 「金海史 墓文에 관한 일을 古詩 한 편으로 艮齋의 무리에게 고한다」, 201쪽.

다면 사건을 기록한 것은 실지의 사실에 속한다 하더라도 격렬한 문구를 나열하면서 그것을 깎아 버리지 아니한 것만은 늙은 사람이 생각을 문장으로 구성함에 정(精)하지 못함을 면치 못하였으니 이것만은 도리어 미안하게 되었음을 깨닫겠습니다."[7]라고 하면서, 한 발짝 물러서서 화해의 손을 내밀었다. 아마 심산의 생애에서 처음이자 마지막으로 있었던 타협이었을 것이다. 그리고 심산은 자신에 대한 무의미한 비방을 멈춘다면, 해사(海史)의 후인들과 의논하여 「해사 김공 묘갈명(海史 金公墓碣銘)」에 들어 있는 격렬한 문구—아마도 위의 인용문의 마지막 문장을 가리키는 듯하다—를 삭제할 의사가 있다고 하였다.[8] 이후 양측의 화해 여부는 알 수 없지만, 독립을 놓고 유림이 투쟁과 외면으로 갈려 갈등을 일으킨 것은 명백한 듯하다. 후술하겠지만 조선유학사의 지평에서 보면 양측은 모두 나름의 이유에서 그렇게 하였다고 이해할 수도 있다. 그러나 오늘날의 관점에서 보면, 독립에 대한 이러한 투쟁과 외면의 대처방식에 대하여 그 가치를 평가할 수 있을 것이다.

이 삽화는 유학자로서 독립에 매진한 심산의 사상적 일면을 보여줄 뿐 아니라, 조선유학사의 학통에 따른 학풍을 보여주는 것으로 심산 사상의 연원을 고찰할 수 있는 단서를 제시해 준다. 이에 먼저 심산 사상의 특징에 대하여 고찰하고, 이를 바탕으로 심산과 간재 사상의 연원으로서의 퇴계학통과 우암학통의 특징에 대하여 논해 보고자 한다. 그리고 조선유학(주자학)의 학통에 따른 학풍의 상이점에서 이들이 이렇게 행동하였던 이념의 원천을 탐색해 보고자 한다.

---

7) 『유고』 권이, 「趙國鉉에게 답함」, 318-323쪽.

8) 『유고』 권이, 「趙國鉉에게 답함」, 324쪽.

2.

심산의 사상은 그 특징을 정리하기가 쉽지 않다. 그의 삶에서 독립을 향한 행동이 워낙 선명했는데 비하여, 자신의 사상을 체계적으로 정리해 놓은 글들은 많지 않기 때문이다. 그러나 『심산유고』에 들어 있는 한시, 서간문, 산문, 자서전 등을 일독해 보면, 심산의 행동을 가능케 하였던 사상의 일단을 파악할 수 있다. 필자는 심산의 사상을 유학에 대한 그의 자세와 절의론으로 대별하여 정리해 보고자 한다. 먼저 심산의 유학에 대한 생각과 자세를 그가 남긴 여러 글에 의거하여 연대기적으로 추적하여 정리해 보면, 다음과 같다.

(1) 10대

■ 열서너 살 적에 비로소 사서(四書)를 떼었으나 아직 위기지학(爲己之學)이 무엇인지 몰랐다. 아버님께서 몹시 걱정하신 나머지 친하게 지내시던 이대계(李大溪) 선생에게 부탁하여 "우리 가문의 앞날은 이 아이에게 달려 있네. 자네가 각별히 지도해서 성취시켜 주기 바라네." 하시었는데, 내가 본래 성리설을 듣기 좋아하지 않아서 결국 그 문하에 가지 못하고 말았다.[9]

■ 병신(丙申, 1896)년에 아버님께서 세상을 떠나시었다. … 상기를 마친 후 아무쪼록 널리 배움을 구하여 견문을 넓힐 뜻을 세우고 당세의 대유(大儒)인 이만구(李晩求, 鍾杞), 곽면우(郭俛宇, 鍾錫), 이대계(李大溪, 承熙), 장회당(張晦堂, 錫英) 같은 어른들의 문하를 두루 찾아뵙고 경서(經書)의 뜻을 물어서 감발(感發)된 바가 많았다. 특히 이대계 선생에게

9) 『문존』, 「자서전 상」, 220쪽.

는 마음속으로 절로 감복되어 성심껏 섬기게 되었다.[10]

위의 기록으로 보면, 심산이 학문에 입문한 것은 10대부터인 듯하다. 그러나 10대 초반의 심산은 유학을 그리 좋아하지 않은 것으로 보여진다. 대부분의 아이들이 그런 것처럼 공부보다는 놀기에 열중했던 어린 시절이라고 할 수 있다. 심산의 아버님인 하강공이 대계 이승희에게 이런 심산이 걱정되어 맡겼음에도 그 기질은 변하지 않았다. 그러다 10대 후반에 아버님이 세상을 뜨고 난 다음, 심산은 한주 이진상의 고족인 곽종석과 이승희에게 나아가서 배웠는데, 특히 이승희에게 감복되어 유학 공부에 매진하였다. 아마도 이때부터 심산은 한주 학통의 유학에 본격적으로 입문하여 20대까지 공부한 것으로 보여진다.

(2) 30대

■ 기유(己酉, 1909)년, 일진회의 반역배인 송병준, 이용구 등이 일본 통감 이등박문의 사주를 받아 우리 정부에 상서하고 또 일본 정부에 투서해서 한일합방론을 제창하였다. … 나는 이렇게 말하였다. "나라의 존망에 관계된 중대사에는 아무리 포의(布衣)라도 말할 수 있는 의리가 있으니 이는 주자(朱子)의 가르침이다. 우리의 의리상 일진회 역적들과 한 하늘 밑에 살 수 없다. 이놈들을 성토하지 않으면 우리나라에 사람이 있다고 할 수 있겠는가."[11]

■ 경술(庚戌, 1910)년, 나라가 망하였다. … 계축(癸丑, 1913)년 여름에 정처 없이 멀리 돌아다니다가 그 해 겨울에야 비로소 집에 돌아왔다. …

10) 「자서전 상」, 221-222쪽.

11) 『문존』, 「자서전 상」, 224-225쪽.

나의 집에는 예전부터 장서가 많았다. 이에 먼저 경서를 들고 심오한 뜻을 탐색하여 담겨진 뜻을 이해한 다음 백가에 들어가서 치란을 고찰하고, 옳고 그른 것을 분간해 보되 의심이 있으면 눈을 감고 조용히 사색하고, 터득한 바 있으면 촛불을 켜고 바로 적어 두었다. 이러기를 여러 해 쉬지 않고 계속하매, 비로소 인욕(人慾)을 막고 이성을 지킴이 학문하는 진수이여, 격물치지(格物致知), 성의정심(誠意正心), 수신제가(修身齊家), 치국평천하(治國平天下)의 도가 모두 여기서 벗어나 딴 데 구할 것이 아님을 믿게 되었다. 나는 4, 5년 동안 독서에 전념하면서 세상사는 전혀 묻지 않았다. 나의 일평생에 학문의 득력은 실로 이때 이루어진 것이다.[12)]

20대의 심산의 학문적 이력은 그의 글에서 보기가 어렵다. 그러나 10대 후반기를 곽종석과 이승희의 문하에서 공부하였던 것으로 보아 심산의 20대도 유가의 공부에 매진했던 시기라고 짐작된다. 특히 국권이 기울어가는 1909년, 심산의 기록을 보면 주자학적 의리관에 입각하여 나라를 팔아먹은 매국노를 단죄하고자 하는 강력한 의지를 피력하고 있다. 이 시기를 전후하여 심산은 주자학적 의리관과 국권(國權)의 부지(扶持)라는 소명의식을 결합하여 강력한 행동주의로 나아가기 시작하였다. 그 실례로 1908년에 국운이 기우는 것을 감지한 심산은 대한협회 지부의 설립을 주창하면서, 구습의 혁파와 계급의 타파를 주장하였다. 이때부터 수구하는 유생들과 사이가 나빠지기 시작하였다고 심산은 회고하고 있다.[13)] 그러나 심산의 이러한 노력은 1910년 나라가 망

12) 『문존』, 「자서전 상」, 232-236쪽.

13) 『문존』, 「자서전 상」, 224쪽.

하면서 모두 수포로 돌아갔다. 좌절한 심산은 술과 방랑으로 세월을 보내다가, 1913년 이후 약 4-5년 동안 유가서적 공부에 전력을 기울이게 된다. 10대와 20대에 주로 스승 밑에서 공부하였다면 30대 중후반은 혼자서 유가의 공부에 매진하였던 셈이다. 이 시기에 심산은 '존천리알인욕(存天理遏人慾)', '격물치지(格物致知)', '성의정심(誠意正心)', '수신제가(修身齊家)', '치국평천하(治國平天下)'로 표현되는 유가의 이념을 깊이 체득하였다. 당시 이러한 유가공부의 결과를 두고, 심산은 자기 일평생의 학문의 득력(得力)이 이때 이루어졌다고 하였다.[14)]

(3) 40대

■ 옛 사람들이 학문을 하는 것은 고상한 것을 담론하고 먼 것을 설명하는 데 있지 않고, 반드시 절실한 것을 묻고 가까운 것을 생각하는 것부터 먼저 합니다.[15)]

■ 자신의 몸과 마음을 닦고 성찰하여 궁리거경(窮理居敬)의 실질에 힘써야 하는 것입니다. 이렇게 오랜 세월 쌓아 가면 차츰 두텁고도 성대해집니다. 자연적으로 도의(道義)가 내부에서 살찌게 되고 아름다운 화채(華彩)가 밖으로 피어나게 될 것입니다.[16)]

40대 심산은 독립운동에 매진하느라 유학 공부에 더 이상 매진할 수 없었다. 1919년 3.1운동 직후에 전국 유림을 규합하여 파리평화회의에

---

14) 후일 심산은 독립운동을 할 때, 중국요인들과 교제하면서 이때 습득한 한문에 대한 소양을 밑받침으로 삼아 활동하였다.(자세한 정황은, 『문존』, 「자서전 상」에 나와 있다.)

15) 『유고』 권이, 「崔雲卿 鳳坤에게 답함」, 297쪽.(1918년에 쓴 편지임)

16) 『유고』 권이, 「族叔 而晦에게 답함」, 350쪽.(1918년에 쓴 편지임)

제출할 130여인(餘人)의 연명(聯名)으로 된 장서(長書)를 휴대하고 출국한 것과 1925년 만몽(滿蒙) 접경지대에 새로운 독립운동기지건설을 위한 자금조달관계로 국내에 잠입 활동하다가 다시 출국하는 등, 항일독립운동가로서 여념이 없는 바쁜 나날을 보내었다.[17] 그러나 이러한 활동의 저변에는 '절문근사(切問近思)', '거경궁리(居敬窮理)' 같은 유가적 이념이 확고하게 자리 잡고 있었다. 다만 이 시기 심산이 견지한 유학은 그의 30대에서 보여준 주자학적 의리관과 나라의 독립이라는 소명의식을 결합한 행동주의적 성향이 확고한 형태로 자리 잡았다. 때문에 유학적 이념이라 하더라도 치우치고 침체된 형국에 머무는 것을 용납하지 않았다.[18] 또한 비록 자기 학통의 스승에 대해서도 이를 선양하는 것은 국권이 회복된 다음에나 할 일이라는 주장을 펴기도 하였다.[19] 어디까지나 나라의 독립이라는 지상과제가 최우선이었기 때문이다.

(4) 50대

■ 창숙은 애를 보내고 대구에 돌아와 홀로 누워 병에 신음하니 뜻과 심

---

17) 이우성, 『유고』, 「해제」, 6쪽 참조.

18) 『유고』 권이, 「宋恭山 舜佐 浚弼에게」, 225쪽. "우리를 위한 계교를 말한다면 더욱 마땅히 분발하고 猛省하여 실지로 일하는 것이 있어야 할 것이니 헛되게 옛것에 구애되어 진부한 소견을 지키며 오늘날에 처하여 일편되고 침체한 지식에 편안히 여기지도 말아 스스로를 권면하고 남도 권면하여야 할 것입니다."

19) 『문존』, 「安東 龜尾의 道會所에 보냄」, 134쪽. "온 나라의 서원과 사당이 철폐된 이래로 그것을 회복하여 다시 설립해야 한다는 상소가 여러 번 올라갔으나 번번이 저지당함을 면치 못하였습니다. 무릇 백성된 입장에서 감히 다시 서원과 사당을 지어서 제사 받드는 일을 사사로이 創行하지 못했던 것은 진실로 조정의 법령이 지극히 엄했기 때문입니다. 아! 오늘날 종묘와 사직이 문을 닫고 風泉의 비통함이 헤아리기 어려울 정도로 극에 이르렀는데, 어찌 사사로이 서원이나 사당을 창건하여 차마 종전 법령에 전혀 구애되지 않는 것같이 할 수 있겠습니까? 창숙의 얕은 식견으로는, 시기로 보아 해서는 안 될 바가 있고 예로 보아 타당하지 못한 바가 있지 않을까 몹시 두렵습니다. 바라건대 여러분께서는 다시 한 번 깊이 생각해 주십시오."

서(心緖)가 더욱 좋지 않습니다. 때때로 면우옹(俛宇翁)의 문집의 한두 장을 넘기다가 마음에 맞는 곳을 만나면 갑자기 마치 침통한 병이 몸에서 떠나버리는 것 같으니 진실로 이치에 맞는 말이 사람을 감발시키는 것이 정말 이와 같습니다.[20)]

■ 대저 성현의 글을 읽는 귀중함이란 그 이치를 바르게 알고 그 의리를 확실하게 실천하는 일일 것입니다. 그렇지 않은 자를 어찌 글 읽는 사람이라 할 수 있겠습니까?[21)]

40대의 심산은 독립운동에 헌신하였지만, 50대에 들어와서는 주로 칩거의 세월을 보냈다. 1927년 상해에서 일경에 의해 체포되어 본국으로 압송된 후, 14년형을 언도받고 지독한 고문 끝에 불구의 몸이 되어 성주고택으로 돌아와서 생활하였기 때문이다. 이 시기에도 심산은 일제의 강요에 의한 창씨개명을 반대하고 지조를 초지일관 유지하였다.[22)] 그런데 이 시기에 심산은 병마에 많이 시달렸던 것 같다. 그가 친우들과 주고받은 편지를 보면, 주로 자신의 병마로 이야기를 시작하거나 병마의 고통을 토로하는 내용이 많다. 이렇게 보면 비록 칩거해 있다고는 하나, 심산의 삶은 국외와 국내를 드나들며 독립운동을 했던 40대에 비하여 결코 편하였다고는 할 수 없을 것이다. 이때 심산은 치병을 하면서, 학문의 새로운 경지를 구축하기보다는 자신이 공부한 내용을 음미하는 것으로 소일하였다. 특히 위의 인용문에서 보듯이, 스승인 면우의 문집을 읽으면서 삶의 위안으로 삼았다. 이는 50대의 심산에게 면우를 통해

20) 『유고』 권이, 「孫德夫 厚翼에게 답함」, 279쪽.(1936년에 쓴 편지임)

21) 『문존』, 「李璇七에게 答함」, 140쪽.(1939년에 쓴 편지임)

22) 이우성, 『유고』, 「해제」, 7쪽 참조.

이어받은 유학이 여전히 이념적 근원으로서 작용하였음을 보여주고 있다. 한편 두 번째 인용문에서 보듯이 심산은 유학이란 그 이치를 바르게 아는 것만큼 실천이 중요하다고 강조하고 있다. 실천을 강조하는 심산의 이러한 태도는, 또한 그의 30-40대에 줄곧 유지해온 자세의 연장이다. 다만 위의 인용문들을 보면, 심산은 50대에 와서 종래 한 유학공부에 지난 세월의 체험이 더해져 문자에 대한 체험적 깨달음이 한결 깊어졌다고 보인다.

(5) 60대

■ 내 평생 퇴도(退陶, 退溪) 선생을 배우기를 소원하였으면서도 미치지 못하고 있다.[23)]

■ 하나를 주장하여 다른 것을 생각하지 않는(主一無適) 확신을 차고 사물극복(四勿克復)의 기를 세우고 이것으로 용맹스럽게 전진하면 성시(城市)가 요란하여도 나의 마음을 흔들리기에는 부족하니 자연 가슴 속에 하나의 둥근 달이 있게 되어 광명하고 깨끗한 경지에 도달할 수 있을 것입니다.[24)]

50대 심산의 위안처가 면우의 글이었다면, 60대의 심산의 귀의처는 자기 학파의 종주인 퇴계로 거슬러 올라간다. 60세 초의 심산은 활발한 독립운동을 할 수 없었을뿐더러, 육신은 곤고하였다. 그리고 조국의 독립은 아직도 오지 않았다. 그러한 심산에게 일본을 향한 투쟁의 의지 외에 자기 삶의 근간이자 귀의처는 유학, 그 중에서도 면우, 한주 학통의

23) 『유고』 권이, 「甥姪 李泰桓에게」, 307쪽.(1940년에 쓴 편지임)

24) 『유고』 권이, 「李尙華 定基에게 답함」, 299쪽.(1939년에 쓴 편지임)

근원인 퇴계였던 것 같다. 때문에 지인에게 '주일무적(主一無適)'의 마음자세로 인욕이 소진된 광풍제월(光風霽月)의 경지에서 떠오르는 마음의 달을 찾으라고 정녕스럽게 고해주고 있다. 심산의 이러한 권유는 바로 평생 퇴계를 배우고자 했다는 진심에서 우러나온 것이라고 할 것이다. 이렇게 보면 심산의 60대는 여전히 유학이 그 배면에 있었다고 할 수 있다. 그러하기에 심산은 독립투쟁의 와중에서도 자신 사상의 근원인 유학의 도심(道心)이 쇠할까 근심하였으며,[25] 자식에게도 항상 유학의 경전들을 읽도록 당부하였다.[26]

그러나 아직 해방이 되지 않은 시점에 당시 영남의 유림들이 선현의 문집을 간행한다는 말을 듣고, 심산은 "산청 이택당(山淸 麗澤堂)의 여러 선비들이 『문헌선생제자록(文憲先生諸子錄)』을 간행한다는 말을 들었습니다. 허상 형께서 멀리까지 쫓아와서 일을 의논하시니, 그 고충이 어떠한지 알만 합니다. 선인의 행적은 응당 차례로 정리되어 나가야 하겠지만, 제 생각으로는 온 천하가 크게 어지러우니 사람들의 행실 또한 체면을 돌보지 않는데, 어찌 한가하게 이런 문장을 의논하고만 있을 수 있겠습니까? 나라가 제대로 된 다음 천천히 간행을 계획한다 해도 늦지 않을 듯합니다."[27]라고 하였다. 나라가 암흑에 잠긴 시점에 아무리 명현의

---

25) 『문존』, 「반귀거래사」, 84-85쪽. "이역만리 갖은 풍상 다 겪으면서 나날이 그르쳐 가는 대업 탄식하다가 문득 크디큰 모욕을 받아 죄수의 붉은 옷 몸에 걸치니 고생을 달게 받아 후회 없지만 행여 도심(道心) 쇠해질까 걱정했노라."

26) 『문존』, 「아들 燦基에게」, 147쪽. "때로 소학, 논어, 맹자 등 마음을 다스리는 데 절실한 책을 읽고 생각해라. … 깊은 뜻을 궁구하여 眞髓를 얻게 되면 반드시 기쁜 마음으로 고통을 잊게 되고 병도 스스로 물러서게 될 것이다. 이것은 다만 지금의 병을 치료하는 單方일 뿐만 아니라 후일에 실천하는 마당에 있어서도 역시 반드시 두드러진 공적을 거두게 될 것이니, 힘쓰고 힘쓰거라."

27) 『유고』, 「族叔 而晦께 답함」, 363쪽.(1940년에 쓴 편지임)

글이라고는 하지만 이를 간행하는 것은 독립이 된 이후에 추진하는 것이 좋겠다는 심산의 편지에서 우리는 그의 유학에 대한 자세를 명확하게 확인할 수 있다. 즉 조선의 유학—더 좁게는 퇴계학, 한주학—에 대한 경도는 그의 일생에서 변치 않은 지점이었음에도 불구하고 이는 나라의 독립, 그다음의 일이었던 것이다.

이상으로 우리는 심산의 10대에서 60대에 이르기까지 그의 유학에 대한 자세를 살펴보았다. 심산은 스승인 면우와 그의 학통에 위치한 한주, 퇴계 등을 사사하였음을 알 수 있었다. 그리고 심산은 유학의 성리설에 대한 별다른 학설을 남기지는 않았지만, '거경궁리(居敬窮理)', '존천리알인욕(存天理遏人欲)', '주일무적(主一無適)'과 같은 주자학의 주요 학설을 사상의 근원으로 삼고 있음을 파악할 수 있었다. 그러나 심산은 오로지 유학에만 몰입하지 않고 나라의 독립을 중심에 둔 실천으로 일관하였다. 때문에 심산이 그리는 이상적인 인간상-심산은 이런 인간을 사군자라고 하였다-은 유학적 이념을 지녔으면서도, 조국이 위기를 당하였을 때 어떠한 위협과 무력에도 굴하지 않고 부귀에 흔들리지 않으며, 의리를 당면한 현실에다 밝히고 명예와 절조를 내세워 내세에 드리우는 사람이다.[28] 여기서 우리는 심산 사상의 또 다른 한 축이 유학적 이념에 기반을 둔 절의의 정신임을 알 수 있다. 절의란, 인간에게 극복하기 어려운 난관이 닥쳤을 때 그 난관에 굴하지 않고 자신의 평소의 지조를 변치 않는 것이다. 조선유학자들은 난관이 닥쳤을 때, 물러나 자연으로 돌아가서 평생을 자신의 지조를 지키면서 살다 간 이들이 많다. 이들은 자신들이 지녔던 평소의 지조를 변치 않았다는 점에서 절의를

28) 『문존』, 「蕙社集 序」, 151쪽.

세웠다. 이러한 절의는 분명 쉬운 일이 아니기에 존중을 받을 가치가 충분하다. 그러나 어찌 보면 이는 세상을 회피하는 데서 세운 일종의 수동적 절의라고 할 수 있다. 이에 비해 심산의 절의는 세상의 폭압과 협박에 과감하게 대항하면서 지조를 변치 않았다는 점에서 능동적 절의라고 할 수 있을 것이다. 이 같은 심산의 절의 정신은 그 자신이, "나는 아이부터 성질이 거세어 결코 남에게 굽히려 하지 않았다."[29]라고 회고한 것처럼, 타고난 성정의 발로에 기인한 바가 크다고 할 수 있다. 그런데 여기에 유학공부를 통한 의기의 함양이 더해지자, 어떤 유학자보다도 과감하면서도 변치 않는 불굴의 절의를 세울 수 있었다.

심산의 이러한 절의의 자세는 그의 유학과 더불어 일생 동안 유지한 삶의 기저였다. 특히 고문과 협박, 그리고 죽음이 닥쳤을 때 심산이 이런 것들에 대하여 견지한 태도는, 그의 절의의 정신이 돋보인 지점이라고 할 수 있다. 그 일단을 차례로 소개하면 다음과 같다.

(1) 일제에 의해 고문을 당하였을 때

조국의 광복을
도모한지 십여 년
가정도 목숨도
돌아보지 않았노라.[30]

(2) 인민군에 의해 협박을 당하였을 때

내 나이 이미 71세로 벌써 늙도록 살았다. 이제 비록 죽는다고 할지라도

29) 『문존』, 「자서전 상」, 219쪽.

30) 『문존』, 「고문하는 자들에게」, 12-13쪽.

맹세코 너희들의 협박에 나의 고집을 꺾지는 않겠다.[31)]

(3) 죽음이 임박했을 때

나도 지금 일흔 일곱의 나이로 죽을 병에 헐떡거리면서 기거와 대소변 일체를 다른 사람이 도와주고 있다. 곧 죽을 것 같은데 아직도 죽지 않으니, 심하다! 내 생의 지리함이여. 이래서 내가 조석으로 빨리 죽기를 비는 것이다. … 저 조화아(造化兒)가 일부러 장난을 하여 아직도 나에게 행복을 허락해 주지 않으니 이것이 원망스럽다. … 내 병은 이미 고황(膏肓)에 깊어 수년 이래로 위가 음식을 받지 않으니 천하의 진미라도 입에 맞는 것이 없다. 혹 하루 이틀을 먹지 않아도 배가 고프지 않아 매양 옆 사람의 강권으로 한 두술 들기는 하지만 목구멍에 내려가지 않는다. 때때로 찬 술 반잔쯤을 마시고서야 그치니 이것이 내가 빨리 죽을 징후이다. 너와 내가 함께 구천에 모여 즐겁게 지낼 것이 이제 아침이 아니면 저녁이다. 아니 나는 이것으로 스스로를 위로하여 저승에서 통지가 오기를 기다리면서 슬퍼하지 않으려 하는 것이다.[32)]

심산의 생애에 닥친 고난과 고통은 인간으로 참으로 견디기 어려울 때가 많았다. 특히 1927년은 심산에게 매우 가혹한 해였다. 이 해에 심산의 맏아들인 환기(煥基)가 아버지를 따라 독립운동을 하다가 일경에 체포되어 가혹한 고문을 받고 석방되었다가 그 후유증으로 요절하였다. 자식이 부모를 앞서 저세상으로 간다면 어느 부모인들 애통하지 않겠는가마는, 심산의 경우는 더욱 애달픈 면이 있다. 1920년 전후에 심산은 중국에서 독립운동을 하였는데, 당시 처자는 조국에 있었다. 이에 심

31) 『문존』, 「협박을 사절하다」, 74-75쪽의 심산의 白註.

32) 『문존』, 「누이동생 星山 李室 영전에」, 161-166쪽.(1957년 누이동생 기일에 쓴 제문)

산은 큰아들 환기를 항시 애틋하게 생각하고 보고파 하였다. 이러한 심산에게 고문치사에 의한 자식의 요절이 가져다 주었을 고통이 어떠했을지는 가히 짐작할 수 있다.

그런데 '화불단행(禍不單行)'이라고 당시 심산은 병이 들어 상해의 병원에 입원해 있었는데, 일경들이 들이닥쳐 심산을 체포하여 대구로 압송하여 갔다. 1927년 6월, 상해에서 체포된 심산은 대구로 압송되어 일인(日人) 및 조선인 형사들에게 혹독한 고문을 당하였다. 그 고문의 강도가 어찌나 잔혹하였는지, 고문 후유증으로 발을 저는 불구가 되고 말았다. 심산의 자호인 '벽옹(躄翁)'은 바로 이 때문에 생겨난 것이다. '(1) 일제에 의해 고문을 당하였을 때'는 바로 이 시기 감옥에 있으면서 지은 옥중시의 일부이다. "조국의 광복을 도모한지 십여 년, 가정도 목숨도 돌아보지 않았노라." 진정 이 시는 당시 심산의 상태를 절실하게 표현한 것이었다. 홀로 된 어머니도, 가정을 책임진 아내도, 보고픈 어린 아들도 조국의 독립이라는 절대명제 앞에 모두 소외되었다. 그러나 이 소외가 어찌 따뜻한 피가 흐르는 인간에게 쉬운 일이었겠는가. 더구나 아들마저 폭력에 의해 요절함에 있어서랴. 이런 심산에게 독립을 위해 목숨을 내놓은들 아까웠을 리가 없었을 것이다. 때문에 신체가 심하게 훼손되는 일제의 고문에도 자신의 지조를 변치 않았다. 육체의 끔직한 고통과 가족들의 처절한 고난은 인간이라면 진정 감내하기 어려운 것이다. 그런데 심산은 이러한 처참한 고통과 고난을 어깨에 짊어지고 헤쳐 나갔으니, 가히 '가정도 목숨도 돌아보지 않았노라'라는 말이 참으로 실감나게 다가온다.

이러한 처절한 고통과 고난이 닥쳤을 때, 그 소신을 저버리지 않을 자 많지 않을 것이다. 그런데 이러한 고통과 고난 속에서 절실하고 은밀하게 다가오는 달콤한 회유가 있다면, 그 지조를 지키기가 더욱 어려울 것이다. 실제로 당시 독립운동가들 중에 고난을 감내하다가 일상에서는 생활고에 지치고 잡혀서는 고문의 고통 때문에 달콤한 회유에 넘어간 이들이 많았다.[33] 심산에게도 일제에 의한 이러한 회유가 여러 번 있었는데, 단호한 거절이 계속되자 나중에는 족숙(族叔)을 시켜서 심산을 회유하였다. 이에 심산은 자신의 단호함을 천명하기 위하여 족숙과 절교를 하고 이를 친지들에게 알렸다.[34] 심산에게는 일제에 의한 협박도 고문도 회유도 통하지 않았다. 철벽같은 심지를 지닌 심산을 일제는 해방이 되던 해까지 어찌할 수 없었다. 해방 이후에는 이승만 정권에 의한 협박과 회유가 있었지만 심산은 자신의 지조를 초지일관 관철시켰다.

1950년 6월 26일, 북한에 의해 서울이 함락되었다. 당시 서울의 한 병원에 누워 있던 심산에게 인민군이 사람을 보내와서 전향하라고 회유하였다. 그런데 심산이 회유에 넘어가지 않자 극단적인 언사로 협박을 하게 되었다. '(2) 인민군에 의해 협박을 당하였을 때'는 바로 이때 심산이 인민군에게 한 말이었다. "이제 비록 죽는다고 할지라도 맹세코 너희들의 협박에 나의 고집을 꺾지는 않겠다."는 심산의 말에서 우리는 심산의 절의가 70세 노구에 이르기까지 변치 않았음을 볼 수 있다.

---

33) 이러한 예는 심산의 글에서 자주 볼 수 있다. 생활고에 시달리다 결국 일제에 귀의하는 어떤 사람이 심산에게 "나와 자네는 이제 굶어 죽게 되었다. 자네는 백이 숙제를 따라 수양산으로 가서 굶어 죽으려는가? 나는 자네를 따라 가고 싶지 않네. 나는 귀국하기로 이미 결정했으니 자네나의 갈 길을 막지 말게."(『문존』, 「자서전 중」, 281쪽)라고 한 말에서, 당시의 이러한 정황을 짐작해 볼 수 있다.

34) 『문존』, 「族叔 而晦씨게 答함」, 137쪽. "지난 4월에 내희 족숙이 내가 있는 곳으로 편지를 보냈는데 그 내용에 해괴한 것이 적지 않았습니다. 나에게 전향하여 원수들과 야합함으로써 가정의 즐거움을 가져오도록 하라고 권하는 말에 이르러서는 머리털이 빳빳해지고 가슴이 울렁거릴 지경이었습니다. 차라리 죽고 싶었습니다. 그래서 의리에 의거하여 절교를 알린 것입니다. 이익만을 좋아하여 염치를 모르는 자들에게 반성할 바를 알게 하고자 해서였습니다."(1928년 8월 북경에서 重齋 金榥에게 보낸 편지)

일생 동안 변치 않은 지조와 절의를 지녔던 심산의 일생은 노년에 이르기까지 외적 세력과 투쟁의 연속이었다. 이러한 심산에게 마지막으로 닥친 고난은 병마와 죽음이었다. 북경에서 독립운동하던 시절, 심산은 심한 병마에 시달렸다. 이때 심산은 큰아들 환기에게 "네 애비는 병들어 죽고 말아 너의 성공을 보지 못할 것이 한스럽구나. 아, 네 애비는 집이 있으면서도 집이 없으며 죽어도 돌아갈 곳이 없구나! 더구나 너는 아직 어려 만리를 달려와 상면하기가 쉽지 않으니 그 얼마나 슬프냐. 하지만 요즘은 교통이 매우 편리해서 남한(南韓)에서 북경까지 단 사흘밖에 걸리지 않으니, 네가 한번 와서 이 죽어가는 나의 마음을 위로해 주지 않겠느냐?"[35]라는 편지를 보냈다. 병마가 주는 고통과 죽음에 대한 두려움으로 시달릴 때, 의지가 되는 큰아들을 찾는 것이야말로 인지상정일 것이다. 이를 보면 심산도 평범한 인간의 심정에서 그리 벗어난 분이 아니었을지도 모른다. 그러나 말년에 병마에 시달리다가 죽음을 예감하고 쓴 기록을 보면, 외적 세력에 의한 압제뿐 아니라 천명에 의한 삶의 단절에 대해서도 과감하게 대응하였다. '(3) 죽음이 임박했을 때'는 삶의 종착역에서 심산이 운명에 대하여 어떻게 대처했는지를 잘 보여주고 있다. 목구멍으로는 음식이 잘 넘어가지 않고, 대소변은 타인의 손에 의지해야 되는 상황에서 심산은 죽음을 예감하였다. 이때 심산은 자기 생의 마지막을 평소 지켜온 지조를 지키는 가운데 마감하고자 하였다. 그 의지가 삶의 단절에 대한 슬픔과 이로 인한 두려움을 극복하게 하여, 삶의 종착으로서의 죽음을 담담하게 받아들이고 심지어 기왕에 올 죽음이면 어여 오라고 기백 어린 말을 하고 있다. 외세의 위협에 굴하지 않고 지켰던 평생의 절의를 마지막 죽음의 순간에도 지켰다는 점에서 심

35) 『문존』, 「아들 煥基에게」, 145-146쪽.

산의 일생은 표리일체, 초지일관의 삶이었다고 할 것이다.

이상으로 우리는 심산의 사상을 그의 유학사상과 절의정신에 초점을 맞추어 살펴보았다. 심산의 유학은 기왕의 조선유학의 주류였던 주자학의 정신에 충실한 것이었다. 특히 나라의 독립을 중심에 둔 실천의 정신이 강하였는데, 이러한 유학은 심산의 일생을 관통하는 정신적 기반이었다. 한편 심산은 유학에 근거한 자신의 삶을 영위하는 데 있어서 일생동안 지조를 지켰다. 그 변함없는 지조, 즉 절의의 정신은 죽음을 마주하고도 변치 않았을 정도였다. 이처럼 실천을 강조하는 유학과 변치 않는 절의의 정신을 지녔던 심산의 사상은 결코 평지돌출이 아니었다. 나름의 사상사적 연원을 가지고 있으니, 이 점을 고찰한다면 심산사상의 연원에 대하여 알 수 있을 뿐 아니라 우리가 처음에 제시하였던 면우와 간재의 독립투쟁에 대한 상이한 대응방식이 그들이 지녔던 유학의 어떤 지점에서 유래하였는지도 살펴볼 수 있을 것이다.

3.

일찍이 심산은 자기 학통에 대하여 다음과 같이 말하였다.

■ (아버님이) 함께 사귀어 온 분으로는 만구 이종기(晩求 李鍾杞), 면우 곽종석(俛宇 郭鍾錫), 대계 이승희(大溪 李承熙) 같은 여러 학자들이 있었는데, 다 도의로써 서로 추허하였다.[36]

36) 『문존』, 「아버님 下岡公의 遺事」, 215-216쪽.

■ 동방의 이학(理學)은 퇴계가 조종이고 그 뒤를 이은 이가 한주(寒洲)인데, 깨달으신 선생께서 정통을 받아 주리(主理)의 마음으로 체득하셨도다. 온 세상의 주기(主氣)자들이 이치를 밝게 보지 못하여 뭇 입으로 떠들기만 하더니 이때 선생이 주리의 맹주가 되어 주자 퇴계에 귀결을 지으셨도다.[37)]

위의 두 예문을 요약하면 심산의 학통은, 면우 곽종석, 대계 이승희→한주 이진상→퇴계 이황→주희로 정리할 수 있다. 즉 중국의 주희에게서 발원한 주자학을 조선의 퇴계가 받아들여 조선주자학을 열었으며, 이를 한주가 계승하였는데 이후 면우가 뒤를 이었다. 그리고 심산 자신은 이 학통의 마지막에 서 있으니, 이것이 바로 심산이 정리한 퇴계학통의 시작, 전개, 그리고 종착이다. 그런데 조선의 주자학을 크게 두 갈래로 분류하면, 심산이 정리한 퇴계학통 외에 주자에서 율곡으로 그리고 우암 송시열에서 홍직필, 임헌회가 계승하여 간재 전우에게로 전해진 또 다른 계통이 있다. 이른바 율곡학통인 셈이다. 이 두 학통은 모두 조선의 정치사와 사상사에서 양대 근간이었다. 이 두 학통은 주자학을 근원으로 삼고 있다는 점에서는 동일하지만, 그 전개양상을 살펴보면 사뭇 다른 점이 있다. 후술하겠지만 이 상이점이 바로 면우와 간재의 현실에 대한 대처양상을 다르게 한 원인이며, 심산이 유학자이면서도 조국의 독립이라는 당면한 현실에 대한 실천적 행동주의를 가능케 한 근원이다.

37) 『문존』,「俛宇 郭선생 神道碑銘」, 186쪽.

먼저 퇴계학통과 율곡학통의 근원이 된 주자학의 특징과 동전 후 조선으로 수용되기까지의 양상에 대하여 언급해 보고자 한다.

주자학은 송대 이후 한중일 삼국에 끼친 영향이 매우 크다. 어떤 면에서는 공자의 유학보다도 주자의 유학이 끼친 영향이 크다고 할 수 있다. 특히 조선에서 주자학은 학술뿐 아니라 정치와 경제, 그리고 사회에 다방면으로 영향을 미쳤기 때문이다. 사정이 이러하기에 주자학의 특징에 대한 분석과 연구는 주자의 사후에서부터 시작되어 오늘날에 이르기까지 한우충동이라 할 정도로 많다. 많은 연구자들이 공통적으로 동의하는 주자학의 특징은 실천중심의 유학에 천리(天理)와 심성(心性)을 근간으로 하는 형이상학성을 불어넣어 그 철학적 심화를 이룩하였다는 것이다. 이 과정에서 실천윤리와 천리를 연계시켰는데, 이는 일종의 인간과 자연을 부상리(不相離)의 입장에서 파악한 것으로 후일 주자학을 비판하는 학자—대표적으로 일본의 적생조래(荻生徂徠)—들은 이 양자를 분리시키는 데서 주자학에서 벗어나고자 하였다.

그런데 또 하나 지적하고자 하는 주자학의 특징은 바로 전통의 부정을 근간으로 하는 강력한 독자성의 구축이다. 주자학이 지닌 전통의 부정은 바로 주자가 자기 학문의 정체성을 확립하는 과정에서 경전의 주석을 통하여 이를 완수하였다. 여기서 주자는 종래 권위를 인정받은 주석에 대하여 강력한 비판을 가하였으며, 그 대안으로 자득(自得)한 경설을 명확하게 제시하였다.[38] 그리고 주자는 자기 이념의 근간인 이러한

38) 예를 들어 『대학장구』에서는 종래 『대학』 주석을 폐기하고, 경1장 전10장의 독창적 분류를 하였으며 전5장은 자신이 그 경문을 창작하여 補入하였다. 『논어집주』에서는 『논어』의 핵심적 개념인 '인'에 대하여 종래 실천적 개념의 인을 형이상학적 개념으로 새로운 해석을 가함으로써 유학의 심성론을 제시하였다. 그리고 『시집전』에서는 모시의 사회비판적 시관에 대응하는 애정시론-淫詩論-을 주장하였으며, 『주역본의』에는 기존의 의리철학서로의 『주역』에 대치되는 점술서로서의 역학관을 주장하였다.

경설에 대하여 제자들에게 거의 성경(聖經)에 가까울 정도의 신성성으로 대할 것을 주문하였다. 주자의 제자들은 선생의 이 주문을 잘 수용하여 마침내 주자학자들은 자기 이념에 대한 절대적 확신과 더불어 여기에 배치되는 이념-불교와 도교는 물론이고, 설혹 그것이 유가의 이념이라 할지라도-은 강력하게 배척하였다. 이는 주자학단의 성립에 결정적 영향력을 미쳤다. 스승과 스승이 지은 저술에 대한 무한한 신뢰, 그리고 다른 이념에 대한 배척, 주자학을 연마하는 집단 등이 이로 인해 생겨났기 때문이다.

이러한 주자학단의 전통이 가장 잘 계승된 것은 본토인 중국에서보다 오히려 동전(東傳)된 고려와 조선에서이다. 흡사 불교가 그 본고장인 인도보다 중국에서 더욱 꽃을 피운 것과 유사한 현상이다. 고려말에 본격적으로 도입된 주자학을 이념으로 삼은 신흥사대부들은 고려의 존립을 두고 역성혁명파와 왕조개혁파로 나뉘어 대립하였다. 조선이 개국을 하자, 왕조개혁파는 죽거나 은거를 택하였다. 그 중 길재(吉再, 1353-1419)는 경상도 선산(善山)으로 은거하여 후학을 기르다가 일생을 마쳤는데, 그의 제자 중의 한 사람이었던 김숙자(金叔滋, 1389-1456)에게서 김종직(金宗直, 1431-1492)이 태어났다. 김종직에 의하여 시작된 사림파는 고려 후기 이래로 지켜온 절의에다가 주자학의 본의를 고수하였다. 이들은 조정에 출사하여 훈구파와 충돌하면서 4차례에 걸쳐 화를 당하였지만, 그 본질을 변함없이 지켰다. 이 와중에 주자학을 조선화시키는데 결정적 공헌을 하면서 조선주자학의 비조에 위치한 퇴계 이황이 등장하였다.

그런데 퇴계의 주자학은 단순히 중국에서 수용된 주자학을 묵수하는 것이 아니었다. 퇴계의 주자학은 성리설과 경전주석에서 상당히 자득적 해석을 함으로써 주자학의 변질화 내지 조선화를 이룩하였다. 퇴계는 성리설에서 '리'에 주제성(동력)을 부여하는 리동설(理動說)을 내세웠는데, 이는 주자가 설정한 리의 '무정의(無情意) 무조작(無造作)'설에 배치되는 것이다. 그리고 퇴계는 경전주석에서도 주자의 경설을 근간으로 하면서도 주자와 다른 독자적 해석을 시도하였다. 이는 조선주자학파의 자득적(自得的) 경학의 근원이라 할 만하다.

당시에 이미 퇴계의 이런 학설에 대하여 후배들이 반론을 펴기도 하였지만, 퇴계의 성리설과 경학에 대한 최대의 비판자는 우암 송시열이었다. 우암은 퇴계의 리동설에 대하여, "퇴계께서 '만나는 바를 따라서 발현됨에 이르지 않음이 없는 것은 리(理)의 지극히 신묘한 작용이다'라고 말씀하셨는데, 나는 외람되이 이 설이 온당하지 않다고 생각한다. 이미 리(理)라고 말하게 되면, 체(體)와 용(用)을 막론하고 모두 정의(情意)와 조작(造作)이 없는 것이니, 어찌 인심의 지각이 있어서 유전(流轉)하고 운용(運用)하는 것처럼 여기서부터 저기에 이를 수 있다고 하겠는가."[39]라고 하면서 비판하였다. 또한 퇴계의 경설에 대해서는 『퇴계사서질의의의(退溪四書質疑疑義)』를 저술하여 조목조목 비판하였는데, 그 핵심은 퇴계가 주자의 경설을 잘못 이해하여 독단적으로 해석한 곳이 많으며 이단에 대하여 관대하다는 것이었다.[40]

퇴계와 우암의 이러한 상호 대립점은 이분들의 후학이 정치적, 사상적으로 대립하면서 각기 다른 당파와 학통을 이루었을 때, 그 큰 틀은 계승이 되었다. 그러면 계승된 큰 틀은 무엇인가? 퇴계의 주자학에 대

39) 『宋子大全』 卷一百四, 「答李君輔」. "退溪所謂隨遇發見無不到者, 此理至神之用也. 愚僭以爲此說未安, 旣曰理則無論體用而皆是無情意造作之物也, 豈有如人心之有知覺而流轉運用自此到彼也."

40) 이에 대한 자세한 분석은, 졸고, 「퇴계 경학과 경세학의 일면」, 『태동고전연구』 25집, 태동고전연구소, 2009, 3-11쪽 참조.

한 새로운 해석에 대하여 우암은 비판과 더불어, 주자 학설의 본의를 밝히고 이를 고수하고자 하였다. 이에 우암은 주자학의 본의에 대한 탐구와 정리에 매진하여 주자의 문집과 경설에 대한 정리작업을 시도하였다. 그 결과 일종의 주자문집 주석서라고 할 수 있는 『주자대전차의(朱子大全箚疑)』와 주자의 『논맹혹문(論孟或問)』과 『논맹정의(論孟精義)』를 편집한 『론맹혹문정의통고(論孟或問精義通攷)』의 작업에 착수한다. 하지만 이 두 책은 우암의 생전에 완성되지 못한다. 우암 사후, 『논맹혹문정의통고(論孟或問精義通攷)』는 그의 수제자인 권상하(權尙夏)에 의해 완성되고, 『주자대전차의(朱子大全箚疑)』는 무려 200여 년의 시간 동안 우암 학통의 학자들에 의해 수정증보되다가, 이항로(李恒老, 1792-1868)에 의해 1850년 『주자대전차의집보』라는 이름으로 완성되었다. 그리고 이의철(李宜哲)에 의해서는 『주자어류』의 사전이라 할 수 있는 『주자어류고문해의(朱子語類考文解義)』가, 박문호에 의해서는 『사서집주』의 소(疏)라고 할 수 있는 『사서집주상설(四書集註詳說)』이 이루어졌다. 퇴계의 주자학에 대한 새로운 해석의 시도에 반대하였던 우암과 그의 후학들은 조선 후기에 이르기까지 주로 주자의 전적에 대한 정리, 고증, 주석 작업 등에 주력하였다. 이에 중국에서 전래된 주자학은 본고장인 중국에서보다 조선에서 더욱 정밀하게 자료의 정리와 고증 및 주석이 이루어지게 되었다. 그러나 한편으로는 주자학에 대한 이러한 자세는 주자일존주의(朱子一尊主義)로 나아가서 주자학 이외의 학문을 배척하는 것은 물론 주자와 그 이념의 존속을 국왕과 나라의 존속보다도 더 중요시하는 결과를 낳게 하였다. 그 정점에 서 있는 이가 바로 우암의 학통을 계승한 간재 전우이다.[41)]

41) 간재 전우의 사승에 대해서는 이설이 있으나, 간재가 우암에서 시작되어 홍직필, 임헌회로

한편 주자학의 재해석을 시도하면서 조선 주자학의 비조에 위치한 퇴계의 학은 이후 어떻게 전개되었는가?

퇴계의 학은 근기지방에서는 실학으로 그 맥을 이었으며, 영남에서는 한주 이진상에게 이르러 비약을 맞이하게 된다. 퇴계학의 근간인 리동설은 남인학자들에게 천주학을 받아들이게 한 원천으로 작용하였다. 또한 퇴계의 주자학을 근간으로 하되 자득(自得)을 중시하는 경학은 성호 이익에게로 이어진다. 성호는 『논어질서』 서문에서 주자의 정신은 기왕의 경전주석에 대한 회의와 열린 마음으로 경전을 해석하는 것이 핵심이었다고 하면서, 자신의 독자적 경설을 전개하였다. 한편 영남의 한주는 성리설과 경전주석에서 공히 퇴계의 학문자세를 계승하였다. 한주의 성리설인 '심즉리(心卽理)'설은 퇴계의 리동설에서 제시된 리의 주재성(활동성)을 강화하기 위해서 제시된 것이었다.[42] 그리고 한주는 경전주석서에서 자신이 정립한 '심즉리'설에 근거하여 독자적 해석을 개진하였다.[43] 그 정도가 때로 지나쳐서 송유(주자)의 학설도 주석의 일종으로 치부할 정도였다.[44] 이는 주자의 주석에 성경의 권위를 부여한 우암에서 간재에 이르는 경전해석의 태도와 구별된다고 할 수 있다.

퇴계와 우암의 학맥은 이처럼 주자학이라는 동일한 근원을 두고서

이어지는 학맥을 계승하였다는 점에서는 이견이 없다.(박학래, 「간재학파의 학통과 사상적 특징」, 『유교사상연구』 28집, 2007, 70-75쪽 참조)

42) 홍원식, 「한주의 성리설과 계승」, 『한주 이진상 연구』, 역락, 2006, 94-97쪽.

43) 이에 대해서는 졸고, 「한주 경학의 특징과 경학사적 위상」, 『한주 이진상 연구』, 역락, 2006, 참조

44) 이승희 지음, 이상하 역, 「한주선생언행록」, 『한주 이진상 연구』, 244쪽. "諸家의 설들을 단지 참조할 뿐이니, 宋儒의 설이라도 성인의 경전의 註脚일 뿐이며 그 후세의 설들은 주각의 주각일 뿐이다."

전자는 새로운 해석을 전개하면서 외연을 넓혀 나갔다면, 후자는 주자학 이외의 학문을 배척하고 주자학 자체에 몰입함으로써 그 내면으로 파고들었다. 앞서 살펴본 주자학의 특징을 고려한다면, 전자는 주자학의 자득적 정신을, 후자는 주자학의 자기 학파의 경전주석에 대한 신성시와 이단 배척의 면모를 잘 계승하였다고 할 수 있다. 그런데 이 양자는 조선의 사상사에서 각기 그 역할을 수행하였다. 전자는 조선의 주자학의 내용을 다채롭게 만들었다. 그 결과 주자학자이면서 주자학에서 벗어난 지점을 확보하였다. 이 지점은 그 이탈 혹은 몰입의 양상이 시대와 인물에 따라 각기 다르게 나타나기도 한다. 한편 후자는 조선에서 주자학의 내용을 더욱 정밀하게 분석, 정리하였다. 그리고 이를 바탕으로 주자학을 거의 종교적 경지로 끌어 올렸다.

퇴계와 우암의 학맥은 조선왕조의 소멸과 더불어 일제의 식민지하에서 이러한 성향을 극명하게 드러낸다. 나라가 망할 때에 전자는 주자학에 근거하면서도 나라의 독립에 투신하였다. 주자학적 의리관에 비추어 국권의 회복을 위한 실천이야말로 주자학의 정신을 제대로 살린 것이라고 믿었기 때문이다.[45] 한편 후자는 주자학을 숭배하면서 거의 종교와 유사한 신봉의 의지를 지니고 세상사를 외면하게 된다. 이들의 주자학은 이를 지키고 계승하는 것이 그 무엇보다-심지어 빼앗긴 나라를 찾는 것보다도- 앞서기에 종교적이라 명명할 수 있는 것이다.[46]

---

45) 『문존』,「俛宇 郭先生 神道碑銘」, 185쪽. "창숙이 선생의 명령을 받들어 유림장서를 가지고 해외에 갈 적에 선생께서는 '이 일은 우리 도를 천하의 모임에 크게 선포하는 것이다. 네가 이미 천하의 일을 맡았으니 힘쓸지어다'고 하셨다." ; 『유고』,「韓溪 李先生 墓誌銘」, 558쪽. "매양 새벽이면 北極을 향해 절하며, 우리 백성들을 살리고, 우리 教를 높게 하고, 우리 나라를 크게 해 달라는 세 가지 큰 소원을 묵념하였다."

46) 후일 나라를 빼앗겼을 때, 간재는 '기자', '공자', '주자', '공교지인', '춘추의리' 등을 말하면서, 이러한 유교적(주자학적) 의리를 지키게 위하여 은거의 길을 택하게 된다. 『艮齋先生文

앞서 우리가 살펴본 면우와 간재의 국권 회복에 대한 상반된 자세는 바로 이를 반영한 것이라고 할 수 있다.

심산의 불굴의 의지에 의한 독립투쟁은 그의 타고난 기질에 힘입은 바 크다. 그러나 조선유학의 지점에서 바라본다면 이는 퇴계학(한주학)에 근원하였다고 볼 수 있다. 퇴계학파의 학문적 전통은 주자학을 새롭게 이해하며 그 이해를 학문적, 혹은 행동적 실천으로 옮기고자 하는 성향이 많았다. 심산은 이러한 학통에 바탕을 두었기에 일평생 변치 않은 유학자였으면서도 당대의 역사적 현실을 헤쳐 가며 독립운동에 매진할 수 있었다. 심산의 학통에서는 독립운동이라는 실천적 행위가 그들이 견지한 학문적 전통에서 결코 배치되지 않았기 때문이다.

이상으로 면우와 심산, 그리고 간재의 주자학의 특징과 행동의 양상을 그 학통에 비추어 살펴보았다. 필자는 이를 주자학에 대하여 열려 있는 정신과 닫혀 있는 정신의 시대적 표출이라고 말하고 싶다. 당대에 이들의 사상과 행동에는 자기 학통에 충실한 지점이 있었다. 이는 바로 각자 학파적 정당성을 지녔음을 의미한다. 그러나 현재의 관점에서 보면, 그 사상의 시대적 적합성과 현재의 영향을 평가하지 않을 수 없다. 그 결과를 두고 볼 때, 나라의 독립을 위해 모든 것을 바쳤기에 오늘날의

集』別編卷之一，雜著，「奉同國人立誓」. “被殷師之敎，而有小中華之稱. 孔子嘗有欲居之志，而晦翁又嘗道其風俗之好. 近年以來，國運不幸，寇盜滿廷，遂至延讎入室，擧國以與敵. 嗚呼! 今年十月二十一日之變，尙忍言哉! 痛哭痛哭. 凡我搢紳士民，宜皆沫血飮泣，腐心切齒，以爲我是三千年孔敎之人，五百載李氏之臣，死當爲天地之明神，誓不作讎虜之臣妾. 目前只見得春秋義理之重，不知有刀鋸鼎鑊之威.”；『艮齋先生文集』別編卷之一，雜著,「示諸君 乙未」. “爲今之計，惟有盡室深入，鹿豕與遊，魚蝦爲鄰，以詩書禮義爲家傳，根莖皮葉爲活計.”

우리를 있게 한 원동력으로 작용한 측이 분명하게 있기 때문이다.[47)]

참고문헌

宋時烈, 『宋子大全』.

田愚, 『艮齋先生文集』.

金昌淑, 『국역 심산유고』, 국역심산유고간행위원회, 1979.

金昌淑, 『김창숙문존』, 성균관대출판부, 1997.

홍원식 외, 『한주 이진상 연구』, 역락, 2006.

한형조, 『조선유학의 거장들』, 문학동네, 2008.

이종우, 「한주학파와 간재학파의 심성론쟁 연구」, 성균관대 박사논문, 2004.

박학래, 「간재학파의 학통과 사상적 특징」, 『유교사상연구』 28집, 2007.

이영호, 「퇴계 경학과 경세학의 일면」, 『태동고전연구』 25집, 태동고전연구소, 2009.

47) 한형조 교수는 간재의 사상을 두고 퇴계학통과 연계하여, "(한주학파의) 주리론은 '주체적, 행동적' 지향을 갖게 된다. 심즉리는 인간 정신이 그 자체에 있어 규범을 형성하고가 치를 창조하는 주체라는 인식을 토대로 하고 있다. 그 인식은 유교적 질서가 안팎으로 심각한 도전에 처했을 때, '돌파력'을 갖는다. … 이에 비해 (간재학파의) 주기론은 보다 '체제유지적, 보수적' 성향을 띤다. 그들은 유교적 가치의식에 따라 미리 설정된 규범과 준칙을 존중하고 그것을 지켜나가기를 촉구한다. … 이에 간재는 '시대' 보다 '영원'을 택했다. 제국과 식민의 충격 앞에서 그는 은둔을 선택하면서 그것을 自靖, 즉 '홀로 곧게 내 길을 간다'고 자부하였다."(한형조, 『조선유학의 거장들』, 문학동네, 2008, 383-386쪽)라고 설명하였다. 필자는 한형조 교수의 이러한 분석에 일단 동의를 한다. 표현만 다를 뿐 본질에 대한 파악은 유사하기 때문이다. 그러나 학파적 정당성에 의거한 양시론으로 그 사상과 행동을 규정짓는 듯한 평가에는 동의하기가 어렵다. 그러기에는 한쪽이 흘린 피와 고통이 상대적으로 너무 크며, 현재적 시각에서 분명 우열한 평가의 잣대를 들이댈 수 있다고 보기 때문이다.

선승혜 _ 고려와 조선 시대의 예술에 나타난 도연명도(陶淵明圖)의 유학적 가치관

임태승 _ 혜원 신윤복 회화언어(繪畵言語)에 나타난 조선 후기의 반(反)유가담론

3부

동아시아 예술 속의 유교문화

고려와 조선 시대의 예술에 나타난 도연명도(陶淵明圖)의 유학적 가치관*

선승혜

1. 서론

본고에서는 중국 동진(東晋)의 시인 도연명(陶淵明, 365~427)의 이미지가 한중일 삼국에 광범위하게 유포되어, 종교적 상징성이 없이도 무한히 존속하는 가운데에, 고려시대와 조선 시대의 학자들이 유학적 가치관을 가지고 도연명의 이미지를 수용한 양상을 고찰하고자 한다.

도연명의 인기는 권력으로부터 은일을 실천한 초자아에 대한 지식인들의 동경이며, 이것은 개인적 혹은 집단적 무의식을 전제로 한다. 시인 도연명의 초자아적 이미지를 규정하고 실현하는 과제는 한학(漢學)을 공유한 동아시아 문화권에 의해 성취되었다. 도연명의 시(詩)는 지식인

* 이 논문은 『미학』(한국미학회, 2009 가을) 제59집에 실린 글을 수정한 것이다.

으로서 가져야 할 인격의 이상화에 기여했고, 도연명을 대상으로 한 회화는 이상적 인격이라는 추상적인 덕목을 시각화하였다. 비유하자면 그리스 문화에서 인간의 신격화라는 작업이 그리스 시에 의해 시작되어, 그리스 조각에 의해 완성된 것과 같은 맥락이다.

한중일 삼국의 지식인들은 도연명의 시와 그림에 대한 공감을 통해 자아의 내면을 심화시켰다. 현실 권력으로부터 멀어진 지식인들은 은일을 추구한다는 심적 위안을 도연명으로부터 받기도 하였다.

고려시대와 조선 시대의 도연명도(陶淵明圖)는 구체적으로 어떠한 양상으로 유행하였을까? 조선 시대의 회화에서 도연명의 귀거래도(歸去來圖)[1]와 도화원도(桃花源圖)[2]는 별도의 연구 과제로 하고, 본고에서는 고려와 조선 시대에 유행한 도연명도에 논의의 초점을 맞추고자 한다. 논의의 구성은 먼저 중국의 도연명도의 도상 분류와 시대적 전개를 개괄하고, 이어 고려와 조선 시대에 호계삼소도(虎溪三笑圖), 국화의 분재(盆栽), 채국동리도(東籬採菊圖)에서 도연명이 수용된 양상을 분석하고자 한다.

1) 宣承慧, 「帰郷のイメ__ジ : 韓国と日本の帰去来図について」, 『MUSEUM』 613号, 東京: 東京国立博物館, 2008年 4月, pp. 25~53.

2) 선승혜, 「일본 문인화에 있어서 도원도(桃源圖)의 수용: 仇英과 谷文晁의 도원도 비교연구」, 『미술사학』 16, 2002, pp. 25~47.
宣承慧, 「朝鮮後期の桃源図について」,『アジア遊学-朝鮮王朝の絵画東アジアの視点から』 120, 東京: 勉誠出版, 2009年 3月, pp. 28~41.

2. 중국 회화에 있어서 도연명도의 도상 분류

(1) 중국 회화에 있어서 도연명도의 도상 분류

도연명도의 내용을 일이관지하는 주제는 정신적 자유이다.[3] 도연명은 사회적 신분의 한계와 정치 투쟁의 속박에서 탈피하기 위해서 '은일(隱逸)'을 선택한 지식인을 상징한다. 사회적으로 도연명은 문벌(門閥)이 사회적 지위를 결정하는 사회에서 냉대받은 하급사족인 한문(寒門) 출신이라는 계급적 한계를 대변하는 지식인이다. 정치적으로 도연명은 정치 권력 투쟁의 시기에 은거를 선택한 관료이다. 시대적으로 동진(東晉)의 왕실인 사마씨(司馬氏)는 권력을 잃고, 권문세가인 환현(桓玄)이 팽성(彭城)의 하급군인 유유(劉裕, 宋의 高祖)를 등용하였지만, 다시 유유가 환현을 제거하고 송의 고조가 된 권력 투쟁의 시기였다. 이러한 권력 교체기에 도연명은 399년에는 환현(桓玄)을 위해서, 404년에는 유유(劉裕)를 위해서 참군(参軍)의 직책을 맡다가 결국 은일을 결정한 정치적 딜레마의 표상이다.

중국 회화에서 도연명도의 도상은 기본이 된 텍스트에 따라서 초상화 형식, 일대기 형식, 고사(故事) 형식으로 구분할 수 있다.

첫째, 초상화 형식의 도연명도는 도연명과 국화, 버드나무, 소나무와 같은 부수적인 소재를 동반한다. 도연명의 시문 중에서 「음주(飮酒)」[오(五)]의 "동쪽 울타리 아래에서 국화를 꺾다[採菊東籬下]"를 소재로 한 채국동리도(採菊東籬圖), 「오류선생전(五柳先生傳)」의 "주택가에 다섯 그루의 버드나무가 있다[宅邊有五柳樹]"를 소재로 한 오류선생도(五柳先生

3) 선승혜, 「현실과 이상 사이: 도연명(陶淵明)의 미학 사상」, 『미학』 48권, 서울: 한국미학회, 2006, pp. 29~61.

圖), 「귀거래사(歸去來辭)」의 "외로운 소나무를 어루만지며, 서성거린다[撫孤松而盤桓]"를 소재로 한 무송반환도(撫松盤桓圖)로 구분할 수 있다. 초상화 형식의 도연명도는 감상자가 시공을 뛰어넘어 "마음이 초연하니 땅은 저절로 편벽된다[心遠地自偏]"(「음주」)와 "스스로 즐긴다[自娛]"(「오류선생전」)와 같은 내면적 심리 상태와 "따져서 말하려 하여도 이미 말을 잊어버렸네[欲辨已忘言]"(「음주」), "한가롭고 조용하여 말이 적고, 영화와 이익을 사모하지 않는다[閑靜少言, 不慕榮利]"(「오류선생전」)와 같이 무사심적 인품에 공감을 유도하는 이상화된 인물화이다.

둘째, 일대기 형식의 도연명도는 심약(沈約, 441~513)의 『송서(宋書)』「은일전(隱逸傳)」 또는 양(梁)나라 소통(蕭統, 501~531)의 「도연명전(陶淵明傳)」을 근거로 도연명의 일생을 묘사한 도연명도권(陶淵明圖卷)이다. 일대기 형식의 도연명도는 "세상에 도(道)가 있으면 나아가고, 도(道)가 없으면 나아가지 않는다[天下有道則見, 無道則隱]"(『論語(논어)』)의 주제에 대해 은일의 생활 방식을 구체적이며 서술적으로 묘사한다.

셋째, 고사 형식의 도연명도는 『여산기(廬山記)』를 참고로 한 백련사도(白蓮社圖)와 호계삼소도(虎溪三笑圖)다. 백련사도는 도연명이 육수정(陸修靜)과 함께 여산(廬山) 백련사(白蓮社)에 은거 중인 혜원(慧遠, 334~416)을 방문한 고사를 묘사한 도상이다. 또한 호계삼소도[4]는 혜원

4) 일본의 호계삼소도에 해설은 선승혜, 「일본 회화의 호계삼소도(虎溪三笑圖)에 관한 연구」(『동원학술논문집』, 서울: 한국고고미술학회, 2006, pp. 153~172)를 참조. 일본에서 호계삼소도(虎溪三笑圖)는 유학, 불교, 신도가 공존한 사상적 유연성 속에서 꾸준히 인기가 있었다. 무로마치시대(室町時代)에 호계삼소도는 수묵화의 전통과 선종의 영향하에서 삼교합일의 깨달음을 상징하는 화제(畵題)로서 수용되기 시작하여, 다수 예가 남아 있다. 반면, 일본의 아즈치모모야마시대(安土桃山時代)에는 은둔자이면서도 좋은 지도자를 위하여서 탈은거를 감행한다는 주제와 쌍을 이루어 병풍으로 제작되었다. 에도시대(江戶時代)에는 각 화가의 개성에 따라서 다양하게 변용되었다.

이 도연명과 육수정과의 이야기에 몰두한 나머지 동림사(東林寺)의 호계(虎溪)를 건너 속계로 돌아가지 않겠다는 맹세를 잊고 호계를 건너고 말았다는 일화를 묘사한 도상으로, 백련사도와 별도로 유행하였다. 고사화 형식의 도연명도인 백련사도와 호계삼소도는 도연명을 유학자로서 지식인을 대표하면서 불교를 대표하는 혜원과 도교를 대표하는 육수정과 대비된다.

이상의 내용을 정리하면 다음과 같다.

1〉 초상화 형식

-「음주」의 국화 + 도연명 → 채국동리도(採菊東籬圖)

-「오류선생전」의 버드나무 + 도연명 → 오류선생도(五柳先生圖)

-「귀거래사」의 소나무 + 도연명 → 무송반환도(撫松盤桓圖)

2〉 일대기 형식

-『송서』「은일전」 또는 소통의 「도연명전」의 도연명 일생 → 도연명도권(陶淵明圖卷)

3〉 고사 형식

-『여산기(廬山記)』의 도연명 + 육수정 + 혜원의 만남 → 백련사도(白蓮社圖), 호계삼소도(虎溪三笑圖)

(2) 중국 회화에서 도연명도의 시대적 전개

도연명의 도상은 송대에 본격적으로 시각화되었다. 송대 과거제도의 정착으로 사대부(士大夫) 계층이 성장하면서, 도연명은 지식인층을 대변하는 상징적 인물이었다. 결정적으로 송대의 관료이자 문인인 소식(蘇軾, 1036~1101)이 왕안석과 신구법의 정치적 투쟁 속에서 좌천을 거듭하는 가운데에, 「화도시(和陶詩)」를 짓는 등 자신을 도연명에 투영시

〈도1〉「귀거래도(歸去來圖)」, 전 이공린(李公麟), 부분, 중국 송대, 미국 Freer Gallery
Robert E. Harrist, JR. Painting and Privte Life in Eleventh-Century China: Mountain Villa by Li Gonglin(Princeton University, 1998) 재인용.

킨 것이 사대부들 사이에서 도연명이 인기를 얻는 계기가 되었다.

회화에서 소식과 절친한 교우관계를 맺은 이공린(李公麟, ?~1106)[5]이 도연명을 시각적으로 이미지화하였다. 이공린의「귀거래도」(Freer Gallery, 〈도1〉)에는 도연명의 이미지가 구체적으로 묘사되었다. 도연명이 매화가죽(사슴가죽의 흰점이 매화꽃잎처럼 보인 데서 유래한 명칭)을 걸치고 지팡이를 들고 있는 모습은 도가 없는 부조리한 세상에서 멀어진 것, 즉 속세를 떠나 자오(自娛)하는 것을 상징한다.

송대에 도연명 인물화는 마치 초상화(寫眞圖)를 보듯이 인식되었다. 고문진보 후집에 사과(謝薖, ?~1116)의「도연명사진도(陶淵明寫眞圖)」[6]에 기

5) 선승혜,「행복론: 이공린(李公麟)〈귀거래도(歸去來圖)〉의 감상법」『동아시아 문화와 사상』 12호, 서울: 동아시아문화포럼, 2005.

6) 陶淵歸去潯陽曲，杖藜蒲鞵巾一幅，陰陰老樹顚黃鸝，艶艶東籬粲霜菊.
世紛無盡過眼空，生不事豊隨意足，廟堂之資老蓬蓽，環堵蕭條僅容膝.
大兒頑鈍懶詩書，小兒嬌癡愛梨栗，老妻日暮荷鋤歸，欣然一笑共蝸室.
哦詩未遺愁肝腎，醉裏呼兒供紙筆，時時得句輒寫之，五言平淡用一律.
田家酒熟夜打門，頭上自有漉酒巾，老農時問桑麻長，提壺挈榼來相親.
一樽徑醉北窓臥，蕭然自謂羲皇人，此公聞道窮亦樂，容貌不枯似丹渥.
儒林紛紛隨溷濁，山林高義久寂寞，假令九原今可作，擧公藍輿也不惡.
(謝薖「陶淵明寫眞圖」『古文眞寶』)

술된 도연명의 도상은 "명아주 지팡이 짚고 부들 신 신고 그리고 한 폭의 건을 썼네[杖藜蒲鞵巾一幅]"라고 묘사된 것처럼, 명아주지팡이(杖藜)[7], 부들신(蒲鞵), 건(巾)으로 요약된다. 그 상징성은 「도연명사진도」의 "도연명이 심양의 고향 마을로 돌아가니[陶淵歸去潯陽曲]"라는 첫 구절과 같이 귀거래의 은거로 요약된다.

〈도2〉「정절선생상(靖節先 生像)」, 『도정절집(陶靖節集)』, 조선본, 목판본,전라도영광장판(全羅道靈光藏版), 숙종영조(肅宗英祖) 초엽간(初葉間), 27.8 x 18.2 cm

북송대에 정착된 도연명의 도상은 마치 그의 초상화를 보듯이 시대와 국적을 초월하여 유포된다. 북송이 금의 침략을 받아 1126년 카이펑으로 수도를 옮긴 남송시대에는 은일을 주제로 한 도연명도가 다수 제작되었다.

〈도3〉「귀거래도(歸去來圖)」, 『도정절집(陶靖節集)』 조선본, 목판본, 전라도영광장판(全羅道靈光藏版), 숙종영조(肅宗英祖) 초엽간(初葉間), 27.8 x 18.2cm

원대는 심약의 『송서』 「은일전」 혹은 소통의 「도연명전」에 기록된 도연명의 일생을 주덕윤(朱德潤, 1294~1365)이 백묘법으로 그리고 조맹부가 제발을 쓴 일대기 형식의 도연명도가 제작되었다.

---

7) 조선 시대 류성룡(柳成龍, 1542~1607)의 제자인 정경세(鄭經世, 1563~1633)가 쓰던 명아주 지팡이가 전한다.

주덕윤본 혹은 조맹부본 도연명도는 명청대에 많은 모본이 제작되었고, 일본에서는 에도시대에 그 판본이 일본에서 출간될 정도였다. 따라서 고려말과 조선 시대에 걸쳐 주덕윤본 혹은 조맹부본의 도연명도 모본이 유입되었을 개연성이 있다.

명대는 도연명문집 중에서 명(明) 하맹춘(河孟春) 주(註), 하담지(河湛之) 교(校)의 『도정절집(陶靖節集)』이 광범위하게 유포되었다. 조선에서는 하맹춘이 주석한 『도정절집』이 출간되었다. 그 조선본 『도정절집』에는 도연명의 초상(〈도2〉)과 귀거래도(〈도3〉)가 판각되어 실렸다. 그리고 하맹춘주 『도정절집』의 조선본은 일본에까지 광범위하게 유포되었다.[8) 명말청초 진홍수는 중국 판화의 삽화를 제작하면서,그 화풍의 영향으로 「도연명도」(호노룰루미술관 소장)와 같이 도연명 도상의 과감한 데포르메를 시도하기도 하였다.[9)]

3. 고려와 조선 시대의 호계삼소도의 성행과 쇠퇴

고려시대의 회화에서 도연명은 호계삼소도(虎溪三笑圖)로 먼저 수용되었다. 고려에서 '호계삼소'라는 개념이 13세기에 유입되어, 고려말 조선초에 걸쳐 호계삼소도의 회화 작품이 성행하였다. 현존하는 작품이 아직 발견되지 않았으므로, 고려시대의 대문호이자 학자였던 이규보,

---

8) 藤本幸夫, 『日本現存朝鮮本研究』 集部, 京都: 京都大学学術出版会, 2006, pp. 707-710, 842-843, 870-874.

9) 국내의 연구로서 장준구 씨는 「陳洪綬의 遺民意識과 何天章行樂圖」(『미술사연구』 22호, 서울: 미술사연구회, 2008. 12, pp. 227~228)에서 진홍수의 〈하천장행락도(何天章行樂圖)〉의 주인공이 국화를 감상하는 장면가 〈동리채국도〉를 암시하는 것으로 해석하였다.

이제현, 이색과, 조선 시대 초기의 유방선과 서거정이 남긴 기록을 통해 그 양상을 살펴보고자 한다.

이규보(李奎報, 1168~1241)는 숭교사(崇敎寺)에서 지은 시에서 "광산(匡山)의 원공(혜원)이 도잠(陶潛)을 청했네[匡山遠老引陶君]"[10]라고 하며 자신의 불교 승려들과의 모임을 호계삼소에 비유하면서, 자신을 도연명에 대입시켰다. 또한 호계삼소의 고사를 시에서 자주 인용하기도 하였다. 예를 들어 "백련사(白蓮社)에 들어와서도 도연명(陶淵明)처럼 술 마실 것을 생각하고[入社猶思陶令飮]"[11], "여산에서의 삼소보다 훨씬 낫도다[大勝三笑遊廬岳]"[12], "그대는 원공(혜원)이 광산에 있던 일을 모르는가? 도·육과 함께 어울려 놀았다오[君不見遠公在匡山, 亦容陶陸相追隨]"[13]라는 시구가 확인된다.

권보(權溥, 1262~1346)의 시에는 「국재횡파십이영(菊齋橫坡十二詠)」[14]에서 도연명과 관련된 다음의 '삼소(三笑)'와 '도원(桃源)'[15]이 있다. 그에게 있어서 삼소란 유불도의 공존을 의미하였다.

여산(廬山)의 삼소(三笑)

불교와 도교는 유교의 진리와 같지 않지만, [釋道於儒理不齊]

10) 李奎報, 『東國李相國全集』 卷八, 「飮通師所寓崇敎寺方丈, 會者十餘人, 及酒酣, 琴瑟交作, 倡戱幷呈, (時有御前大倡優二人, 與師隨喜成大藏, 故來赴) 予舊習津湧, 使坐客唱韻走筆, 一人例唱四韻, 兼自押傍韻」

11) 李奎報, 『東國李相國全集 』 卷十三, 「次韻月首座侍郎趙冲」

12) 李奎報, 『東國李相國全集』 卷七, 「又分韻得岳字」

13) 李奎報, 『東國李相國全集』 卷八, 「走筆贈威知識(名次威, 自天台宗, 捨名入山)」

14) 李齊賢, 『益齋亂稿』 卷三, 「菊齋橫坡十二詠」

15) 「黃眞桃源, 萬古仙鄕路未通, 胡爲已到却忽忽, 重來物色渾如夢, 空使桃花笑殺儂」(李齊賢 『益齋亂稿』 卷三, 「菊齋橫坡十二詠」)

억지로 구별하려고 하면 서로 혼돈될 뿐이다. [强將分別自相迷]

삼현(도연명, 육수정, 혜원)의 마음 아는 사람 없다 [三賢用意無人識]

한번 웃은 것은 호계를 지났기 때문이 아니라네 [一笑非關過虎溪]

권보의 사위이자 고려말의 학자인 이제현(李齊賢, 1287~1367)은 송도팔경에서 자신이 「자하동으로 중을 찾아간다[紫洞尋僧]」[16]에서 "술 받아 놓고 도연명 데려오게 한다면야, 왔다갔다 하는데 기분 어찌 싫겠나[但敎沽酒引陶潛, 來往意何厭]"라고 자신이 승려를 찾아가는 것을 도연명이 혜원을 찾아가는 것에 비유하였다.

이색(李穡, 1328~1396)은 동암선사(東菴禪師)에게 답하는 시에서 "그 교분은 삼소도보다 깊었었거니[契深三笑圖]"[17]라고 호계삼소도를 언급하였다.[18] 또한 "저 호계의 남긴 일이 지금에 생각나네[虎溪遺事照來今]"[19]라는 시를 쓰기도 하였다.

고려시대의 호계삼소도는 늦어도 14세기에 유입되어, 조선전기의 유행에 기초를 마련하였다. 그 상징성은 유학자와 불교 승려와의 교유를 비유하기 위한 것이었다.

16) 「老喜身猶健, 閑知興更添, 芒鞋竹杖渡千巖, 迎送有蒼髥, 坐久雲歸岫, 談餘月掛簷, 但敎沽酒引陶潛, 來往意何厭」 李齊賢, 『益齋亂稿』 卷十, 「松都八景」)

17) 「答東菴禪師,今夕是何夕,白酒傾金壺,蒲萄結層陰,淸風生座隅,東菴三韓秀,巉巉玉蘇屠,游戱於斯文,疊壁聯雙珠,愧我辱酬唱,芝蘭雜軒于,張羅獵佳句,儼開左右盂,疇昔先人在,契深三笑圖,春風與秋月,詩酒爲摴蒱,超然名敎外,肯復論肥癯,鶴去雲獨留,傷心人世殊,豚犬亦何幸,藤蔓纏葫蘆,巵酒不敢辭,詩令不敢逋,醉吟視萬古,擾擾同一途」(李穡, 『牧隱詩藁』 卷三, 「諸公見和壺字韻,復作數首答之」) 같은 문장이 『東文選』 卷五, 「李穡 答東菴禪師」에도 수록되어 있다.

18) 이색이 삼소도를 본 기록은 최순택 교수가 조선 시대의 승려도(僧侶圖)를 주제로 한 역사문화강좌(1998. 9. 24)에서도 지적한 바 있다.

19) 李穡, 『牧隱詩藁』 卷三, 「葫蘆島次韻」

조선 시대의 호계삼소도는 15세기에 서거정에게 많은 사랑을 받았지만, 조선중기 이후부터는 그 인기가 급격히 쇠퇴하였다. 그 이유는 유학이 조선의 정치철학으로 정립되면서, 유불도 합일을 주제로 한 삼소도는 조선 유학자들의 흥미를 끌지 못했기 때문이다. 급기야 유학이 고착되면서 혜원과 같은 인물과의 교유를 내용으로 하는 호계삼소도를 부정적으로 평가하는 학자도 등장하였다.

조선초기에 활동한 유방선(柳方善, 1388~1443)은 「백련암기(白蓮庵記)」[20]에서 "출정(出定)하는 여가에 달자(達者) 두세 사람과 더불어 짧은 지팡이와 짚신을 신고 손을 마주잡고 청천(淸泉) 백석(白石)의 사이에 왕래하며, 그림을 잘 그리는 자로 하여금 그 정신을 그리게 한다면 반드시 삼소도(三笑圖)보다 못하지 않을 것이다."라고 하였다.

서거정(徐居正, 1420~1488)은 호계삼소도를 감상한 기록을 가장 많이 남겼다. 먼저 그는 도령귀전(陶令歸田), 육조총령(六祖 嶺), 호계삼소(虎溪三笑), 여산비폭(廬山飛瀑), 이백문월(李白問月), 두보취태(杜甫醉馱), 한유남관(韓愈藍關), 반랑도려(潘閬倒驢), 취벽청천(翠壁晴川)과 청산백운(靑山白雲)으로 구성된 그림을 보았다.[21] 이 그림의 형식이 화첩이었는지 병

20) 『東文選』卷八十一,「柳方善 白蓮庵記」

21) 「廬山飛瀑: 廬山瀑布天下奇, 膾炙古今李白詩, 又有我家詩不惡, 紛紛肉眼那得知,
虎溪三笑: 廬阜高僧臥不出, 風流二老時往携, 問渠三笑笑何事, 不覺今朝過虎溪,
潘閬倒驢: 長笑潘郎多性癖,生平抵死愛靑山,愛山何不山中隱,倒跨驢歸指點看,
杜甫醉馱: 草堂幽處浣花溪,馱醉歸來山日西,遮莫傍人笑拍手,熊兒捉轡驥兒携,
李白問月:靑蓮居士謫仙老,獨立風流天地中,擧杯問月月長在,月不落兮樽不空,
陶令歸田: 斗米折腰非我事,豈無漉酒頭上巾,歸來身世羲皇上,三徑秋風五柳春,
韓愈藍關:秦雲藍雪幾山川,何處潮州路八千,說與阿兒詩有讖,此行已定十年前,
六祖 嶺:菩提非樹鏡非臺,衣鉢相傳一笑開,庾嶺歸來彈指頃,本來無住亦無來,
翠壁晴川: 懸崖萬丈瀉晴川,却認銀河落半天,六月人間飛作雪,更驚毛髮冷蕭然,
靑山白雲: 靑靑白白白還靑,山自萬層雲萬層,却憶少年讀書寺,此時此景閑共僧」
(徐居正,『四佳詩集』卷四十五, 二十一,「題雙林心上人所藏十畫」)

풍이었는지 단정지을 수 없지만, 화첩이라면 한시를 중심으로 한 인물 화첩이었을 것이고, 병풍이라면 10폭의 병풍이 될 것이다.

서거정은 호계삼소도를 보고 다음과 같이 제발을 썼다.[22)]

호계삼소(虎溪三笑)

여산의 고승은 누워서 나오지를 않았고 [廬阜高僧臥不出]

풍류의 두 노인(도연명, 육수정)만 때때로 왕래했는데 [風流二老時往携]

그들 셋이 웃은 것은 무슨 일이었지 물어보았네. [問渠三笑笑何事]

나도 오늘 아침 호계를 지나버린 것을 알지 못한 것과 같을까. [不覺今朝過虎溪]

서거정이 호계삼소도를 애호한 것은 자신이 승려를 찾아가는 모습을 혜원을 찾아간 도연명에 비유하기 위한 것이다. 예를 들어 그는 일암(一庵) 전상인(專上人)의 방에서 취해 돌아와 다음날 다음과 같이 시를 지어 주면서, 자신을 도연명에 비유하였다.

혜원의 후신은 바로 일암 노인이고요 [惠遠前身一庵老]

연명의 고상한 격조는 곧 사가옹이라 [淵明高調四佳翁]

서로 만나자 자신도 몰래 크게 껄껄 웃으니 [相逢不覺呵呵笑]

이 몸이 여산도 속에 있구나 [身在廬山圖畫中]

(徐居正, 『四佳詩集』 卷三十一, 「一庵專上人房醉歸, 明日, 吟成數絶, 錄奉」)

---

22) 「虎溪三笑, 廬阜高僧臥不出, 風流二老時往携, 問渠三笑笑何事, 不覺今朝過虎溪」(徐居正, 『四佳詩集』 卷四十五, 第二十一, 「題雙林心上人所藏十畫」)

서거정은 성민상인(省敏上人)의 시권(詩卷)의 제발에서 "여산의 셋이 웃던 일도 응당 머지않으리(三笑廬山也不遲)"[23]라고 호계삼소를 인용하였다. 또 그는 「어은(漁隱) 김생한(金生漢)의 상산촌서팔영(商山村墅八詠)에 제발」[24]을 쓰면서 절에 가서 승려와 만나는 것을 호계삼소도로 표현하였다.

석사 심승(釋寺尋僧)
중을 찾아 얼마나 많은 험난한 길을 걸었는지 [尋僧何處歷崎嶇]
옛 절에 구름이 짙어 길은 있는 듯 없는 듯 [寺古雲深路有無]
다리를 건너다 셋이 웃는 곳에 [想得過橋三笑處]
누가 호계삼소도를 그릴 생각을 했을까. [何人畫出虎溪圖]
(徐居正,『四佳詩集』卷四十,「題漁隱金同年商山村墅八詠」)

또한 그는 일암도인(一菴道人)이 소장한 산수도에 제발[25]을 쓰면서, 이공린의 화풍의 산수도를 보면서, "촌로(野老)들이 모여 있으나, 도인이여 도인이여 다른 그림은 없는가. 나는 생각해봐도 삼소도는 보이질 않네[道人道人更畫無, 我思不見三笑圖]"라고 하며 삼소도가 묘사되지 않은 것을 애석하게 생각하였다.

23) 徐居正,『四佳詩集』卷三十一焗第十九,「題省敏上人詩卷」

24) 徐居正,『四佳詩集』卷四十,「題漁隱金同年生漢商山村墅八詠」

25)「一庵道人山水癖,龍眠畫手三昧法,霜縑一幅絶奇勝,楷眼森寒動高興, 青山鱗鱗羣龍走,長江三面綠如酒,遙看傑閣揷層霄,天遊一一皆仙曹,林端隱映何處村,竹翠欲滴松濤喧,野老杖屨復樽壺,豪談促膝掀長鬚,桃花春浪漲幾篙,漁郎隨意飛蘭橈,柂樓載酒歌鼓舷,相忘湖海皆蹄筌,我亦平生巖壑姿,道人有約今幾時,畫中虎溪在何所,白蓮卜社復何許,香山居士柴桑翁,何不著此圖畫中,道人道人更畫無,我思不見三笑圖」
(徐居正,『四佳詩集』卷四十,「題一菴道人所藏山水圖」)

서거정은 『신증동국여지승람(新增東國輿地勝覽)』 권17의 「충청도(忠淸道), 공주목(公州牧)」 공주의 십경(十景) 중에서의 「서사에 중을 찾는[西寺尋僧]」[26]이라는 풍경에서 "마침내 이공린의 손을 빌려서, 호계삼소도를 그려 내리라"라고 삼소도를 송대 문인화가 이공린 화풍으로 이해한 것을 알 수 있다.

조선전기의 문신이자 생육신인 남효온(南孝溫, 1454~1492)은 성종과 연산군 때에 직접 듣고 보던 그 당시의 많은 일화 중에서 남겨둘 만한 것들을 추려 모은 수필집인 『추강냉화(秋江冷話)』에 관서(關西) 상원(祥源, 현재 평안남도 중화군(中和郡)에 속함) 고을에 나그네로 머무르고 있었을 때, 침실 병풍에 이종준(李宗準, ?~1499)이 쓴 삼소도(三笑圖)라는 제목의 시[27]가 적혀 있었다고 한다. "혜원이 잘고 간사하니, 파계를 모를 바 아니로다. 잠깐 호계의 흥에 붙여, 선비의 어리석음을 속이도다[遠公細而黠, 破戒非不知, 暫寄虎溪興, 欺謾措大癡]"[28]라고, 승려가 선비를 속였다고 부정적으로 평가하였다.

이익(李瀷, 1681~1763)은 「소보(笑譜)」에서 "소동파(蘇東坡)가 쓴 삼소도(三笑圖)에, 세 사람이 모두 웃으니 뒤에 있는 세 아이는 웃는 이유도

---

26) "조각배 매어놓고 옛 절을 찾아드니, 강 언덕 가는 길이 높았다 낮았다 하네. 10년 동안 중을 찾아 한가로이 오가니, 청등(靑藤) 지팡이, 흰 버선, 한 켤레 짚신, 나도 역시 평생에 지허(支許)의 무리라. 결사(結社)할 그 약속을 왜 저버리랴. 마침내 용면 노거사(龍眠 老居士)의 손을 빌려서, 호계(虎溪)의 삼소도(三笑圖)를 그려 내리라." 하였다」(『新增東國輿地勝覽』 卷十七, 「忠淸道, 公州牧」)

27) 「嘗旅寓關西之祥原郡, 寢屛有詩題三笑圖曰, 遠公細而黠, 破戒非不知, 暫寄虎溪興, 欺謾措大癡, 余且驚且喜, 郡守曰, 客子所驚者何事, 余曰, 關西二百日之行, 始見一詩, 寧不驚動耶, 且儒生見句, 勝得百金, 豈不喜躍, 卽飜案其詩而步韻曰, 小年昧大年, 小知迷大知, 題詩亦惜大, 安知陶陸癡, 仍謂守曰, 作者必是吾友也, 到京廣問, 則仲鈞手也」(南孝溫, 『秋江冷話』, 「秋江冷話」) 같은 시가 『秋江先生文集』 卷三에도 실려 있다.

28) 上同

모르면서 또한 크게 웃는다"[29]라는 견해와 "사람들이 많이 웃음으로 인하여 위의를 잃어버림을 알 것이다"[30]라는 견해를 인용하였다. 유학의 입장에서 호계삼소도를 위의를 잃어버린 웃음으로 저평가하였다. 이처럼 조선에서는 주자학이 정립되면서 삼소도는 점차 유학자들 사이에서 인기를 잃어갔다.

결론적으로 고려말 조선초의 문인들은 호계삼소도를 통해 승려와의 높은 교유를 상징화하였으나, 유학이 조선에 정착되면서부터는 승려와 유학자의 교유가 그리 흥미로운 주제로 인식되지 못하였고, 따라서 점차 인기를 잃게 되었던 것이다.

4. 고려와 조선 시대의 국화 분재 취미와 도연명

(1) 고려시대의 국화 분재 취미

국화는 '장수'와 '은일'이라는 두 가지 상징성을 내포한다. 먼저 '장수'의 상징성과 관련하여 9월 9일 중양절(重陽節)에는 국화주를 마시며 장수를 기원하는 풍습이 전해진다. 국화는 고려청자의 주를 이루는 문양일 만큼 고려시대에 가장 사랑을 받는 꽃이었다. 고려청자의 술병에 국화문양이 많은 것은 이런 풍류가 반영된 것이기도 하다.

도연명은 국화에 '은일'이라는 상징성을 부가하였다. 「음주(飮酒)」오(五)[31]의 "동쪽 울타리 아래에서 국화를 꺾는다[採菊東籬下]"라는 문장은

29) 李瀷, 『星湖僿說』 卷四, 萬物門, 金根車

30) 李瀷, 『星湖僿說』 卷十二, 人事門, 「笑譜」

31) 「結廬在人境,而無車馬喧,問君何能爾,心遠地自偏,採菊東籬下,悠然見南山,山氣日夕佳,

은일의 클리셰가 되었다. 도연명의 시를 통해 국화가 불의와 타협하지 않는 정치적 은일과 함께 생명을 보존하는 장수(長壽)로 연결된다는 해석은 동아시아 문인들의 마음을 사로잡기에 충분하였다. 이러한 국화의 상징성은 국화 분재라는 문인의 취미로 이어졌다. 그 결과 국화 분재는 도연명에 대한 인기와 대중화에 기여하였다.

우리나라의 국화에 대한 기록은 송대 유몽전(劉蒙筌)의 『국보(菊譜)』(1175)에 "신라국화는 옥매 또는 육국이라 한다[新羅菊 一名玉梅 一名陸菊]"는 기록에서 보이고 있다.

고려시대에 충선왕(忠宣王, 1275~1325)이 원에 만권당(萬卷堂)을 짓고 원의 문인들과 교유할 때에 고려측의 학자로 활동한 이제현(李齊賢, 1287~1367)과 그의 제자 이곡(李穀, 1298~1351)과 이색(李穡, 1328~1396) 부자(父子)는 국화에 관한 시를 다수 지었다. 중국에서는 송대에 국화를 실외의 노지 재배뿐만 아니라, 화분에 심어 가꾸는 분재가 시작되었고, 원대 양유정(楊維貞, 1296~1370)의 『황화전 (黃華傳)』에 의하면 국화가 136 품종이나 되었다고 한다.

고려시대에 문인들 사이에서 유행한 국화에 관한 기록의 예를 살펴보자. 먼저 이제현은 『역옹패설(櫟翁稗說)』(後集)(1342)의 제발[32]에서 "옛사람의 시(詩)는 눈앞의 경물(景物)을 묘사하였지만 의미는 말 밖에 있으므로, 말은 끝이 났지만 맛은 끝이 없다"라고 하면서, 예로서 도연명의 "채국동리하(採菊東籬下), 유연견남산(悠然見南山)"을 인용하였다.

飛鳥相與還,此中有眞意, 欲辨已忘言」(陶淵明「飮酒」五)

32) 「採菊東籬下, 悠然見南山, 有恩未報可無嫌, 道似先生尙典籤, 看取英雄古今事, 不如松菊醉陶潛」(李齊賢, 『櫟翁稗說』後集, 題跋)

이제현의 제자로서 원나라에서 유학한 이곡은 「구일(九日)」[33]이라는 시에서 "오늘은 중구일 국화주 마시는 날, 고당에 계시는 백발의 모친 그리워라[九日黃花酒, 高堂白髮親]"라고 중양절에 국화주를 마시는 풍습을 명시하였다. 국화주에 부모의 장수를 기원하는 마음을 의탁하였다.

이색은 능동적으로 국화를 직접 심고 분재를 하였는데, 「국화를 심다(種菊)」라는 시를 지으면서, 도연명으로 마무리하였다.[34] 국화를 심는 이유는 "국화 심어 나의 맑음 더한다[種菊添我淸]", "국화 심어 나의 그윽함을 더한다[種菊添我幽]", "국화 심어 내 뛰어난 은일함을 더한다[種菊添我逸]"라는 '맑음(淸)', '그윽함(幽)', '은일(逸)'과 같은 정신적 가치를 추구하기 위한 것이었다. 또한 이색은 「국화 화분을 노래함[詠盆菊]」이라는 시에서 국화 분재를 도연명의 '동리(東籬)'가 분재를 통해 세속과 합쳐졌다[趨俗]라고 비유하기도 하였다.

가을 계곡은 절로 매우 그윽하지만 [秋澗自幽絶]
동쪽 울타리도 이미 세속에 합류했거늘 [東籬已趨俗]
가련도 해라 푸른 동이에 심어져서 [可憐青盆中]
구구하게 이 늙은 목은 상대하다니 [區區對老牧]
(李穡, 『牧隱詩藁』 卷十九, 「詠盆菊」)

33) 「九日黃花酒, 高堂白髮親, 遠遊空悵望, 薄宦且因循, 秋雨荒三逕, 京塵漲四隣, 登高猶未暇, 極目恐傷神」(李穀, 『稼亭先生文集』 卷十八, 「九日」)

34) 「種菊添我淸,天工却娟嫉,罷雨動以風,收雲炙以日,搖搖不自持,七脈方未密,願借終夕陰,令渠生意溢,種菊添我幽,軒戶俄淸姸,長莖削寒玉, 嫩葉凝青煙,旣晴又欲雨,不憂傷爾天,天工豈私我,物生各自然,種菊添我逸,深期在歲暮,霜淸秀色明,白酒相媚嫵,落帽自風流,誰會悠然趣,淵明千載人, 欲訪恐迷路」(李穡, 『牧隱詩藁』 卷五, 「種菊」 三首)

(2) 조선 시대의 국화 분재 취미

조선 시대에는 국화 분재가 조선 왕실과 양반 관료들 사이에서 서로 다른 상징성으로 수용되었다. 조선 왕실은 국화를 중양절에 장수를 바라는 꽃으로 감상하였고, 양반 관료들은 국화를 도연명의 충절을 상징하는 꽃으로 감상하였다.

국화는 왕의 장수를 기원하는 상징성을 내포하였기 때문에, 왕실 정원 화초로서 식목되었다. 서거정(徐居正, 1420~1488)이 효령대군(孝寧大君)의 아들 이정(李定)의 정원을 시로 노래한 「영천경(永川卿)의 원중팔영(園中八詠)」[35]에 의하면 왕실 정원의 수종(樹種)에 송(松), 매(梅), 철쭉(躑躅), 버드나무(柳), 대나무(竹), 단풍나무(楓) 국화(菊花), 갈대(蘆)의 8가지 종류에 국화도 포함되어 있었다.

조선 왕실은 15세기 단종, 세조, 연산군이 중양절에 국화 화분을 하사한 기록이 확인된다. 국화 분재는 도연명의 은둔을 상징한다기보다는, 중양절에 장수를 바라던 염원이 반영된 것으로 해석된다. 그 저변에는 불안한 정치적 상황 속에서 장수를 바라는 왕의 심리적인 욕구가 반영되었다.

단종(端宗, 1441~1457)은 즉위년인 1452년 9월 9일 승정원과 춘추관 등에 국화 화분을 나누어 주었다.[36] 단종을 폐위시키고 왕이 된 세조(世祖, 1417~1468)는 1459년 9월 9일 문소전(文昭殿)에 의례(依例)적으로 올리는 국화(菊花)를 진공(進供)하지 못한 이유를 사헌부에 추국(推鞫)하

35) 「菊花, 看花次第到黃花, 秋興東籬晩更多, 直把金英宜泛酒, 揷來可怕損烏紗」(徐居正, 『四佳詩集』 卷十焗第九, 「永川鄕園中八詠」)

36) 「戊辰/上林苑, 進菊花十盆, 分賜承政院,春秋館及永順君溥」(『朝鮮王朝實錄』 端宗3卷, 卽位年(1452) 閏9月 9日)

게 한 기록이 있다.[37] 1461년(세조7) 9월 14일에는 국화 한 분과 술을 승정원에 하사하기도 하였다.[38]

특히 연산군(燕山君, 1476~1506)은 국화에 집착하였다. 연산군은 1501년 8월 21일 승정원에 산국화 화분과 술을 내려주면서 직접 다음과 같이 시를 썼다.[39]

> 가을 바람은 담백하지 않은 적이 없고 [金風無處淡]
> 황국은 향기를 가득 채운다 [黃菊滿階香]
> 적막한 승정원 안에는 [寂寞銀臺裏]
> 하사한 술잔 꽃에 떠있네 [須浮賜酒觴]
> (『朝鮮王朝實錄』 燕山 41卷, 7年(1501) 8月 21日)

연산군은 1503년 9월 8일에 들국화 200 포기를 곧 캐어 들이게 하라는 명령을 내리기도 하였다.[40] 연산군의 국화에 대한 과도한 집착에 대한 반발인지, 중종은 1509년 9월 10일 장원서(掌苑署)가 분재(盆栽)한 국화를 올리자, 계절의 꽃이라고 진상하지 않도록 명령하였다.[41]

---

37) 「傳旨司憲府曰: "奉常寺官吏, 今九月九日文昭殿例薦菊花, 不及進供, 其推鞫以聞」(『朝鮮王朝實錄』 世祖 17卷, 5年(1459) 9月 12日)

38) 「賜菊花一盆及酒于承政院」(『朝鮮王朝實錄』 世祖17卷, 5年(1459) 9月 12日)

39) 「下山菊一盆于承政院, 仍賜宣醞, 御書曰: 金風無處淡, 黃菊滿階香, 寂寞銀臺裏, 須浮賜酒觴」(『朝鮮王朝實錄』 燕山 41卷, 7年 (1501) 8月 21日)

40) 「傳曰: "各司花匠全數聚來, 且野菊花二百叢, 卽令採入,"」(『朝鮮王朝實錄』 燕山 50卷, 9年(1503) 9月 8日)

41) 「掌苑署進盆菊, 傳曰: "前日上殿外, 勿進雜花事, 已敎之, 何以進此花耶?" 政院啓曰: "考承傳, 去戊辰年十一月, 傳曰: '今後若非節花, 上殿外, 勿令進上,' 其時傳旨如此, 故掌苑署, 必以菊爲節花而進之也," 傳曰: "雖節花, 竝勿進之可也,"」(『朝鮮王朝實錄』(中宗 9卷, 4年(1509) 閏9月 10日)

양반 관료들 사이에서는 국화 분재가 자신의 충절을 상징하는 꽃으로 유행하였다. 14세기 조선 시대의 공신들 중에서 국화 분재를 선호한 예가 보인다. 정도전과 함께 개국공신이 된 조준(趙浚, 1346~1405)은 「국화분재를 노래하다[詠盆菊]」에서 국화를 "산뜻한 금색 꽃에 섬세한 향기, 서리와 눈을 이긴 밝은 빛이여, 봄의 신은 은둔한 군자를 몰라보네. 굴원과 같은 시인과 함께 술을 마셔야 하리[粲粲金葩細細香. 凌霜傲雪韶光.東君不識隱君子.宜與騷人對酒觴]"[42]라고 묘사하였다. 조선 태종의 좌명공신(佐命功臣)인 이원(李原, 1368~1430)은 국화꽃 분재를 감상한 기록으로 황국 분재를 시[43]로 쓰면서 도연명의 시구 '도령(陶令)'이나 '동리(東籬)'를 인용한 것은 고려말에서 조선초에 걸쳐 도연명의 인기를 짐작하게 한다.

15세기 이색의 문하에서 성장한 김종직(金宗直, 1431~1492)은 약목현(현 경상북도 칠곡군 약목면)의 손극겸이 화초를 잘 기른다는 소문을 듣고 문인들과 함께 방문하여 시를 썼다.[44] 김종직에게 도연명은 매우 특별했다. 그는 「도연명의 술주시에 화답하다[和陶淵明述酒]」라는 시에서 도연명의 술주시(述酒詩)가 유유(劉裕)의 찬시(簒弑)한 죄와 연명(淵明)의

42) 「粲粲金葩細細香, 凌霜傲雪韶光, 東君不識隱君子, 宜與騷人對酒觴」(趙浚, 『松堂先生文集』 卷一, 「詠盆菊」)

43) 「聽說陶家一逕栽, 何人移得數枝來, 似嫌紅紫爭春色, 還向霜餘獨自開, 一叢黃菊玉盆栽, 風過寒香細細來, 陶令未歸時屢改, 東籬霜蘂爲誰開」(李原, 『容軒先生文集』 卷二, 「黃菊」)

44) 「十室卑湫地, 閑園數畝荒. 松爲一柱觀, 菊作百和香. 小砌蘭承露, 疎籬柹得霜, 主人年八十, 燕坐惜頹光」(金宗直 『佔畢齋集』 卷十三 「若木縣聞孫克謙善養花木與徐敎授(智仁) 南訓導(季明) 李生員(兢) 同訪入其園有盤松如幄菊數十種蘭六七朶遂坐蒲薦小酌孫餽紅柹自言年今八十一矣」)

충분(忠憤) 어린 뜻이 핵심적인 내용이라고 평가하였다.[45] 이 시는 무오사화의 빌미가 될 정도로 강력한 상징성을 띠는 것이었다.[46]

김종직의 문인으로 무오사화(戊午史禍)로 처형된 권오복(權五福, 1467~1498)은 국화 분재를 보고 "푸르고 붉은색이 시들어, 만엽의 가을이다. 바람과 서리는 어젯밤에 차갑게 불었다. 창문을 열고 한번 웃으니, 우아한 여인이여. 금색옷이 다 떨어지는 우수를 감내하지 못한다[翠委紅凋萬葉秋, 風霜昨夜冷颼颼, 開窓一笑徐娘老, 落盡金衣不耐愁]"[47]라고 하며, 왕을 향한 충성심을 은유적으로 표현하였다.

17세기부터 18세기의 유학자들은 국화 분재를 충절지사로서 유학자로서 도연명과 연상작용을 강화시켰다. 국화 분재는 동리채국도의 회화 작품을 감상하는 데에 증폭제가 되었다. 윤증(尹拯, 1629~1714)은 김

45) 「余少讀述酒，殊不省其義，及見和陶詩湯東澗註疏，然後知爲零陵之哀詩也，嗚呼，非湯公，劉裕簒弑之罪，淵明忠憤之志，幾乎隱矣，其好爲瘱詞者，其意以爲裕方猖獗，于時不能以容吾力，吾但潔其身耳，不可顯之於言語，自招赤族之禍也，今余則不然，生於千載之下，何畏於裕哉，故畢露裕 逆，以附湯公註 之末，後世亂臣賊子，覽余詩而知懼，則竊比春秋之一筆云，鼎鐺猶有耳，人胡不自聞，君臣殊尊卑，乾坤位攸分，奸名斯不軌，赤族無來雲，當時馬南渡，神州餘丘墳，天心尙未厭，有若日再晨，處仲首作孽，王敦 狼子非人馴，蘇峻 蚩蚩遺臭夫，斆兒戕厥身，桓溫父子 四梟者何功，天報諒殷懃，婉婉安與恭，乃是劉氏君，蒼天謂可欺，高挹堯舜薰，受禪卒反賊，史氏巧其文，誘以四靈應，宗岱且祠汾，僞命雖能造，世亂當紛紛，好還理則然，劭也蔑天親，述酒多隱辭，彭澤無比倫」(金宗直『佔畢齋集』卷十一，「和陶淵明述酒幷序」)

46) 李肯翊『燃藜室記述』권6에는 다음과 같이 기록되어 있다.「무오년의 사화(史禍)」「연산조고사본말(燕山朝故事本末)」에 의하면 소매 속에서 책 한 권을 내 놓으니 바로 김종직(金宗直, 1431~1492)의 문집이었다. 그 중에서 조의제문(弔義帝文)과 술주시(述酒詩: 술주시는 유유(劉裕)가 임금을 죽인 죄를 꾸짖고 도연명(陶淵明)의 충분(忠憤)한 뜻을 표현한 것이다)를 들추어내어 여러 추관(推官)에게 두루 보이면서, "이것은 모두 세조를 가리켜 지은 것인데 김일손의 악한 행실은 모두 김종직이 가르쳐서 그렇게 된 것이다." 하고 제가 주석을 달아 글귀마다 해석하여 폐주로 하여금 알기 쉽게 하고 이내 아뢰기를, "김종직이 우리 세조를 비방하고 헐뜯었으니 마땅히 대역부도(大逆不道)로써 논죄하고, 그가 지은 글을 세상에 전파해서는 안 되니 아울러 모두 불살라 없애야 될 것입니다." 하였다.

47) 權五福, 『睡軒集』卷一, 「詠盆菊」

훤(金楦)과 김장(金丈)이 창덕궁 후원에서 황국 화분을 보내주자, 이에 답례한 시[48]에 "늦가을이 되어 심사가 울적하여 도연명의 동리구를 읊조리고[牢騷漫咏東籬句]"라고 언급하였다. 신익상(申翼相, 1634~1697)은 국화 분재의 시[49]에서 "서리를 이긴다(傲霜)", "차가운 향기 높은 절개(寒香高節)", "정치적 부름을 받고도 벼슬에 나가지 않은 징사(徵士)의 깨끗한 표준(徵士淸標)"과 같이 국화와 충절지사로서 도연명의 이미지를 오버랩시켰다. 임인옥사(壬寅獄事)로 죽은 이건명(李健命, 1663~1722)은 분재한 국화를 보면서 간접적으로 도연명과 관련된 '율리(栗里)', '이하한총일반황(籬下寒叢一半荒)'과 같은 시구로서 도연명을 연상시키고 있다.[50]

국화의 분재 유행을 흐름을 살펴본 결과, 고려와 조선 시대의 문인들이 도연명을 통해 충절의 꽃으로 국화 분재를 애호한 것을 알 수 있었다. 그렇다면 그림에서는 어떠한 양상이 나타났는가를 고찰하고자 한다.

---

99) 「不覺天時正剝陽，朝來白屋見凝霜，牢騷漫詠東籬句，蕪沒難尋老圃香，多荷仙翁憐獨苦，爲分瓊蕊許同嘗，開襟已似沈痾去，掩戶要看滿意黃，憐渠還愧養渠難，每到秋深始問安，顔面不殊前歲好，任他凡卉盡摧殘，詩送寒花向我歸，餘音灝灝影依依，試看向晩茅簷下，風若增淸月益暉(尹拯，『明齋先生遺稿』卷三，「滄江金丈，又惠禁園黃一盆，將以一律二絶，謹步韻以謝, (三首)」

49) 「盡日柴門客到稀，小盆閑對傲霜枝，黃華正好供詩興，冷葉還堪泛酒巵，病葉孤根眞我伴，寒香高節似君誰，不隨桃李爭春色，肯恨東風蝶未知,」次韻「秋風索莫百花稀，菊到重陽始放枝，牽率詩情供宿債，等閑佳興侑深巵，嚴霜見傲元由性，敗蕊羞凋且爲誰，徵士淸標今寂寞，托根應荷主人知」(申翼相，『醒齋遺稿』冊四,「詠盆菊寄悠久」)

50) 「久客偏驚歲月忙,小盆栽得數枝黃,迎霜正帶娟娟色,近榻時聞冉冉香,好是掇英浮大白,莫嫌吹帽失重陽,仍思栗里無人護,籬下寒叢一半荒」(李健命,『寒圃齋集』卷一,「詠盆菊」)

5. 조선 시대의 채국동리도에 나타난 유학 정신

(1) 동쪽 울타리에서 국화를 꺾는 그림, 채국동리도

채국동리도(採菊東籬圖)[51]는 「음주(飮酒)」 오(五)를 그림으로 그린 도상으로 상국도(賞菊図), 채국도(採菊圖), 동리거사도(東籬高士圖) 등의 명칭으로 불린다(이하 채국동리도로 총칭).

채국동리도의 도상은 도연명이 '동쪽 울타리 아래 국화를 꺾으며, 유연히 남산을 바라본다(採菊東籬下, 悠然見南山)'는 모티프가 가장 핵심적이다. 계절적 배경은 국화주(菊花酒)를 마시는 음력 9월 9일 중양절(重陽節)로 '장수'를 암시한다. 시간적 배경은 해가 질 무렵[日夕] 날아 돌아가는 새로 '귀가'를 암시한다. 공간적 배경은 남산이 보이는 변경의 오두막으로 '은거'를 상징한다.

도상의 구성 요소를 통해 알 수 있는 채국동리도의 주제는 정치적 사회적 딜레마에 놓여진 지식인이 권력에 타협하지 않고 고향에 은일하면서 천명을 다하기를 바라는 것이다. "이러한 모습 속에 삶의 진정한 의미가 있는데, 그것을 표현하려 해도 할 말을 잊어 어찌 표현해야 할지 모르겠구나[此中有眞意, 欲辨已忘言]"의 마지막 시구로 압축되어 있다.

채국동리도는 각 시대와 장소의 취향에 맞게 변형되면서 송원대, 명대, 청대, 그리고 한국과 일본까지 유포되었다. 채국동리도는 도연명이 국화를 들고 걸어나는 도상(〈도4〉)과 도연명이 앞서고 동자가 국화를 들고 따라가는 도상(〈도5〉)이 주류를 이루었다. 개자원화전(芥子園畫傳)의

51) 중국의 채국동리도에 관한 연구는 다음과 같다. Nelson, Susan E. "Revisiting the Eastern Fence: Tao Qian's Chrysanthemums," The Art Bulletin, Vol. 83, No. 3 (Sep., 2001), pp. 437-460.

〈도4〉「동리고사도(東籬高士圖)」, 전 양해(梁楷), 중국 송대, 대만고궁박물원(『淵明逸致特展圖錄』, 1988년 7월, 臺北: 國立故宮博物院, 도1)

〈도5〉「채국도(採菊圖)」, 당인(唐寅), 중국 명대, 대만고궁박물원(『淵明逸致特展圖錄』, 1988년 7월, 臺北: 國立故宮博物院, 도4)

〈도6〉『개자원화전(芥子園畵傳)』 初集(王概等著; 靑木正児訳注; 入矢義高校訂 下册, 東京: 筑摩書房, 1975, p.174)

〈도7〉「산수(山水)」, 문백인(文伯仁), 중국 명대, 대만고궁박물원(『淵明逸致特展圖錄』, 1988년 7월, 臺北: 國立故宮博物院, 도30)

채국동리도(〈도6〉)는 조선과 일본까지 유포되었다. 주류는 아니지만 채국동리도에는 동쪽 울타리에 국화가 피어 있는 모습을 조감하듯이 표현한 도상(〈도7〉)도 포함된다.

다음으로 조선 시대에 채국동리도는 어떠한 양상으로 수용되었는가를 살펴보자.

(2) 사애(四愛)와 채국동리도(採菊東籬圖)

조선전기의 유학자들은 '사애(四愛)'의 개념 속에서 채국동리도(採菊東籬圖)를 수용하였다. '사애'란 문인이 사랑하는 네 가지 꽃이다. 그 유래는 중국 원대의 유학자이자 문학가이었던 우집(虞集, 1272~1348)[52]이 「사애제영서(四愛題詠序)」에서 "陶潛愛菊, 周茂叔愛蓮, 林逋愛梅, 黃魯直愛蘭也"라고 도연명의 국화, 주렴계의 연꽃, 임포의 매화, 황정견의 난초를 병칭한 것에서 유래한다.[53] 중국에서는 황정견의 난초 대신, 당명황제가 좋아한 모란이 소재로 들어가는 경우도 있다.[54]

조선전기의 문신이자 생육신(生六臣)의 한 사람인 남효온(南孝溫, 1454~1492)의 『추강집(秋江集)』「병풍십영(屛風十詠)」[55]을 살펴보면,

52) 虞集(1272~1348)과 회화와 관련된 연구로서 角井博 「ニ祖調心図〈伝石恪画"E重要文化財〉に付属する虞集跋の問題」(『MUSEUM』 400号, 東京: 東京国立博物館, 1984年 7月)가 발표된 바 있다.

53) 「題葉氏四愛堂詩」「方今文釆重奎章, 光照芝山四愛堂, 梅蕊春融冰雪界, 蓮花晩靜水雲鄕, 湘纍往矣蘭爲佩, 陶令悠然菊泛觴, 千古高風猶一日, 迢迢歸夢楚江長」(元・虞集撰, 『伯生詩續編』, 北京: 北京圖書館出版社, 2005)

54) 「唐明皇極愛牡丹花, 各色牡丹都種植於宮中興慶池東沉香亭下, 此花盛開, 玄宗同楊貴妃玩, 加李白入宮, 明曰「花雖妙, 不能言, 不若愛妃爲解語花」(『隋唐演義』 第八十二回)

55) 「曳履商歌: 累我以利名, 辱我以爵位, 與改我初服, 寧守我弊屣, 曾聞一貫語, 豈無東周意, 方圓知不周, 商歌徹天地, 東山携妓: 東山携妓人, 深得老子者, 宴安衽席間, 廟算扶宗社, 腥膻染伊洛, 奉頭知無暇, 擧子截淝水, 神功蓋天下, 西塞釣魚: 皇唐育人才, 李

10폭의 병풍에 도연명의 도원도에 해당되는 무릉심춘(武陵尋春)과 더불어 '사애'에 해당되는 "도연명이 동쪽 울타리에서 국화를 캐다[東籬採菊]', '주렴계가 연꽃을 완상하다[濂溪賞蓮]"와 "임포가 서호(西湖)에서 매화를 완상하다[西湖玩梅]"가 포함되어 있었다고 한다.

이에 앞서 사애의 개념은 조선과 일본의 외교적 교류를 통해 공유되기도 하였다. 세종은 1423년(세종5) 12월 25일에 대장경판을 구하기 위해 조선에 파견된 규주(圭籌)와 범령(梵齡) 등 135명 일본국왕사(日本國王使)에게 1425년(세종 7) 5월 11일에 일본국왕에게 대장경판을 줄 수 없음을 알리는 편지를 전달하도록 하였다.[56] 세종은 집현전의 학자들에게 일본의 사절단을 송별하는 시권서를 쓰도록 했다.[57]

세종의 명을 받은 집현전 학자들이 송별의 선물로 준 시권서에 도연

杜擅詩仙，那知龍虎術，近在肺膈間，蓑衣魯公客，但得丹九還，桃花鱖魚肥，西塞重春寒，濂溪賞蓮：菡萏秋容秀，斜日晩紅酣，庭前草不除，籬外水如藍，大宋主天下，是非張空談，獨得太極說，笑看狙怒三，武陵尋春：蒼山重復重，武陵春水深，扁舟訪路客，花落五更心，略彴露雲表，茅簷沒青林，人間日月速，暴秦空翠岑，河朔避暑：大漢歷年終，豪傑滿八區，河朔避暑者，定爲曹公儲，嘗聞劉玄德，不忘銷髀憂，宴安酒栝內，功業安得收，東籬採菊：司馬寒如灰，孱孫失青氈，骯髒義熙臣，不記劉宋年，竹青新科長，松老黑榦圓，東籬酒初熟，採菊仰秋天，雪中騎驢：失位孟浩然，蹉跎坐詩窮，茅簷長不翦，一畝臥如弓，蒼山紅錦繡，落葉鑾北風，長橋晩雪晴，殘醉自懵懵，西湖玩梅：青春到梅梢，檻外忽橫枝，不堪鼈縮頭，携琴到水湄，孤山蒼萬丈，一水碧瑠璃，好客縱臨門，心事渠能知，赤壁乘舟：新法滿天下，人間夜未曉，飄零壬戌秋，洞庭天一表，長歌窈窕章，托契玄裳鳥，石脚蘸秋水，山高白月小(南孝溫，『秋江先生文集』卷二，「屛風十詠」)

56) 「壬申/日本國王使臣圭籌，梵齡，都船主久俊等一百三十五人詣闕獻土宜，上御仁政殿受禮訖，命圭籌,梵齡入殿內，久俊在殿外」(『朝鮮王朝實錄』1423년(세종5) 12월 25일) 「朝鮮國王姓某奉復日本國殿下，使至惠書，獲審動止康裕，仍承嘉貺，欣感殊深，所需《大藏經》板，只是一本，且予祖宗所傳，不可從命，前書已盡，惟照恕之(『朝鮮王朝實錄』世宗28卷, 7年(1425) 5月 11日(庚辰) 2번째 기사)

57) 임채명 씨는 조선 시대 관료 학자들이 일본 국왕사에게 유학적 가치관의 시문을 전달하였음을 지적한 바 있다(임채명, 「조선전기(朝鮮前期) 문인(文人)들의 일본 국왕사(日本國王使) 대응(對應)의 한 단면(斷面)-이륙(李陸)의 송일본승성진수좌환국시서(送日本僧聖津首座還國詩序)」를 중심으로-」, 『한문학논집』, 근역한문학회, 2006, p. 6.

명의 국화를 포함한 '사애(四愛)'를 인용하였다. 집현전수찬(集賢殿修撰)이었던 권채(權採, 1399~1438)는 "도연명이 국화를 사랑함은 그 은일한 까닭이요, 내야(奈耶)가 버들을 사랑함은 다섯 가지 이익이 있는 까닭이요, 그 밖에 왕휘지(王徽之)의 대와 진나라 원공(遠公)의 연꽃은 모두 좋아하는 바가 있어서 그런 것이다"[58]라고 언급하였다. 난초와 매화 대신에 버드나무와 대나무를 언급한 것으로 보아, 사애의 구성은 유동적이기는 하지만, 도연명과 국화만은 고정된 클리셰였다.

이 사절단에는 1424년(세종 6) 1월 22일에 쇼코쿠지(相國寺)의 화승(畫僧) 슈분(周文)이 조선의 왕실에서 의견을 피력한 기록[59]을 근거로 일본 국왕사에 동행하여 조선에 온 사실을 확인할 수 있다.[60] 조선에 체류하는 동안 회화를 통한 상호 교유도 이루어졌다. 일본국왕사로 파견된 규주와 범령은 1424년(세종 6) 1월 25일 자신들이 가지고 온 산수도에 찬과 시를 구하였다. 직집현전(直集賢殿)의 어변갑(魚變甲)은 산수도찬(山水圖讚)과 설암시(雪庵詩)를, 직집현전(直集賢殿) 유상지(兪尙智)는 산수도시(山水圖詩)를, 집현전 교리(集賢殿校理) 유효통(兪孝通)과 집현전 부제학(集賢殿副提學) 신장(申檣)은 매창시(梅窓詩)를, 집현전 직제학(集

58) 「予惟人有所好, 各從其類, 淵明之愛菊, 以其隱逸 奈耶之愛楊, 以有五利, 其他徽之之竹,遠公之蓮, 皆有所好,… 洪熙元年五月日, 集賢殿修撰永嘉權採書,」(『朝鮮王朝實錄』 世宗 28卷, 7年(1425) 5月 11日)

59) 「日本國奉使釋圭籌, 梵齡等謹上書禮曹列公閣下, 某等厚蒙殿下遇對, 旣賜法寶之最者, 懽欣交甚, 將畢事而還歸, 日者, 畫僧周文者妄發言曰: "護軍尹仁甫於我本朝, 有要約引連十七隻船復,"」(『朝鮮王朝實錄』 世宗 23卷, 6年(1424) 1月 22日)

60) 이 사절단은 1424년(세종6) 1월 25일 일본국 사신 규주와 범령이 가지고 있던 산수도 및 도호(道號)의 찬과 시를 구하였다. 이 산수도에 슈분이 그린 것이 포함되어 있을 가능성이 매우 크다. 직집현전(直集賢殿)의 魚變甲, 집현전 교리(集賢殿校理) 유효통(兪孝通), 집현전 부제학(集賢殿副提學) 신장(申檣), 집현전 직제학(集賢殿直提學) 김상직(金尙直), 집현전(集賢殿) 부교리(副校理) 안지(安止)가 찬시를 썼다(『朝鮮王朝實錄』 世宗 23卷, 6年(1424) 1月 25日).

賢殿直提學) 김상직(金尙直)은 죽헌시(竹軒詩)를, 집현전 부교리(集賢殿副校理) 안지(安止)는 화관음찬(畫觀音讚) 찬시를 써 주었다.[61] 다시 말하자면 집현전의 학자들은 일본의 산수도, 매화서옥도(梅窓圖), 죽헌도(竹軒圖), 관음도(觀音圖)를 본 것이 확인된다. 물론 이 회화 작품들 속에 슈분이 그린 것이 포함되어 있을 가능성이 매우 크다. 조선의 학자들이 일본 회화 작품을 보았듯, 슈분도 조선에서 체재한 1년 반 동안 조선의 회화 작품을 보았을 가능성도 배제할 수 없다.

슈분은 사애 중에서 도연명의 국화를 화제(畫題)로 1425년 귀국을 하자마자 「도연명상국도(陶淵明賞菊圖)」(〈도8〉)를 제작하였다. 이 작품은 화면 하단에 슈분(周文)의 인장이 있다. 소폭이지만 인물의 표정이 매우 섬세하게 표현되어 있다. 도연명이 좌측 상단을

〈도8〉 「도연명상국도(陶淵明賞菊圖)」, 전 슈분 (周文), 일본 우메자와기념관(梅澤記念館)
『禅林画賛: 中世水墨画を読む』, 東京: 每日新聞社, 1987, pp. 156~158.

61) 「圭籌,梵齡求所持山水圖及道號與詩, 直集賢殿魚變甲作山水圖曰: 層巒萬仞, 流水千回, 雲嵐樹梢, 樓閣巖隈, 隱映出沒, 方壺,蓬萊,上人意匠, 迥奪天機, 模寫之妙, 莫究其微, 嗚呼! 豈所謂觀摩詰之畫, 畫中有詩者歟? 直集賢殿兪尙智山水圖詩曰: 烟水雲山淡又濃, 參差樓閣樹重重, 盤回石徑無尋處, 轉入岧嶢第幾峰,集賢殿校理兪孝通詩曰: 有客來携山水圖, 乍看無乃寫方壺, 層巒隱見雲千疊, 古寺微茫樹數株,集賢殿副提學申檣詩曰: 樹林蓊鬱蔭層

응시하는 모습에는 비장함이 스며 있다. 도연명의 주위에는 흰 국화가 피어 있다. 이 도상은 중국 송대의 양해(梁楷)의 「동리고사도」(〈도4〉)에서 형성된 도상을 계승하고 있다. 이 도상이 조선전기에도 공유되었으리라 추정된다.

슈분의 「도연명상국도」에 무로마치시대 중기에 임제종의 승려로 오산문학의 시문에 뛰어난 이쇼 도쿠간(惟肖得巖, 1360~1437)이 1425년 찬문을 썼다. 이쇼 도쿠간은 도연명 「음주」의 시문을 그대로 인용하지 않고, 자신의 해석을 담아 "의절한 선대의 현인(도연명)에는 다른 의견이 없다. 그 풍류가 흩어진 것이 이 그림에 다 모여 있다. 각각 노란 국화에 고귀한 뜻을 기탁하고, 풀 사이에 핀 유기노(劉寄奴)를 무시한다. 1425년 맹동 초설노납 엄[義節前賢異論無, 風流蕭散儘堪圖, 離々黄菊託高趣, 奴視草間劉寄奴, 乙巳孟冬, 蕉雪老衲 巖]"이라고 찬문을 덧붙이고 있다.[62] 도연명과 유기노를 대비시키면서 유학적 가치관을 부각시키는 표현법은 일본 회화에서 매우 이례적인 예이다. 슈분이 조선에 체류하는 동안 회화를 통한 집현전 학자들과의 교유를 통해 유학적인 가치관에 영향을 받았다고 추정된다.

조선 학자들도 충절의 신하로서 도연명과 변절의 권력자로서 유기노를 대조시키는 경우가 많았다. 유기노는 송의 무제(武帝)가 된 유유(劉

樓, 萬頃波頭一葉舟, 絶壁遙岑相隱映, 看來却訝在丹丘,集賢殿直提學金尙直竹軒詩曰: 地僻居仍靜, 開軒對竹林, 自將淸瘦態, 不受雪霜侵,月上篩金色, 風來戛玉音,高師遣有相, 讌坐樂無心, 申檣梅窓詩曰: 玉蘂嬋姸冒雪開, 淸標宜作百花魁,歲寒心事誰相識? 唯有高人出定來, 魚變甲雪庵詩曰: 雪岳凌空聳幾層? 庵中面壁一高僧, 神淸骨冷心無累, 不瞰人寰熱腦蒸, 集賢殿副校理安止畫觀音讃曰: 蒼灣一曲, 翠壁千疊, 素衣眞相, 淵澄月白, 身在於斯, 心則無着, 於諸衆生, 發苦與樂」(『朝鮮王朝實錄』 世宗 23卷, 6年(1424) 1月 25日)

62) 島田修二郎·入矢義高 監修, 『禅林画賛: 中世水墨画を読む』, 東京: 毎日新聞社, 1987, pp. 156~158.

〈도9〉 황국(黃菊)

〈도10〉 유기노(劉寄奴)

裕)의 이름인 동시에 황국(〈도9〉)과 같이 노란 꽃이라는 점에서 국화와 유기노 꽃(〈도10〉)은 도연명과 유유를 비유하는 이중적인 구조이다.[63)]

예를 들어 서거정(徐居正, 1420~1488)은 노사신(盧思愼, 1427~1498)소장의 인물 화첩을 보았는데, 화첩에는 장자(莊子), 백아(伯牙), 엄광(嚴光), 도잠(陶潛), 장한(張翰), 위징(魏徵), 왕휘지(王徽之, 子猷), 맹호연(孟浩然), 주돈이(周敦頤, 濂溪), 임포(林逋, 和靖)가 포함되어 있었다. 서거정은 도연명도를 감상하면서 유기노를 언급하였다.[64)]

> 도잠(陶潛)
>
> 중원이 유기노로 인해 몹시 불안하던 때 [中原草草劉寄奴]
>
> 전원이 날로 묵어가는 걸 그 어찌하리오 [其奈田園日就蕪]
>
> 오두미에 허리 굽힘은 내 일이 아니거니와 [五斗折腰非我事]

63) 芳澤勝弘,「『画賛解釈についての疑問』–五山の詩文はどう読まれているか–『禅林画賛』毎日新聞社) の再検討のシリ-ズの中」

64)「陶潛, 中原草草劉寄奴, 其奈田園日就蕪, 五斗折腰非我事, 候門稚子不須辜」(徐居正,『四佳詩集』卷四十,「題宣城藏十畫」)

기다리는 어린애도 저버려선 안 되고말고 [候門稚子不須辜]

(徐居正,『四佳詩集』卷四十,「題宣城藏十畫」)

조선 시대 박상(朴祥, 1474~1530)은 도정절집 판본의 발문에서도 유유와 같은 이름을 쓰는 유기노라는 풀에 비유하였다.[65]

요약하면 조선 전기에는 '사애(四愛)'의 개념 속에서 채국동리도가 수용되었다. 조선의 왕실 학자들은 도연명이 국화를 들고 있는 채국동리도를 충절의 상징으로 수용하였다. 그리고 조선의 학자들은 이러한 유학적 가치를 일본과도 공유하고자 하였다. 이러한 조선 학자들의 도연명에 대한 유학적 해석은 무로마치시대의 화가 슈분이「도연명상국도」(〈도8〉)에서 도연명의 절개와 비장함을 표현한 계기가 되었다고 평가할 수 있다. '사애'는 슈분 이후에 일본에서 하세가와 도하쿠(長谷川等伯, 1539~1610)가『도하쿠화설(等伯画説)』에서「사애당(四愛堂)」에 대해 구체적으로 기술한 후, 막부의 어용화가(御用絵師)인 가노파(狩野派) 화가들이 대대로 사애도를 제작하게 되는 실마리가 되었다.

65)「右靖節先生詩集, 康州須溪本, 不但文集之不具, 而其所載且有闕失, 是豈陶氏之全書耶, 余嘗得國朝李夢陽所校定詩文兩帙, 盥手百遍, 先生平生製作, 未必止此, 而亦可以見其大略矣, 圖壽傳於東夏, 蓋有年矣, 去歲秋, 因都事朴君, (遂良) 復於監司孫相公, (仲撒) 請刊授學徒, 公忻然以允, 下符本州所管六州, 材旣鳩而書未入梓, 孫相承召, 朴君見代, 今監司趙相公, 玉崑) 都事尹君 (漑續至, 尤加軫念, 簡一路傷工若干人, 優其稍食, 以勸課之, 月再轂而手以斷謁, 於戲,誦其詩讀其書, 不知其人可乎, 知其時之不可爲, 則高蹈遠引, 賢者避世也, 宗國革易, 則誓死不出, 忠臣不事二姓也, 夫東籬采菊, 乃西山采薇之遺義, 而霑衣秦良, 則諷切反君事讎之微意存, 寄情荆卿, 則沐浴請討弑逆之鈇鉞寓, 所謂草中恐生劉寄奴, 落絮不與江波東之句, 非附諂先生, 而世不察, 以爲沈冥逃世, 睹其粗迹耳, 然則知先生者惟朱子, 不有綱目表尊之, 幾與頌酒之劉伶, 同歸放達矣, 此余所以汲汲求詩文鏤播, 庶使知者興懷, 而彼二公兩佐四君子之用力, 實未嘗不在是已, 覽者審焉, 皇明嘉靖元年壬午秋七月上澣, 通訓大夫忠州牧使朴某, 謹跋」(朴祥,『訥齋先生續集』卷四,「靖節陶徵士詩集跋」)

⑶ 채국동리도와 주자학적 가치관

조선의 17세기에는 채국동리도의 주자학적인 성격이 강화되었다. 먼저 조선 중기 한문사대가(漢文四大家)의 한 사람으로 병자호란 때에 척화파(斥和派)로 청나라에 끌려갔던 이식(李植, 1584~1647)은 주자학의 입장에서 도연명을 해석하였다. 이식은 『택당집(澤堂集)』에서 도연명의 시는 성정의 측면에서 가장 올바르기 때문에 주자(朱子)도 그 시를 배워야 한다고 말했는데, 다만 그 문자가 질박(質朴)한 만큼 오로지 그것만을 배울 수는 없으니, 가장 좋은 것으로 40여 편 정도를 추려서 읽는 게 좋다고 하였다.[66)]

노론의 영수인 송시열(宋時烈, 1607~1689)은 도연명을 주자학적인 가치관에서 해석하는 것을 한층 강화하였다. 송시열은 1668년(현종9) 10월 「도산정사기(陶山精舍記)」[67)]에서 '도산'이라는 이름이 중국 화가 맹영광(孟永光)[68)]의 「연명채국도(淵明採菊圖)」의 도연명에서 유래한 것임을

66) 「淵明詩, 性情最正,朱子以爲可學,但文字質朴,不可專學,最好者四十餘首抄讀」(李植, 『澤堂先生別集』 卷十四, 「學詩準的」)

67) 「參議金公旣祔葬於文正先生之兆下, 其孤延之昆仲無以寓其哀慕之懷, 則遂就其阡隧之外, 立小屋數架, 因地名名以陶山精舍, 蓋倣晦翁寒泉遺制也, 旣而遣其昌國諸胤, 就愚而問曰, 陶山是退溪李先生之自號, 今亦取而名之者, 無亦有相嫌者耶, 愚曰 禮不敢與世子同名, 然臣名在先則不改焉, 今陶山之名, 其來甚久, 則豈可以偶同於李先生之自號而爲嫌哉, 且魯中闕里之名, 猶以稱於晦翁之居, 則今日之爲, 未知其爲不可也, 且延之昆仲非特因其地名而已, 文正先生留瀋時, 中朝人孟英光慕先生義, 來獻淵明採菊圖, 而就丹花心, 以寓深意, 今者垂在中堂, 又適相符, 則陶山之名, 雖自我作古可也, 大抵無心冥會, 卽是眞境, 此地之名, 不知創於何代, 而今日乃有淵明眞像來在此堂, 雖曰無心冥會, 而造物者實有心也, 旣曰造物者有心, 則延之昆仲雖亦有心於嫌避, 安得以自已也, 又嘗記晦翁詩, 余生千載後, 獨歎淵明賢, 結廬倚蒼峭, 擧觴酹潺湲, 今欲並置先生像, 每値九月之日, 使村翁野老, 得以酌淸泉泛寒英, 薦之堂中, 而又刻醉石二字於巖面, 以備山中之一故事, 未知如何, 幸僉賢財處之, 崇禎戊申十月日, 恩津宋時烈謹記」(宋時烈, 『宋子大全』 卷一百四十一, 「陶山精舍記」)

68) 맹영광(孟永光)은 1645년 소현세자를 따라 조선에 왔다가 1648년 중국으로 돌아갔다.

밝혔다. 도산정사는 김수증(金壽增, 1624~1701)이 조부와 부친의 묘소가 있던 곳에 지은 건물이다. 이것은 주자(朱子, 朱熹, 1130~1200)가 어머니 묘소 곁에 한천정사(寒泉精舍)를 세우고 학자들과 담론하기도 하며, 려동래(呂東萊)와 함께 「근사록(近思錄)」을 편찬한 고사를 따른 것이다.

김수증은 맹영광의 「연명채국도」를 도산정사에 걸었다. 이 그림은 김수증의 조부인 김상헌(金尙憲, 1570~1652)의 의로운 기상에 감동한 맹영광이 선물한 것이라고 한다. 김상헌은 1639년 청나라가 명나라를 공격하기 위해 요구한 출병을 반대하는 상소를 올렸다가 청나라의 요구로 압송되어 4년 뒤에야 풀려난 바 있다.

나아가 송시열은 「도산정사기」에서 주자가 도연명을 인용한 취석시(醉石詩)를 재인용하면서, '취석(醉石)'이라는 글씨를 도산정사 인근의 바위에 새겨둘 것을 제안하였다. 「취석」은 『주자어류(朱子語類)』 권 138에서 여산(廬山) 앞을 흐르는 강물 가운데 반석이 있는데, 도연명이 취하여 이 바위에 누워 잤다고 하여 연명취석(淵明醉石)이라 한다는 고사에서 뜻을 취한 것이다. 송시열은 다음과 같은 주자의 시를 인용하였다.

> 내가 도연명보다 천 년 뒤에 태어나서 [余生千載後]
> 도연명의 현명함을 감탄한다. [獨歎淵明賢]
> 푸르고 가파른 산에 집 지어 놓고 [結廬倚蒼峭]
> 졸졸 흐르는 물을 떠서 드리네 [擧觴酹潺湲]
> (宋時烈, 『宋子大全』卷一百四十一, 「陶山精舍記」)

나아가 송시열은 도산정사에 도연명의 그림과 함께 주자의 그림도 걸어두고, 매년 9월에 서리 맞은 꽃송이를 당(堂)에 올리도록 하였다.[69] 9월은 중양절일 뿐만 아니라 주자의 생일이 9월 15일이기 때문이다.

이처럼 송시열은 도산정사를 도연명과 주자를 통해 생생하게 체화된 주자학적 공간으로 설정하였다.

송시열은 1646년(인조 24)에 김상헌에게 경정하는 시에서 김상헌을 도연명, 고려의 이색과 정몽주(鄭夢周, 1337~1392)의 지조를 지킨 충신의 계보를 계승하였다고 평가하였다.[70)]

> 이름은 셋으로 나뉜 세상에 떨치고 [名振三分世]
> 몸은 다섯 버드나무가(도연명)에 한가로워 [身閒五柳邊]
> 문장은 목은 선생을 따르고 [文章追牧老]
> 사업은 포은 선생을 이었네 [事業接烏川]
> 주 나라 높임을 말씀 않으실까 [未說尊周事]
> 장차 위 나라 황제편을 깎아 버릴 텐데 [行刪帝魏編]
> 서울 백성 환영하는 자 없으니 [都民無手額]
> 하늘의 뜻 정해져서 그러한가 [天意定由然]
> (宋時烈, 『宋子大全』卷三, 「敬呈淸陰金先生 尙憲焗丙戌」)

송시열은 1672년(현종 13) 11월 김수증이 그린 김시습(金時習, 1435~1493)의 초상화에 대해 쓴 「매월당화상발(梅月堂畫像跋)」[71)]에서 도

---

69) 宋時烈, 『宋子大全』 卷一百四十一, 「陶山精舍記」 재인용. 「又嘗記晦翁詩, 余生千載後, 獨歎淵明賢, 結廬倚蒼峭, 擧觴酹潺湲, 今欲並置先生像, 每値九月之日, 使村翁野老, 得以酌淸泉泛寒英, 薦之堂中, 而又刻醉石二字於巖面, 以備山中之一故事, 未知如何, 幸僉賢財處之, 崇禎戊申十月日, 恩津宋時烈謹記」(宋時烈, 『宋子大全』 卷一百四十一, 「陶山精舍記」)

70) 「名振三分世, 身閒五柳邊, 文章追牧老, 事業接烏川, 未說尊周事, 行刪帝魏編, 都民無手額, 天意定由然」(宋時烈, 『宋子大全』 卷三, 「敬呈淸陰金先生 尙憲焗丙戌」)

71) 「孔子序列先世聖賢多矣, 而惟以斷髮文身之泰伯, 並稱至德於三分天下以服事殷之文

산정사에 도연명의 '취석(醉石)', '고송(孤松)', '오류(五柳)'를 새겨놓은 것이 김시습의 초상화와 연결된다고 평가하였다.

김상헌은 맹영광의 「연명채국도」를 보고 자신도 그림을 그렸을 단서가 이하곤(李夏坤, 1677~1724)의 기록을 통해 확인된다. 이하곤은 1708년 진사에 급제하였으나 벼슬에는 별로 뜻이 없어 일찍 고향 진천으로 내려가 학문과 서화에만 힘썼는데, 그는 맹영광의 국화 그림을 보고 다음과 같이 감상을 썼다.[72] "예전에 청음선생(김상헌)이 도연명채국도를 그렸다. 국화가 모두 단심(꽃의 심부분이 붉은 색)이었다[甞作淸陰先生作淵明採菊圖, 菊皆丹心]"라고 회상하면서, 맹영광이 국화의 단심을 그린 것은 절개를 존중한 것이며, 또한 자신의 고향을 잊지 않는 것이라고 해

王, 先儒以爲其指微矣, 東俗好古, 其藏古聖賢遺像者亦多矣, 而今延之獨摹梅月公之眞, 將結茅於公所遊春川之山谷而掛置之, 余竊諦審之, 其髭鬚雖在, 而冠服則正緇流所著也, 余嘗按栗谷先生奉敎所撰公傳, 公少爲儒生, 中爲緇流, 晩嘗長髮歸正, 臨終時更爲頭陀像, 蓋三變其形矣, 獨乃留此緇像而自贊焉者, 豈亦有意存乎其間耶, 蓋公出家放迹, 實欲藏晦其身, 然百世之下, 見其氣象精神於片幅之上者, 猶知其爲梅月公矣, 今年夏, 成公三問神主忽出於仁王山斷麓下, 京外士夫奉安於洪州地魯恩洞, 後之君子其有並稱二公, 如孔聖之言者耶, 其不落莫否耶, 延之旣爲其大王考石室先生, 刻置淵明, 醉石, 孤松, 五柳等名號於陶山, 復繼以此擧, 其所感者深矣, 嗚呼, 雖使公生存, 不過七尺之軀矣, 今乃輸在七八寸矮絹, 而論者謂其顯晦之所關, 在於世道者何也, 壬子十一月日, 恩津宋時烈跋, 右梅月公眞像, 安東金延之所摸寫而傳於世者也, 嗚呼, 使公而生存, 不過七尺之軀矣, 今乃輸在七八寸矮絹, 而論者謂其顯晦之所關, 在於世道者何也, 年月日, 恩津宋時烈觀於華陽之洞而題其左方, 初欲略備其事實, 故有前作矣, 旋以片幅之餘, 難於排寫, 故改之如此, 只在財處耳」(宋時烈, 『宋子大全』 卷一百四十七, 「梅月堂畫像跋」)

72) 「樂痴生孟氏名永光, 又自號月心, 會稽人也, 明末陷虜中, 後隨麟坪大君東來, 出入士大夫間, 多留手蹟, 故今好事家靡不有之, 筆法師李伯時, 馬和之, 極精細, 好作人物仙佛神鬼仕女, 種有態, 畫端又必手自題識, 或用古人語, 或自作以寓其淪落異邦之感, 余每見之, 未甞不悲其意也, 甞作淸陰先生作淵明採菊畐, 菊皆丹心, 盖高先生之節, 以比之淵明, 而又丹其花心, 以表先生尊周之赤衷, 其意尤不悲哉, 嗚呼, 昔鄭所南畫蘭不畫土, 以自況也, 今樂痴生寫丹心菊, 以尊他人之節, 自外而觀之, 其事雖不同, 及其不忘故國, 托意深遠, 則葢未始不同也, 然則夫其徊徨 踢躅於腥膻裘馬之間者, 又豈其本志也哉, 雖百世之下, 可以想見其心事也, 至其畫品之高下, 何必論也, 又何足論也, (右題孟永光山水人物)」(李夏坤, 『頭陀草』 冊十八, 「題一源爛芳焦光帖(李景芳畫漫漶, 孟永光畫間有燒火處, 名之以此」)

〈도11〉「동리채국도(東籬採菊圖)」, 정선(鄭敾), 조선 시대, 국립중앙박물관 덕수1191~007(『국립중앙박물관 한국서화유물도록』 제11권, 서울: 국립중앙박물관, 2001, pp. 14~15)

석하였다. 이것을 한마디로 요약하자면 국화를 통해 도연명의 일편단심(一片丹心)의 절개를 강조한 것이다.

김수증(金壽增, 1624~1701)의 동생 김수항(金壽恒, 1629~1689)의 셋째 아들 김창흡(金昌翕, 1653~1722)은 신심(申鐔)이 소장한 그림 병풍에 제발[73]을 썼는데, 그 중에 도연명의 채국동리도가 포함되어 있었다.

맹영광의 「연명채국도」는 어떤 그림이었을까? 그 단서로서 김수항의 아들인 김창집(金昌集, 1648~1722)의 천거로 약관에 도화서의 화원(畵員)이 된 정선(鄭敾, 1676~1759)의 「동리채국도(東籬採菊圖)」(〈도11〉)에 주목하고자 한다.

73) 「小兒門候，大兒驢扶，花東柳西，溪路中紆，落景銜山，醉鄉之愁，(浣溪醉歸)
花紅如錦，遍地皆春，六六之宮，視此天津，從我者誰，伊會心人，(天津賞花)
雲松兩株，澗有飮鹿，風來自遠，韻動崖谷，停琴矯首，壠雲在矚，(茅嶺聽松)
密林含籟，層雪洒瀑，委羽散髮，橫臥李白，松梢有鶴，亦同其適，(青林洒風)
菊有晩香，霜後可餐，泛以忘憂，頹臥籬間，邂逅雲際，廬岫送顔，(東籬採菊)
蒹蒼葦白，秋水瀏瀏，有老皤然，一竿在手，久矣忘機，人呼釣叟，(西塞垂釣)
開戶皎然，招隱其懷，船隨興轉，興盡船廻，衡扉半掩，孤嘯悠哉，(剡溪回棹)
梅橫籬落，船在湖心，戞然長鳴，來我家禽，一笑廻棹，騎驢客臨，(孤山放鶴)」
(金昌翕，『三淵集』 卷十一，題申翼仲(鐔) 畵屛)

〈도12〉「동리음주도(東籬飮酒圖)」, 필자 미상, 조선 시대

〈도13〉「동리채국도(東籬採菊圖)」, 필자미상, 조선 시대

정선은 김창집과의 관계로 미루어 볼 때, 김창집의 증조부가 맹영광에게 받은 연명채국도를 보고 자신의「동리채국도」를 그렸을 가능성이 매우 높다. 먼저 인장은 송시열이 도산정사기에서 강조한 '취석(醉石)'을 인장으로 사용하고 있다.

채색에 있어서 정선은 담채를 사용하여 채색화가로 유명했던 맹영광이 김상헌에게 준 연명채국도가 채색화였고, 이것을 정선이 보았을 가능성을 시사한다.

모티프에 있어서 정선은「음주」오(五)에 표현된 소재를 모두 묘사하려고 노력하였다. 도연명은 울타리에 국화꽃이 핀 배경으로 앉아서 남산을 바라보고 있다. 소나무를 배경으로 앉아 있는 모습은 도연명이 국화를 들고 표표히 걸어가는 비장함이 감도는 중국 회화의 도상과 매우 다르다. 이렇듯 정선은 자신의 화법으로 국화는 동그라미를 노랗게 채색하여 만개한 황국을 표현하고, 술잔으로 음주라는 시를 강조하였다.

더불어 정선의「동리채국도」외에 두 작품을 예로 들고자 한다.「동리음주도(東籬飮酒圖)」(〈도12〉)는 도연명의 초옥, 울타리, 국화, 남산, 국화를 모두 묘사하였다. 위에서 집안을 내려다보는 듯한 부감법을 이용한 시점은 문백인(文伯仁)의 「산수」(〈도7〉)에서 보이듯 명대 이후의 구도이다. 「동리채국도(東籬採菊圖)」(〈도13〉)는 도연명이 두 동자를 데리고 문 앞에 서서 남산을 바라보는 장면으로 민화풍의 졸박함이 느껴진다. 조선 시대의 동리채국도는 공통적으로 도연명과 국화만을 선택하고 나머지를 생략하는 선택적인 도상보다, 가능하면 많은 모티프를 묘사하는 형식이 선호된 듯하다.

6. 결론

고려와 조선 시대 문인들에게 도연명은 유학적 이상(理想)이었다. 도연명의 시와 그림에 대한 공감을 통해 고려의 신흥사대부와 조선의 양반 관료들은 권력으로부터 멀어지더라도 자아의 유학적 가치를 더욱 확고히 고수하겠다는 의지를 다졌다. 본고에서 구체적인 예를 통해 고찰한 도연명도는 다음과 같이 유학적 가치관으로 요약된다.

첫째, 호계삼소도는 14세기 고려말의 이색의 시와 조선전기의 서거정의 시를 통해 다수 확인된다. 그러나 조선 시대 유학자들이 고려시대 문인들과 달리 유불도의 삼교합일이라는 주제를 그다지 선호하지 않게 되면서, 호계삼소도는 조선 시대 15세기말 이후에는 유행하지 않게 된다.

둘째, 고려와 조선 시대의 문인들은 국화가 도연명의 충절을 상징한다는 유학적 가치관에서 국화 분재를 문인 취미로서 수용하였다. 반면 조선 왕실에서 단종, 세조, 연산군과 같이 정치적 소용돌이에 있었던 왕들이 충절이라는 유학적 가치보다 국화 분재를 장수의 상징이라는 것에 집착한 것과 대조된다.

셋째, 조선 시대의 채국동리도는 한중일의 교류 속에서 조선 시대 예술의 유학적 가치관을 극명하게 시사한다. 일본의 무로마치시대의 화가로서 조선에 왔던 슈분이 귀국하자마자 그린 「도연명상국도」의 제발에 나타난 유학적 가치관은 조선에 체류하는 동안 받은 영향이라고 추정된다. 또 다른 예로서 노론의 송시열은 도산정사기에서 중국 화가 맹영광이 김상헌에게 준 연명채국도에 주자학적 가치를 부여하면서, 김상헌, 손자 김수증과 김수항 형제, 증손자 김창집, 그리고 화가 정선까지 도연명에 대한 강력한 유학적 가치관이 계승되도록 하였다.

결론적으로 도연명도는 고려와 조선 시대에 유학적 가치관을 통해 수용되고 확대되었다. 이것은 중국 예술의 원형을 수용하는 과정에서 우리나라에 맞는 유학적 감성과 가치관을 통해 해석된 것이다. 우리나라의 유학적 가치관은 동일한 중국의 예술원형을 수용하고 변용했던 일본 문화와 대별되는 중요한 미적 특징이라는 것으로 마무리하고자 한다.

참고문헌

『古文眞寶』

『芥子園畵傳』

『東文選』

『朝鮮王朝實錄』

『新增東國輿地勝覽』

權五福『睡軒集』

金宗直『佔畢齋集』

南孝溫『秋江冷話』

南孝溫『秋江先生文集』

朴祥『訥齋先生續集』

徐居正『四佳詩集』

宋時烈『宋子大全』

申翼相『醒齋遺稿』

虞集撰『伯生詩續編』

尹拯『明齋先生遺稿』

李健命『寒圃齋集』

李穀『稼亭先生文集』

李肯翊『燃藜室記述』

李奎報『東國李相國全集』

李穡『牧隱詩藁』

李植『澤堂先生別集』

李原『容軒先生文集』

李瀷『星湖僿說』

李齊賢『益齋亂稿』

李齊賢『櫟翁稗說』

李夏坤『頭陀草』

趙浚『松堂先生文集』

도록

『淵明逸致特展圖錄』, 臺北: 國立故宮博物院, 1988. 7.

연구서 및 논문

선승혜, 「일본문인화에 있어서 도원도(桃源圖)의 수용 사상: 仇英과 谷文晁의 도원도 비교연구」, 『미술사학』 16, 2002, pp. 25~47.

선승혜, 「행복론: 이공린(李公麟) 〈귀거래도(歸去來圖)〉의 감상법」, 『동아시아 문화와 사상』 12호, 서울: 동아시아문화포럼, 2005.

선승혜, 「현실과 이상 사이: 도연명(陶淵明)의 미학 사상」, 『미학』 48권, 서울: 한국미학회, 2006, pp. 29~61.

선승혜, 「일본 회화의 호계삼소도(虎溪三笑圖)에 관한 연구」, 『동원학술논문집』, 서울: 한국고고미술학회, 2006, pp. 153~172.

임채명, 「조선전기(朝鮮前期) 문인(文人)들의 일본국왕사(日本國王使) 대응(對應)의 한 단면(斷面)-이륙(李陸)의 송일본승성진수좌환국시서(送日本僧聖津首座還國詩序)」를 중심으로」, 『한문학논집』, 근역한문학회, 2006, pp. 5~23.

Nelson, Susan E. "Revisiting the Eastern Fence: Tao Qian's Chrysanthemums," The Art Bulletin, Vol. 83, No. 3(Sep., 2001), pp. 437~460.

島田修二郎・入矢義高　監修, 『禅林画賛: 中世水墨画を読む』, 東京: 毎日新聞社, 1987.

角井博 「ニ祖調心図〈伝石恪画"E重要文化財〉に付属する虞集跋の問題」, 『MUSEUM』 400号, 東京: 東京国立博物館, 1984. 7.

藤本幸夫, 『日本現存朝鮮本研究』 集部, 京都: 京都大学学術出版会, 2006.

宣承慧, 「帰郷のイメージ: 韓国と日本の帰去来図について」, 『MUSEUM』 61号, 東京: 東京国立博物館, 2008.4, pp. 25~53.

宣承慧, 「朝鮮後期の桃源図について」 『アジア遊学-朝鮮王朝の絵画東アジアの視点から』 120, 東京: 勉誠出版, 2009.3, pp. 28~41.

혜원 신윤복 회화언어(繪畵言語)에 나타난 조선 후기의 반(反)유가담론*

임태승

1. 서(緖)

조선 후기는 상업의 발달, 연행(燕行)과 사행(使行)을 통한 중국과 일본 문화의 유입, 경제력을 기반으로 한 중인계층과 경화세족(京華世族)의 계급적 안정을 배경으로 한 도시(특히 서울) 유흥의 발달이 이루어졌던 시기이다.[1] 17세기 이후 조선조는 국가질서를 회복하기 위해 예교(禮敎)를 더욱 강조하였음에도 불구하고, 성애를 다룬 다양한 문예양식은 조금씩 확대되어 갔다. 소설류와 희극, 그리고 춘화의 유통이 그것이다. 춘화의 유통과 확산은 당대의 문화사에서 중대한 의미를 지닌다. 시

---

* 이 글은 "Ridicule through Lotus: the Anti-Confucian Discourse in Shin Yun-bok's Painting Language"라는 제목으로 *Korea Journal*의 Vo. 52 No. 2 pp.116~135에 실렸던 논문을 수정, 번역한 것이다.

1) 김경미, 「조선 후기 성 담론과 소설 속에 재현된 섹슈얼리티」, 2008년 韓國漢文學會 夏季學術大會

각 예술은 이미지 자체를 눈으로 보도록 재현하였다는 점에서 어떤 외설적인 문학 작품보다 자극적이고 선명한 자극과 충격을 줌으로써 당대의 도덕과 가치에 균열을 일으키는 데 크게 기능하였다.[2] 당시 반상(班常)을 구분한 성리학 이념의 폐쇄적 굴레에서 볼 때, 서울의 향락풍조를 중심으로 현실사회상을 꼬집은 혜원(蕙園) 신윤복(申潤福, 1758~?)의 풍자는 사대부의 윤리관이나 체면치레에 일격을 가하는 것이다. 또 그에 정면으로 도전한 사회의식도 깔려 있다.[3]

하지만 혜원의 그림을 통해 "성의 문제를 인간의 본능이나 욕망의 문제와 연결하여 인간성 긍정 및 근대성의 표지로 읽어 내거나, 섹슈얼리티에 작동하는 권력과 정치성의 문제를 다루면서 인간의 성은 비단 본능이나 욕망의 문제가 아니라 사회적이고 문화적인 함의들, 다양한 사회적 힘, 권력과 담론들의 관계에서 생겨나는 것, 즉 성이란 '자연적'인 현상이 아니라 사회적, 역사적 힘의 산물"[4]이라는 점을 증명한다든지, 혹은 "섹슈얼리티의 문제가 억압과 해방의 문제를 넘어서는 정치적인 문제이며 미시적 권력 관계를 보여주는 문제"[5]라는 점을 밝히고자 시도하는 것은 너무 벅찬 일이다. 혜원은 다만 중인으로서 일개 화원화가라는 미약한 존재였다.

이 글은 혜원 신윤복의 『혜원진신첩』에 수록된 연꽃과 연관된 그림을 위주로 한 여러 속화(俗畵) 작품을 사례로 하여, 혜원이 당시대 부조리

---

2) 진재교, 「조선조 후기 문예공간에서의 성적 욕망의 빛과 그늘—예교, 금기와 위반의 拮抗과 그 辨證法—」, 2008년 韓國漢文學會 夏季學術大會 참조.

3) 이태호, 『조선 후기 회화의 사실정신』, 서울, 학고재, 1996, pp. 243-244 참조.

4) 제프리 윅스, 『섹슈얼리티: 성의 정치』, 서동진 외 역, 현실문화연구, 1997, p. 18.

5) 김경미, 앞의 논문.

와 부조화로 점철된 유교사회의 현실상을 비판했던 작가정신을 고찰해 보고자 한다. 이러한 비판 혹은 폭로가 메타 언어와 중위적(重位的) 기법(技法)의 사용을 통한 기롱(譏弄)의 방식으로 표출되었다는 점을 규명하며, 궁극적으로 19세기를 전후한 조선사회의 망탈리테적 단면을 분석해 보려는 것이다.

2. 중위적(重位的) 회화언어, 동일 아이콘의 이중 코드

혜원의 작품에 대한 분석의 잣대인 메타 언어와 중위적 기법은 일정 정도 초현실주의 화가인 르네 마그리트(René Magritte: 1898~1967)의 메타 언어와 데페이즈망(dépaysement)으로부터 착안한 것이다. 마그리트의 조형세계는 인간 정신의 진정한 자유를 위해 기성과 현실의 경직된 질서 체계를 정확하고 세밀한 이미지를 통해 회화적으로 꼬집고 뒤집는 기묘하고도 야릇한, 비평적인 예술창작이다. 마그리트가 자신의 회화정신을 드러내기 위해 사용한 특징적 방식은 다음 두 가지이다. 하나는 위치전위법으로 부를 수 있는 '오브제의 데페이즈망'이고 다른 하나는 '메타 언어'이다. 데페이즈망이란 기법은 "사물을 비이성적으로 병치해 당황스러움을 야기하는 시각적 은유"[6]라 할 수 있는데, 일상적 사물을 통해 낯선 분위기를 만들어 낯익은 물체를 뜻하지 않은 장소에 놓음으로써 몽환적이고 충격적인 화면을 구성함으로써 보는 사람 마음

6) Alan Bowness, *Modern European Art: from Impressionism to Abstraction,* Thames & Hudson Ltd., London, 1972; 이주은 역,『모던 유럽 아트 : 인상주의에서 추상미술까지』, 시공아트, 서울, 2004, p. 197.

〈그림 1〉「아르곤의 전투」

〈그림 2〉「단어의 사용 I」

속 깊이 잠재해 있는 무의식의 세계를 해방시키는 역할을 한다. 예컨대 중력의 법칙이 역설적인 반대 개념인 공중 부양으로 무시된[7]「아르곤의 전투」(〈그림 1〉) 같은 그림이 그것이다. 그렇다면 데페이즈망이란, 화면 속 아이콘의 고정적이고 관습적인 명실관계를 재배치 혹은 재배열하는 기법이다. 다시 말해서 전통적이고 인습적인 '정명(正名)'을 해체함으로써 그것으로부터 기인되었던 지배담론 속에 함몰되어 있는 본질과 자아를 회복시키려는 것이다. 한편 메타 언어란, 말과 사물의 관계를 통해 부조리와 모순을 폭로하기 위해 사용되는 방식이다. 마그리트의 작품 중 메타 언어적 성격이 가장 두드러진 것은 이미지와 텍스트의 본질적 관계를 거론한「이미지의 배반」(〈그림 2〉)이다. 마그리트는 이 그림에서 부조리를 비평과 사고의 언어로 이용하고 있다. 여기서 부조리

---

7) Suzi Gablik, *Magritte*, London, Thames and Hudson Ltd., 1992; 천수원 역,『르네 마그리트』, 서울, 시공아트, 2007, p. 118.

는 우리가 너무도 당연하게 받아들이고 있는 관성적인 상식의 힘인데, 마그리트는 작품 속 '이것은 파이프가 아니다'라는 텍스트를 통해 우리가 지금껏 파이프 그림을 자연스럽게 실제 파이프와 대응시켜 왔던 그 대응구조에 제동을 걸면서 관성적 인식의 부조리를 거역하고 조롱한다. 마그리트는 회화의 언어를 통해 회화 자체를 사고하고 현실을 사고하고 있다. 이는 대상을 사고하고 의미를 소통하기 위해 고안된 언어가 자기 스스로를 사고하고 소통시키는 데 사용되는 언어를 만들어내는 구조인 메타 언어의 구조와 일치한다. 이러한 메타 구조는 반(反)지배담론적 성격이 강하다. 반지배담론적이라는 말은 어떤 담론이 담론의 장에서 헤게모니를 장악하여 자신의 이데올로기를 유포할 때, 그것에 대해 비평을 가한다는 뜻이다.[8] 「이미지의 배반」은 글씨를 그림으로 보여주고 글씨의 결핍을 메우며 나아가 글씨를 연장하고 있으므로 텍스트는 그림으로 그려진 재현이라는 이중의 역설을 담고 있다. 그런데 유가미학적 틀 속에서(예컨대 문인화) 아이콘과 코드의 관계가 바로 이미지(아이콘)와 텍스트(코드), 즉 시각적 이데올로기의 관계이다. 혜원의 속화(俗畵)는 따라서 이러한 유가미학적 이미지와 텍스트 간의 전통적, 고정적 관계(구도)를 조롱의 방식으로 거부, 폄하, 훼절하는 것을 보여준다. 다시 말해서 사물의 형상 속에 담론이 새겨져 부정과 분할의 모호한 힘을 발하는 말과 이미지의 놀이를 보여주는 것이다.

이 글에서 혜원의 속화(俗畵)를 분석하기 위하여 필자는 중위(重位, duplex placement) 기법이라는 방식을 고안하기로 한다. 이 글의 진행에 마그리트의 메타 언어와 데페이즈망은 중요한 소스이자 기제임에도 불구하고, 혜원만의 독특한 회화세계를 간과할 수 없기 때문이다. 중위법

8) 오창섭, 『이것은 의자가 아니다』, 서울, 홍디자인, 2001, pp. 40-47, 64 참조.

(重位法)이란 하나의 아이콘에 대립적인 혹은 상반적인 두 코드를 중복 배치함을 말한다. 마그리트에서의 데페이즈망은 한 화면에 둘 이상의 아이콘(오브제)이 배치되는 것이다. 필자가 말하는 중위법과 마그리트의 데페이즈망은 기법 면에서 성격을 달리함에도 불구하고, 공히 기존의 코드를 '말소'—여기 말소라는 면에서 아이콘(오브제)의 배치는 '재배치'라 부를 수 있다—하고 또 하나의 새로운 코드를 도출하려는 기법이란 면에서 동질의 회화정신을 공유한다. 한편 대립적인 두 코드는 "이것은 그것이 아니다."라는 메타 언어적 구성에 의해 관계 지어 있는데, 이는 마그리트의 "이것은 파이프가 아니다."라는 텍스트가 함축하는 메타 언어와 동질의 것이다. 이러한 중위법의 표현과 메타 언어적 구성은, 기존의 아이콘과 코드의 일대일 조합관계를 갖는 상징화적(유가 미학적, 사의화적, 문인 예술적) 구도와 관성 그리고 그 이면에 담긴 유가이데올로기의 자기장 및 이에 기반을 둔 현실세계의 부조리가 조롱의 방식으로 비판, 고발하는 예술적 효과를 매우 적절하게 수행한다. 필자는 『혜원전신첩』[9]에 수록된 그림의 주제가 '중위법(重位法)을 통한 비판적 조롱'이라 정의한다. 그리고 이러한 주제를 드러내기 위해 사용된 양식이 바로 동일 아이콘의 이중 코드라는 메타 언어적 구성이다.

『혜원전신첩』의 그림들 가운데 동일 아이콘의 이중 코드라는 메타 언어적 구성의 가장 명확한 사례는 「청금상련(聽琴賞蓮)」이다. 푸코의 「이미지의 배반」에 대한 해석에서는 "이것은 파이프가 아니다."가 "어느 곳에도, 파이프는 없다."라는 지점으로 전환되는데[10], 유사한 메타 언어의

9) 지본담채, 28.2×35.6cm, 간송미술관, 국보 135호.

10) 미셸 푸코, 김현 역, 『이것은 파이프가 아니다』, 서울, 민음사, 1995, pp. 40-49 참조.

구성을 보이는 혜원의 그림 「청금상련(聽琴賞蓮)」(〈그림 3〉)[11]에서의 "이것은 연꽃이 아니다."는 "어느 곳에도 연꽃은 없다."를 의미하지는 않는다. 이때 뒤의 문장에서의 '연꽃'은 오직 '군자상(君子像)'을 말할 뿐이기 때문이다. 그렇게 된다면 혜원 그림에서의 연꽃의 또 하나의 코드인 '기생·여성성'은 소멸되고 만다. 혜원은 사상적 지향, 즉 유가의 부흥 등을 추구한 것이 아니라 유가적 부조리 현상을 폭로·조롱한 것이므로 '기생·여성성'은 그 자체로 의미가 있는 것이고 따라서 소멸되어선 안 된다. 그러므로 푸코적 해석에 입각한 마그리트 방식을 혜원 그림에 그대로 적용해선 안 된다. 마그리트 그림 「이미지의 배반」은 이미지와 텍스트 사이의 모순을 통해 인식의 부조리를 그린 것이고, 혜원의 그림은 아이콘과 코드의 불일치, 즉 동일 아이콘과 이중적 코드의 결합을 통해 당시대의 한 단면에 나타난 탈유가(脫儒家)라는 현상을 조롱의 방식으로 폭로한 것이다. 따라서 메타 언어의 응용이라는 면에 한해서만 마그리트를 차용할 필요가 있다. 그렇다면 혜원(蕙園)이 초현실주의를 표현한 것인가? 그렇지 않다. 기존 유가(문인)회화에서의 A['a아이콘-a코드']의 단일 조합 구도를 B['a아이콘-a1코드/a2코드']라는 '동일 아이콘의

〈그림 3〉「청금상련(聽琴賞蓮)」

11) 이하 혜원의 그림 제목은 『蕙園傳神帖』(영인본, 서울, 탐구당, 1974)의 표제를 따른다. 『혜원전신첩』 이외의 그림은 시정에 일반적으로 불리는 제목을 따르기로 한다.

〈그림 4〉「연당(蓮塘)의 여인」

이중 코드'라는 조합구도로 변모시킴으로써 A가 함축한 유가성을 조롱 · 폭로 · 비판한 것이다.

이 그림 속의 연꽃은 속(俗)과 성(聖)의 이중변주를 보여준다. 여기서의 연꽃 아이콘은 군자(愛蓮)와 여성성(女性性)[賞蓮]의 이중 코드를 담고 있다. 연꽃은 사군자는 아니지만 그에 못지않게 군자를 상징하는 식물이다.[12)] 하지만 다른 한편 연꽃은 여성의 성(性)을 상징한다. 연꽃은 서양의 장미와 마찬가지로 처녀성과 순결을 상징하기도 하지만 동시에 여성의 성기를 은유하기도 한다.

후자의 경우는 강한 음욕(淫慾)을 연꽃에 빗대어 표현한 것이다.[13)] 「연당(蓮塘)의 여인」(〈그림 4〉)에 연꽃이란 아이콘의 또 하나의 코드가 완연히 드러나 있다. 이 그림에서는 연꽃이란 아이콘이 여성의 성이란 코드와 단일선상에서 결합한다.

12) 이에 대한 근거는 周敦頤가 지은 「愛蓮說」과 같은 詩나 石濤의 〈愛蓮圖〉 등과 같은 그림에서 찾을 수 있다.

13) 이명옥, 『팜므 파탈』, 서울, 다빈치. 2003, p. 17 참조. 조선 후기의 희곡인 「北廂記」에도 연꽃은 여성의 음부로 표현된 예가 있다. "눈같이 흰 살결이 거의 드러나고 芙蓉이 살짝 나타난다."("雪膚半露, 芙蓉微見") 조선 후기의 소설인 「玉樓夢」에서도 "芙蓉이 그려진 치마를 벗기고"("脫芙蓉裙")라는 표현을 볼 수 있다.

그러나 「청금상련(聽琴賞蓮)」에서는 기존의 유가적, 문인적, 상징적 '아이콘—코드' 조합관계가 해체된 채, 연꽃이란 하나의 아이콘에 군자상과 여성의 성이란 두 가지의 코드가 이중적으로 결합되어 있다. 기존의 상식적 대응구조에서는 양반(선비/문인)은 연꽃을 통해 군자상과 단순 연결되어 있다. 그러나 여기에서는 속적인 영역에서 연꽃과 여성의 성이 대응되도록 연결되어 있는 기생이 함께 등장하면서 '양반—연꽃—기생'의 새로운 대응구조가 생기고, 이로부터 연꽃이란 아이콘은 군자상(양반)과 여성의 성(기생)[14]의 두 코드를 이중으로 함축하게 된 것이다. 혜원이 회화(연꽃의 이중성)를 통해 회화(연꽃)를 사고하는 이러한 메타 언어적 구성을 통해 말하고자 한 것은 무엇인가? 기존의 상식적이고 관성적인 '아이콘—코드' 대응구조에 '이중성'의 구성을 통해 제동을 건 것이자, 상징화에서의 연꽃의 상징성(코드)을 파괴함으로써 그것으로 대변되는 유가이데올로기의 부조리를 폭로한 것이다. 선비는 군자라는 심미기억이 있는 연꽃을 찾은 것이 아니라 기생이라는 욕정의 심미기억이 있는 연꽃을 찾은 것 아닌가. 연꽃이란 아이콘은 선비와의 관계에서 시각적 이데올로기(코드)라는 상징기호(아이콘)로서의 성(聖)의 맥락을 갖는 것이고, 기생과의 관계에서는 속(俗)의 맥락을 갖는다.

여기서 성(聖)의 영역은 과거이고 속(俗)의 영역은 현실이다. 하지만 그렇다고 혜원이 이런 그림을 통해 과거의 유가이데올로기적 이상의 세계로 회귀하자는 메시지를 외치는 것은 아니다. 오히려 타락한 유자(儒者)들의 단면을 폭로함으로써 이 모든 부조리와 퇴폐의 근원이 사실

14) 〈聽琴賞蓮〉에 나오는 남자들의 도포 빛깔이나 호박(瑚珀)으로 만든 갓끈, 그리고 도포에 두른 자주색과 붉은색 띠로 보아 적어도 당상관 이상의 고급관료들이다. 담뱃대를 들고 있는 여인을 볼 때 머리에 가리마를 쓰고 있는 것으로 보아 여기의 여자들은 기생이다.(강명관, 『조선 사람들, 혜원의 그림 밖으로 걸어나오다』, 서울, 푸른역사, 2001, pp. 163-167 참조)

〈그림 5〉「상춘야흥(賞春野興)」

은 유가이데올로기의 자기장(磁氣場)에 있었음을 역설적으로 까발리고 있는 것이다. "이것(연꽃)은 연꽃이 아니다."라는 탈속(脫俗)과 "연꽃은 그것(연꽃)이 아니다."라는 탈성(脫聖)의 이중적 메타 언어를 통해, 이제 연꽃은 반지배 담론의 현시가 되어 있다. 이하 다른 사례에서도 그 구조는 연꽃의 경우와 동일하다.

「청금상련(聽琴賞蓮)」과 「상춘야흥(賞春野興)」(〈그림 5〉)에 보이는 후원[15]이란 아이콘은, 문인공간으로서의 흉중구학(胸中丘壑)과 기방(妓房) 공간으로서의 기생 파티 연회장이란 두 코드를 이중적으로 함축하고 있다. 후원이란 아이콘은 흉중구학(胸中丘壑)과의 관계에서 시각적 이데올로기(코드)라는 상징기호(아이콘)로서의 성(聖)의 맥락을 갖는 것이고, 기방(妓房) 공간과의 관계에서는 속(俗)의 맥락을 갖는다.

금(琴)은 원래 지음(知音) 및 이와 유관한 방우(訪友)라는 코드를 가리키는 아이콘이다. 그러나 「청금상련(聽琴賞蓮)」과 「상춘야흥(賞春野興)」에서의 금(琴)은 음풍(淫風)의 유흥(遊興)을 드러내는 아이콘이다. 금(琴)이란 아이콘은 지음(知音)·방우(訪友)와의 관계에서 시각적 이데올로기(코드)라는 상징기호(아이콘)로서의 성(聖)의 맥락을 갖는 것이고, 유흥(遊興)과의 관계에서는 속(俗)의 맥락을 갖는다.

15) 石築과 돌계단으로 보아 야외가 아닌 고급주택의 후원이다(강명관, 앞의 책, pp. 168-170).

「야금모행(夜禁冒行)」(〈그림 6〉), 「주유청강(舟遊淸江)」(〈그림 7〉), 「청금상련(聽琴賞蓮)」, 「상춘야흥(賞春野興)」 등의 그림 속 양반들에게서 의사문인(擬似文人)[16]의 모습을 볼 수 있다. 더구나 「주유청강(舟遊淸江)」에서의 양반은 상중(喪中)이기까지 하다. 양반이란 아이콘은 문인(文人)과의 관계에서 시각적 이데올로기(코드)라는 상징기호(아이콘)로서의 성(聖)의 맥락을 갖는 것이고, 의사문인(擬似文人)과의 관계에서는 속(俗)의 맥락을 갖는다.

〈그림 6〉「야금모행(夜禁冒行)」

〈그림 7〉「주유청강(舟遊淸江)」

「연소답청(年少踏靑)」(〈그림 8〉)이나 「쌍검대무(雙劍對舞)」(〈그림 9〉)에 보이는 삼회장 저고리[17]는 양반집 여성과 기생 모두가 입는 복식이다.

16) 擬似文人은 신분과 학식만 문인일 뿐 도덕적 사명의식이나 문인문화 및 문인예술에 대한 이해가 없는 부류를 말한다. 청말과 조선 후기에 의사문인층이 많이 형성되었는데, 때로는 買官이나 벼슬하사로 인해 학식조차 없이 신분만 문인층인 부류도 많았다. 의사문인 현상에 대해서는 앞의 졸고 참조.

17) 저고리의 깃, 끝동, 곁마기, 고름을 자주색으로 장식한 저고리.

〈그림 8〉「연소답청(年少踏靑)」

〈그림 9〉「쌍검대무(雙劍對舞)」

따라서 삼회장 저고리라는 아이콘은 양반집 여성과 기생이라는 이중성을 함축한다. 그런데 여기에는 삼회장 저고리가 기생으로부터 양반집 처첩으로 역류되었다는 점[18]에서 훨씬 더 극적인 부조리와 유가의 사회적 권위 훼절의 양상을 엿볼 수 있다. 삼회장 저고리란 아이콘은 양반집 여성과의 관계에서 시각적 이데올로기(코드)라는 상징기호(아이콘)로서의 성(聖)의 맥락을 갖는 것이고, 기생과의 관계에서는 속(俗)의 맥락을 갖는다.

이제까지 살펴본 내용을 표로 정리하면 다음과 같다.

18) "대저 복장에 있어서 유행이라고 부르는 것은 모두 娼妓들의 아양 떠는 자태에서 생긴 것인데, 세속 남자들은 그 자태에 매혹되어 그 요사스러움을 깨닫지 못하고 자기의 처첩에게 권하여 그것을 본받게 함으로써 서로 전하여 익히게 한다. 아 詩禮가 닦이지 않아 규중 부인이 기생의 복장을 하도다. 모든 부인들은 그것을 빨리 고쳐야 한다"(이덕무, 『士小節』: 『국역청장관전서』 6, 민족문화추진회, 1980, pp. 123-124).

[단일 구상 아이콘의 이중 코드]

제목	아이콘	이중 코드	이중적 메타언어 ('이것'은 '그것'이 아니다)	비판
〈聽琴賞蓮〉	연꽃	선비(聖)	이것(사물/연꽃) ≠ 연꽃(군자/선비)	유가 이데올로기의 부조리
		기생(俗)	연꽃(사물/기생) ≠ 그것(연꽃/군자)	
〈聽琴賞蓮〉 〈賞春野興〉	後園	胸中丘壑	이것(사물/後園) ≠ 정원(흉중구학/선비)	
		妓房 공간	後園(사물/妓房공간) ≠ 그것(정원/흉중구학)	
〈聽琴賞蓮〉 〈賞春野興〉	琴	知音·訪友	이것(사물/琴) ≠ 琴(知音·訪友/선비)	
		遊興	琴(사물/遊興) ≠ 그것(琴/知音·訪友)	
〈聽琴賞蓮〉 〈賞春野興〉 〈夜禁冒行〉 〈舟游淸江〉	양반	文人	이것(인물/양반) ≠ 양반(文人/선비)	
		擬似文人	양반(인물/擬似文人) ≠ 그것(양반/文人)	
〈年少踏靑〉 〈雙劍對舞〉	三回裝 저고리	閨房여성	이것(사물/三回裝저고리) ≠ 三回裝저고리(閨房/雅)	
		妓房여성	三回裝저고리(사물/妓房/俗) ≠ 그것(三回裝저고리/閨房/雅)	

3. 지레의 비(比): 이데올로기와 망탈리테

조선 후기 사회는 영·정조 이래 경제·사상·문화면에서 큰 변화와 새로운 바람이 일어났다. 물질적 풍요와 이에 기인한 의식구조의 변화는 성리학적 유가이데올로기 질서의 약화를 초래할 수밖에 없었다. 이는 또한 역으로 유가이데올로기에 의해 유지되어왔던 개개인의 의식과 사회의 긴장이 해이해짐을 의미한다. 경제적, 사상적 새로운 변화와 이에 기인한 유가이데올로기의 약화는 그대로 사회 풍정(風情)에 반영되었다. 그 결과는 가치의 혼돈과 기강의 문란[19]으로 나타났다. 문화는 이러한 변화에 더욱 예민하게 반응하였으며, 회화의 영역에서도 역시 새로운 변화는 일어났다. 그 가운데 가장 명시적인 변화가 바로 혜원의 속화(俗畵)이다.

혜원은 앞서 살펴본 대로 유가사회적 부조리와 부조화를 비평과 사고의 언어로 이용하였다. 혜원의 그림은, 그가 탈성리학적 자각을 가지고 이를 구현키 위해 의식적으로 고안해낸 표상체계로서가 아니라, 당시 이러한 성리학적 균열의 표출을 읽어낼 수 있다는 것, 그리고 그러한 탈성(脫聖)의 아이콘들은 대중에게 어필하고 소비되는, 즉 대중과 소통하는 것이었다는 점에서 망탈리테(Mentalitè)[20] 구축에 일조하였거나 그러한 새로운 망탈리테의 질서를 보여주고 있다는 점에서 중요한 의미를 갖는다.

망탈리테란 이데올로기 같은 의도적 전술로서의 이성(理性) 영역이라기보다는 비이성(非理性, 잠재의식, 무의식)과 초이성(超理性, 감성)의 영역이다. 이성의 영역과 이성이 아닌 영역은 '지레의 비(比, leverage)'라는 관계성을 갖는다. 다시 말해서 이데올로기와 망탈리테는 지레의 비(比)의 관계에 있다는 것이다. 예컨대 주자학적 질서(이데올로기)가 완화되면

---

19) 기강문란의 예는 『정조실록』의 도처에서 찾아볼 수 있다. 예컨대 특히 정조 10년 정월, 15년 정월, 17년 12월, 20년 4월 등에 계속 문제되고 있다. 그 내용은 邸宅服飾 · 관혼상제의 사치를 위시하여 賤率의 양반복색 · 常賤의 僞譜 · 서민신분에게 금지되었던 磁器 사용 · 市井服裝이 어지러워져서 常班을 가릴 수 없으며 淫風이 대성하고 있다는 등의 기록이다(이동주, 앞의 책, p. 278 참조).

20) '망탈리테는 사회문화 현상의 바닥에 자리 잡은 무의식적인 집단사고 혹은 생활습관으로 이해된다(조한욱, 『문화로 보면 역사가 달라진다』, 서울, 책세상, 2000, p. 39 참조).

서 춘화나 음사소설(망탈리테)이 당당하게 등장한 점이다.[21] 이런 면에서 혜원의 '선비—연꽃—기생'이라는 메타 언어구조는 또한 포괄적으로 이데올로기(성(聖) · 윤리 · 선비)와 망탈리테(속(俗) · 섹슈얼리티 · 기생)의 레버리지 관계를 보여주는 장치이기도 하다.

조선 후기의 중요한 화두가 '성리학 대(對) 주자학비판(양명학)' · '조선중화주의 대(對) 북학정신(실학정신)' · '자주성(自主性) 대(對) 모화성(慕華性)' · '주체성(主體性) 대(對) 유가성(儒家性)' 등이 상호 관련된 지레의 비(比)였다면, 그리고 이러한 지레의 비(比)가 유가이데올로기 범주 내에서의 지레의 비(比)였다면, 혜원은 이러한 유가범주 내의 레버리지 패러다임으로부터 탈피하여 본격적으로 "이데올로기 대(對) 망탈리테"란 새로운 레버리지 패러다임을 제시한 것이다.

4. 결(結): 조롱의 근대성

성적 욕망의 상태를 가장 선명하게 드러내는 구비적 텍스트들은, 규범적 문언 텍스트와는 달리 성적 욕망과 성의 리얼리티를 가감 없이 드러낸다. 이들은 윤리적 사회를 지향하는 조선 사회의 이면에서는 전혀 윤리로 통제되지 않는 성적 공간이 있다는 것을 말해준다.[22] 이와 궤를 같이 하여 섹슈얼리티의 영역이 혜원의 경우처럼 익명성이 아닌 실명성에 의해 노골적으로 표현될 수 있었던 것은, 바로 유가이데올로기의

21) 예를 들어 『金瓶梅』는 18세기 후반 및 19세기 조선사회에 성담론이 바뀌는 하나의 지표였다. 음서로 지목되어 왔던 『金瓶梅』에 대한 옹호가 나오기 시작하였던 것이다. 이는 情에 대한 긍정으로 볼 수 있다(김경미, 앞의 논문 참조).

22) 강명관, 「조선 시대의 성담론과 性」, 2008년 韓國漢文學會 夏季學術大會 참조.

약화를 반증해주는 것이자 망탈리테가 시대의 거리낌 없는 대세가 되었음을 방증해주는 것이다. 혜원의 그림은 구비적 형태로 떠돌던 이야기를 회화적으로 표출한 것이다. 그런데 원래 이러한 구비적 발언은 익명성 때문에 욕망을 그대로 드러낼 수 있는 것이지만, 혜원은 혹은 혜원의 시기는 실명성으로도 드러낼 수 있었다. 그것을 제어하거나 금지하는 공권력으로서나 윤리적으로서의 힘이 유가이데올로기에는 없었기 때문이다.

혜원의 그림은 일종의 회화언어로서 모종의 비판 기제(機制)를 담고 있는 것이기에, 그에게서 어떤 근대성을 발견할 수 여지가 충분히 있다. 우리가 혜원으로부터 추출할 수 있는 근대성은 성적 욕망과 관련된 부조리한 사회체제와 세계질서에 대한 비판을 조롱의 방식으로 표출해냈다는 데에서 찾을 수 있다. 조선 후기에 와서 성적 욕망에 대한 자각이 이루어지면서 이에 편승해 혜원이 인간 욕망의 새로운 성찰을 드러낸 것이 아니다. 성적 욕망이 어떻게 조선 후기에 이르러서야 자각될 수 있었겠는가?[23] 조선 후기 성담론이 의미가 있으려면 모든 인간의 성적 자각이 전제되어야 하나, 조선 후기의 성 표현 분출은 보편적이고 인간적인 성 자각 없이 그저 계급적 구획 속의 성 향유의 한계를 여전히 보여주고 있다. 선비와 기생의 관계가 그 전형적인 예(例)이다. 따라서 이러한 노골적 드러냄을 근대성으로 바로 규정할 수는 없다. 오히려 그러한 표현의 자유공간을 구축했다는 점을 근대성의 첫걸음으로 이해해야 할

23) "예컨대 재래의 사설시조 연구는 사설시조가 포함하고 있는 성적 욕망의 존재에 열광했다. 그 열광은 조선전기가 성을 억압하는 사회였고, 조선 후기는 그 억압으로부터 탈출하고자 하는 의지가 작동하기 시작한 시기라는 도식에 사로잡혀 있기 때문이다. 하지만 이와 같은 내재적 근대론의 발상으로는 사설시조의 성적 욕망을 이해할 수 없을 것이다. 성적 표현이 가장 노골적인 진본『청구영언』의「만횡청류」는 1728년 이전에 채록된 것이다. 따라서 이것은 조선 후기의 것이 될 수 없다. 그것은 보다 오랜 유래를 가질 것이다"(강명관, 앞의 논문 주44).

것이다. 그리고 이러한 근대성은 기존 지배이데올로기의 공백, 즉 망탈리테의 구축으로부터 나올 수 있었음을 역으로 추단해볼 수 있다. 따라서 조롱의 근대성은 자각의 근대성을 뛰어넘는 것임에도 불구하고, 이는 어디까지나 유가이데올로기의 공백 때문에 가능했다는 한계 또한 분명히 있는 것이다.

'동일 아이콘의 이중 코드 함축'과 '이데올로기와 망탈리테의 레버리지'는 혜원 속화(俗畵) 양식의 중요한 두 특징이다. 이러한 기제(機制)에 의해 그려진 혜원의 그림 속에서, 조선 후기는 유가라는 지배이데올로기가 정신신조와 생활질서 영역 모두에서 타락 혹은 몰락하였음을 볼 수 있다. 그와 반비례해서 구축된 망탈리테는 그러나 그다지 건전하지 않다. 거부하지 않으며 오히려 즐기는 성폭압, 개인지상주의에 의한 사회질서에 대한 비웃음 등은 유가적 도덕 지층을 대체한 새로운 망탈리테적 지층을 이루는 것이다. 그러나 이것은 새로운 질서가 되지 못한다. 다시 말해서 구질서를 대체할 새로운 질서, 구정통을 대체할 신정통이 되지 못한, 그저 질서를 부정한 반질서이자 정통을 거부한 일탈적 해방이었을 뿐이다. 허나 비록 그림 속의 조선 후기 사회의 실상은 이러한 한계에 의해 근대로의 전환을 이루지 못했지만, 혜원의 작품(作品)으로의 표출에서처럼 이러한 실상을 있는 그대로 비판하고 폭로할 수 있었던 점 자체는 근대성의 일면모를 지니는 것이라 할 수 있다. 이 점이 혜원의 회화세계가 갖는 대단히 중요한 미덕이다. 그러나 어쨌든 현실세계에는 유가적 질서체계를 극복하여 대체할 새로운 패러다임이 제시되지 못했다. 따라서 19세기의 우리의 근대는 건강한 근대가 되지 못했다. 이 건강한 근대의 부재는 궁극적으로 타자의 근대가 이식될 수밖에 없었던 결정적 이유이다. 그렇다면 왜 우리의 조선 후기는 건강한 근대 혹은 새로운 질서패러다임을 구축하지 못했을까? 사실 이는 우문(愚問)

이다. 조선은 줄곧 우리의 질서를 가져본 적이 없었기 때문이다. 이 글에서도 필자는 시종 유가라는 경계를 넘어서지 못했다.

▌참고문헌

강명관, 『조선 사람들, 혜원의 그림 밖으로 걸어나오다』, 서울, 푸른역사, 2001.

신성림, 『여자의 몸: 그림속 여자, 그녀들의 섹슈얼리티』, 서울, 시공사, 2005.

오창섭, 『이것은 의자가 아니다』, 서울, 홍디자인, 2001.

이동주, 『우리나라의 옛그림』, 서울, 학고재, 1997.

이명옥, 『팜므 파탈』, 서울, 다빈치. 2003.

이태호, 『조선 후기 회화의 사실정신』, 서울, 학고재, 1996.

임태승, 『아이콘과 상징: 그림으로 읽는 동아시아미학범주』, 서울, 미술문화, 2006.

제프리 윅스, 『섹슈얼리티: 성의 정치』, 서동진 외 역, 현실문화연구, 1997.

조한욱, 『문화로 보면 역사가 달라진다』, 서울, 책세상, 2000.

한국철학회 편, 『한국철학사』(下卷), 동명사, 1987.

강명관, 「조선 시대의 성담론과 性」, 2008년 韓國漢文學會 夏季學術大會.

김경미, 「조선 후기 성 담론과 소설 속에 재현된 섹슈얼리티」, 2008년 韓國漢文學會 夏季學術大會.

임태승, 「"虛假文人"現象-조선 후기 예술사회학에서의 儒家美學패러다임의 의미와 가치」, 서울, 성균관대 유교문화연구소, 『유교문화연구(국제판)』 6집, 2006.

진재교, 「조선조 후기 문예공간에서의 성적 욕망의 빛과 그늘-예교, 금기와 위반의 拮抗과 그 辨證法」, 2008년 韓國漢文學會 夏季學術大會.

◉ 저자약력

보데인 왈라반(Boudewijn Walraven): 1947년 뉴욕에서 태어났다. 현재 성균관대학교 동아시아학술원 석좌교수이자 네덜란드 라이덴대학교(Leiden University) 한국학과 명예교수이다. 주요 관심 분야는 종교와 문화사이며, 최근에는 조선 시대 국문학과 불교에 관해 연구 중이다. 주요 저서로는 *Songs of the Shaman: The Rituals Chants of the Korean Mudang, Canti Sciamanici Coreani*(이탈리아어 출간, Antonetta Bruno 공저), 『보물섬은 어디에: 네덜란드 공문서를 통해 본 한국과의 교류』(지명숙 공저) 등이 있다.

다니엘 스베켄디크(Daniel J. Schwekendiek): 독일 튜빙겐대학교(University of Tuebingen)에서 박사학위를 받았으며, 영국 옥스퍼드대학교(University of Oxford)와 미국 캘리포니아 버클리대학교(University of California at Berkeley), 서울대학교에서 연구원을 역임했다. 현재 성균관대학교 동아시아학술원 HK교수로 있다. 주요 관심 분야는 북한과 남한의 경제사, 사회사 및 인구사이다. 최근에는 조선 시대와 식민지 시기 한국의 인구사에 관한 논문들을 출간했다.

크리스토퍼 닐 페인(Christopher N. Payne): 영국 런던대학교 SOAS(School of Oriental and African Studies, University of London)에서 박사학위를 받았으며, 현재 성균관대학교 동아시아학술원 HK교수이다. 주요 관심 분야는 중국, 대만, 홍콩의 근현대 문학과 역사이며, 최근에는 동아시아의 초(超)국가적(transnational) 문화생산의 특성을 연구 중이다.

이성시(李成市): 현 와세다(早稲田)대학 조선문화연구소장. 주요 연구 분야는 동아시아사, 동북아시아사, 한국고대사이다. 고대 동아시아의 국가 형성과 문화를 중심으로 동아시아의 역사 연구에 힘을 쏟고 있다. 최근에는 한국출토목간을 중심으로 한중일 동아시아 3국의 역사 문화에 대한 연구를 집중적으로 진행하고 있다. 주요 저서로는 『東アジア文化圈の形成』, 『古代東アジアの民族と國家』, 『東アジア古代出土文字資料の研究』(공저) 외 다수의 연구 성과가 있다.

윤용구(尹龍九): 현 인천도시개발공사 문화재담당관. 주요 연구 분야는 낙랑(樂浪) 지역을 중심으로 한 한국고대사로서 고대 한중관계에 대한 연구를 진행하고 있다. 최근에는 낙랑 지역 출토 자료를 중심으로 고대 한중관계를 새로이 조명하고 있다. 주요 논저로는 『낙랑군호구부연구』(공저), 「새로 발견된 樂浪木簡—樂浪郡 初元四年 縣別戶口簿」, 「平壤出土「樂浪郡初元四年縣別戶口簿」研究」 외 다수의 연구 성과가 있다.

김경호(金慶浩): 현 성균관대학교 동아시아학술원 HK교수. 주요 연구 분야는 중국 고대사(진한), 고대 동아시아사이다. 출토자료를 중심으로 진한시대의 정치, 제도, 사회 등의 분야에 대한 연구를 진행하고 있다. 최근에는 동아시아 3국 한중일의 출토자료의 비교 · 분석을 통하여 고대 동아시아 사회에서의 문자와 사상의 보편적 성격 연구에 주력하고 있다. 주요 논저로는 『동아시아자료학의 가능성』, 『죽간 · 목간에서 본 고대 동아시아』, 『지하의 논어, 지상의 논어』 외 다수의 연구 성과가 있다.

백민정: 연세대학교 철학과에서 박사학위를 받았으며, 현재 성균관대학교 동아시아학술원 HK연구교수로 있다. 주요 관심 분야는 다산 정약용의 학문 세계이며, 현재 정약용의 경세서를 중심으로 다산의 정치철학과 중국 명청시대 및 일본 에도시기 유학사상가들의 사유를 비교연구하고 있다. 저서로 『정약용의 철학: 주희와 마테오 리치를 넘어 새로운 체계로』, 『강의실에 찾아온 유학자들: 공자에서 정약용까지, 대표 유학자 13인이 말하다』 등이 있으며, 주희철학총서 제1권인 『스승 이통과의 만남과 대화: 연평답문』을 공역했다.

박소현: 서울대학교 동양사학과를 졸업하고 미국 미시건대학교(University of Michigan)에서 박사학위를 받았다. 현재 성균관대학교 동아시아학술원 HK교수이다. 주요 관심 분야는 한·중 비교문학 및 비교문화이며, 최근에는 비교사적 시각에서 동아시아의 법률과 문화를 연구 중이다. 주요 연구로는 『중국 근대의 풍경』(공저), 『능지처참』(역서), "Law and Literature in Late imperial China and Chosŏn Korea"(논문) 등이 있다.

이영호: 성균관대학교에서 박사학위를 받았다. 현재 성균관대학교 동아시아학술원 HK교수이다. 주요 연구로는 『조선중기 경학사상연구』 등 공저 10여 권, 『이탁오의 논어평』 등 역서 3권, 「성호 이익의 논어학을 통해 본 실학파 경학의 특징」 등 논문 40여 편이 있다.

선승혜: 서울대학교 미학과를 졸업하고 일본 도쿄(東京)대학교에서 박사학위를 받았으며, 현재 성균관대학교 동아시아학술원 HK교수로 있다. 또한, 큐레이터로서 미국 클리블랜드미술관 한국일본미술큐레이터, 한국 국립중앙박물관 학예연구사, 일본 도쿄국립박물관 외국인연구원 등을 역임했다. 주요 연구로는 *The Lure of Painted Poetry: Japanese and Korean Art, The Cleveland Museum of Art*(The Cleveland Museum of Art, 2011), 『일본근대서양화』(국립중앙박물관, 2008), 『일본미술의 복고풍』(국립중앙박물관, 2008) 등이 있다.

임태승: 성균관대학교 유학과를 졸업하고 중국 베이징(北京)대학교 철학과에서 박사학위를 받았다. 미국 하와이대학교 객원교수, 중국 남창(南昌)대학과 중국 화동(華東)사범대학 철학과 교수, 중국 산동(山東)대학 유학고등연구원 교수 등을 역임했으며, 현재 성균관대학교 동아시아학술원 HK교수이다. 주요 저서로는 『소나무와 나비: 동아시아미학의 두 흐름』, 『유가사유의 기원』, 『아이콘과 코드: 그림으로 읽는 동아시아미학범주』, 『상징과 인상: 동아시아미학으로 그림읽기』, 『중국철학의 흐름』, 『중국서예의 역사』 등이 있으며, 역서로 『孫過庭 書譜 譯解』가 있다.